차이나 붐

차이나 붐
The China Boom

왜 중국은 세계를
지배할 수 없는가

홍호펑 지음 ǀ 하남석 옮김

글항아리

차례

서문

1769년 프랑스의 철학자 볼테르는 "중국에서는 여러 번의 엄격한 시험을 거쳐 구성원들을 선발하는 상호종속된 거대한 관료 체계에 의해 모든 일이 결정된다. (…) 이러한 행정체계 아래서는 황제가 자의적인 권력을 행사하는 것이 불가능하다. (…) 오늘날 사람들의 생명, 명예, 복지가 법에 의해 보호되는 나라가 있다면 그것은 바로 중국 제국이다. (…) 이런 예를 보면서 우리 유럽의 군주들은 어떻게 해야 할까? 칭송하라! 부끄러워하라! 그리고 모방하라!"라고 썼다. 오늘날의 관점에서 볼테르의 중국 제국에 대한 이상화는 터무니없는 것처럼 보인다. 유럽의 계몽주의 시대에 이러한 왜곡된 중국관은 중국 숭배자들만 가지고 있던 것이 아니라 중국을 경멸하는 철학자들에게서도 발견된다. 예를 들어 칸트는 "도덕과 윤리 개념은 중국인의 머릿속엔 없다"고 언급했으며, 헤겔은 "중국인들은 제례와 관습에 대한 아주 천박한 규범에만 관심이 있을 뿐이다"라고 한 적이 있다.[1]

---

[1] 이 문구들을 비롯해 유럽 철학자들의 중국 묘사에 대한 다른 인용문들은 Hung 2003 참조

계몽주의 시대 유럽의 최고 지성인들의 이러한 낭만주의적 혹은 인종주의적 중국관은 당시 중국에 대한 정보가 부족했기 때문이라고만 볼 수는 없다. 여행자, 상인, 선교사들의 중국에 대한 초기 기록들에 정확한 정보가 없던 것이 아니기 때문이다. 게다가 이 기록들 중 일부는 지금까지도 중화 제국에 대한 중대한 자료로 여겨진다. 중국에 대한 계몽주의 사상가들의 왜곡된 이미지들은 도리어 유럽의 정치에 대해 더 많은 것을 보여준다. 그들은 당시 경제적 번영과 국내 평화를 누리고 있었기에 유럽을 매혹시킨 "중국 열풍" 시대에 중국을 격렬한 논쟁의 도구로 이용했다. 볼테르는 계몽적 전제주의의 열렬한 지지자였으며 그의 후원자 프리드리히 대왕과 같은 절대군주들을 귀족들의 특권을 근절시킬 수 있는 진보 세력으로 보았다. 그는 중국을 그러한 자애적 절대주의의 가장 성공적인 모델로 묘사했다. 그러나 인민 주권을 믿었던 보다 급진적인 계몽주의 철학자들은 전제주의 하에서 사회와 문화가 부패해가는 어두운 중국을 묘사함으로써 절대주의를 공격했다.

오늘날 중국에 대한 많은 정보가 세계적으로 소비되고 있으며, 경제적, 정치적 영향력이 커져 서구에서 많은 주목을 받고 있음에도 중국에 대한 대중적, 학문적 저술 속에서 중국은 여전히 저자들의 모국에서의 정치적 성향에 따라 자주 왜곡되고 있다. 일부는 이른바 부패하고 비효율적인 서구의 정치경제 체제를 비판하기 위해 강력하고 결점이 없으며 근본적으로 서구와 구별되는 이미지로 중국을 이용하지만, 또 다른 이들은 자유시장과 자유민주주의에 휩쓸려 사라지기를 기다리고 있는 공산주의 독재체제의 마지막 무대로 중국을 보고 싶어한다.

볼테르와 헤겔이 이국의 타자로서 중국에 대해 쓴 글들은 (비록 이후에 일부가 서구의 제국주의적 침략을 정당화하는 데 쓰이기는 했어도) 중국 내부의 발전에는 직접적인 영향력이 거의 없었다. 지식 생산의 세계 체계에서 서구 헤게모니가 지속되고 있는 오늘날, 중국에 대한 서구의 서술들은 정부의 검열에도 불구하고 중국 내에서 즉시 접근이 가능하기 때문에 중국의 자기 인식에 상당한 영향을 미치고 있다. 중국의 보수 세력들은 현 체제를 옹호하기 위해 서구의 "중국 모델" 상찬을 이용하는 것을 부끄러워하지 않는 반면, 상당수 반체제 지식인들은 심지어 서구의 개입을 해방 세력이라고 부를 정도로 "완전한 서구화"라는 자신들의 요구를 지지하기 위해 서구의 중국 경멸을 무비판적으로 수용한다.

따라서 독자들에게 중국의 복잡성을 그대로 전달할 수 있도록 중국의 발전에 대해 왜곡되지 않고 균형 잡힌 시각으로 총체적인 설명을 해내는 것은 매우 중요하다. 이는 서구의 각국 정부들이 보다 합리적이고 정보를 잘 갖춘 대중국 정책을 수립하는 데 큰 도움이 될 것이며, 중국 내부의 비판적이고 진보적인 담론에 긍정적으로 기여할 것이다. 중국에 관한 글을 쓰는 저자들은 필연적으로 다양한 관점으로 판단하며, 현재 중국의 경제적 호황에 관해 왜곡되지 않고 균형 잡힌 설명을 한다는 것은 관련한 이슈들에 개인적인 입장이 없는 척하는 것과는 다르다. 그러나 합리적인 서술이라면 저자의 주관적 의견과 정치적 입장으로 관련한 증거 자료를 선택하고 분석하지는 않을 것이다.

미국에서 활동하지만 홍콩에서 나고 자란 학자로서 나는 확실히 중국에 대한 내 나름의 관점과 열망을 가지고 있다. 나의 가족사와 개인사는 중화인민공화국의 발전과 밀접한 관련이 있다. 외할아버지는 일본의 침략에 저항하여 싸운 지식인이었다. 막 태어난 공산주의 체제에 대한 높은 기대감으로, 그는 1949년 새로운 사회주의 국가 건설에 참여하기 위해 갓 태어난 내 어머니를 비롯해 가족들을 데리고 홍콩에서 광저우로 이주했다. 그러나 1957년 초, 쌍백운동 시기에 그는 소비에트 지배를 부적절하게 비판했다는 이유로 우파로 몰려 박해받고 그 이후 대부분의 삶을 농촌에서 지내야 했으며, 덩샤오핑 집권 이후 "복권" 된 지 얼마 지나지 않아 세상을 떠났다. 나의 어머니는 대약진 운동 이후 홀로 홍콩으로 돌아와 영국 식민지에서 친공산주의 단체에서 활동하던 친척들과 함께 지냈다. 내 외삼촌과 이모들은 대륙에 남았으며, 홍위병 운동에 휘말릴 수밖에 없었다. 나는 정의와 지식에 대한 할아버지의 열정이 어머니를 통해 내게 전해져왔다고 늘 느끼고 있다.

나는 1980년대와 1990년대 후기 식민시대의 홍콩에서 성년이 되었으며, 나의 지적 세계관은 외가 쪽으로부터의 이야기, 1950년대 광저우에서 어머니의 유년 시절의 향수를 불러일으키던 기억, 1980년대 중국의 지적·문화적 반향, 1989년 톈안먼 항쟁 그리고 1997년 반환 이전의 홍콩의 민주와 자유를 추구하던 지역의 학생운동 등 많은 이야기로부터 형성되었다. 한편 이 시기에, 예전에 홍위병이었으며 반식민지 성향을 가진 내 친척들은 중국 호황의 수혜자가 되는 중이며, 격동의 청춘 시절 잃어버린 것에 대한 보상을 찾아가는 중이다.

개인사와 가족사로 인해 나는 중국을 비롯해 중국이라는 거인의 그

늘 아래 살고 있는 기타 아시아 사회의 과거, 현재, 미래에 대해 궁금해하고 우려하게 되었다. 이 개인사는 세상을 이해하는 데 필요한 개념적, 분석적 도구를 제공해주는 사회학에서의 훈련과 결합되어, 그간 나의 지적 의제를 규정해온 두 가지 주요 연구 프로젝트로 이어졌다. 첫 번째 프로젝트에서 나는 근대 초기에서 현재에 이르기까지 저항의 방식으로 중국의 정치적 근대성의 기원과 특수성을 설명하는 것을 목표로 했다. 이 프로젝트의 결과 중 하나는 『중국 특색의 저항Protest with Chinese Characteristics』(2011)으로 출간되었다. 두 번째 프로젝트에서는 중국 경제 부흥의 기원을 추적하고 핵심 동학을 밝히며, 이것이 지구적으로 미치는 파급효과를 분석하는 것을 목표로 했다. 이 책이 바로 그 결과물이다.

나는 인디애나대학 재직 시절 중국 호황의 정치경제학에 대해 연구하기 시작했다. 특히 뛰어난 동료인 스콧 케네디 Scott Kennedy와 에단 미켈슨 Ethan Michelson의 통찰력으로부터 많은 도움을 받았다. 현재 재직 중인 존스홉킨스대학의 스승과 동료인 고故 조반니 아리기 Giovanni Arrighi, 조엘 안드레아스 Joel Andreas, 토비 마이어퐁 Tobie Meyer-Fong, 빌 로 Bill Rowe, 베벌리 실버 Beverly Silver, 켈리 차이 Kellee Tsai와의 의견 교환은 역사적이고 비교적인 맥락에서 내 분석의 방향을 잡는 데 큰 도움이 되었다.

이 프로젝트의 일부는 여러 곳에서 발표되었다. 메릴랜드대학의 사회학 콜로키움, UC버클리, 뉴욕주립대학 빙엄턴 캠퍼스, 타이완 중앙연구원, 싱가포르국립대학, UCLA 사회이론과 비교사 연구센터 세미나, 하버드대학 역사·문화·사회 워크숍, 노스웨스턴대학 아시아태평양 콜로키움, 예일대학 비교연구 워크숍, 뉴스쿨 인도와 중국의 경제와 사회 콜로키움, 브라질 산타카타리나연방대학 국제관계학과 및 사회경제센터 콜로키움, 브라운대학 왓슨연구소 '중국의 해' 콜로키움, 프랑스 당대중국연구센터CEFC 홍콩 사무소 세미나, 타이완 칭화대학 세미나, 서던캘리포니아대학 '중국 경제의 현재' 컨퍼런스, 펜실베이니아 주립대학 '글로벌 아시아' 컨퍼런스, 영국 브리스톨대학 '중국의 부상' 컨퍼런스, 토론토 요크대학 '지구적 자본주의의 위기' 컨퍼런스, 인도 콜카타대학 콜카타 발전 연구소 '인도와 중국의 비교' 국제 세미나, 브라질 리우데자네이루의 브라질 사회경제분석연구소IBASE BRICs 세미나, 모스크바 대통령실 산하 러시아 국가경제행정아카데미RANEPA 의 가이다르 포럼. 이 발표회 청중들의 논평과 제안은 나의 주장을 다듬는 데 도움이 되었다. 또한 시카고대학 베이징 센터와 싱가포르국립 대학 아시아연구소의 활발한 지적 분위기에도 감사한다. 2013년 여름 중국 런민대학 방문 기간과 2014년 여름 싱가포르에서 원고를 집필하고 수정하면서 보낸 시간에 많은 기쁨과 보람을 느꼈다.

페리 앤더슨Perry Anderson, 로비 바넷Robbie Barnett, 로버트 브레너Robert Brenner, 로버트 버클리Robert Buckley, 아미야 바그치 Amiya Bagchi, 마이클 부라워이 Michael Burawoy, 고든 창Gordon Chang, 닛산 초레프Nitsan Chorev, 패트릭 초바넥Patrick Chovanec, 호세 마우리시오 도밍게스Jose Mauricio Domingues, 덩궈성鄧國馨, 아

리프 딜릭Arif Dirlik, 프라센짓 두아라Prasenjit Duara, 펑스정馮仕正, 마크 프레이저Mark Frazier, 에드워드 프리드먼Edward Friedman, 엘라이 프리드먼Eli Friedman, 토머스 골드Thomas Gold, 잭 골드스 톤Jack Goldstone, 제프 헨더슨Jeff Henderson, 황핑黃平, 빌 허스트 Bill Hurst, 로버트 캅Robert Kapp, 엘리자베스 콜Elisabeth Koll, 파트 리시오 코르체니비츠Patricio Korzeniewicz, 리칭콴Lee Ching Kwan, 디니엘 린치Daniel Lynch, 짐 마호니Jim Mahoney, 카치밍Ka Chih-Ming, 레오 패니치Leo Panitch, 마이클 페티스Michael Pettis, 시드 니 리텐버그Sidney Rittenberg, 머리 루빈스타인Murray Rubinstein, 마크 셀던Mark Selden, 빅터 시Victor Shih, 도러시 솔린저Dorothy Solinger, 세바스티안 베Sebastian Veg, 제프리 와세스트롬Jeffrey Wasserstrom, 원톄쥔溫鐵軍, 자오딩신趙鼎新이 이 프로젝트를 발전시 키는 동안 준 여러 영감에 대해 특히 감사드린다. 나는 잔사오화Zhan Shaohua, 왕잉야오Wang Yingyao, 릴리 머피Lily Murphy가 연구를 도와주고 많은 제안을 해준 데 매우 감사하며, 컬럼비아대학 출판부의 편집자인 황링리Huang Lingli, 앤 로튼Anne Routon이 프로젝트 내 내 효율적으로 지원해준 것에도 감사드린다. 이 프로젝트는 컬럼비아 대학과의 이전 작업과 마찬가지로 이들의 지적 취향과 편집 제안으로 부터 아주 큰 도움을 받았다. 그리고 원고를 교열해준 에이미 밴스티 Amy Vanstee와 애니 바바Annie Barva에게도 감사드린다.

이 책의 많은 아이디어는 수년간 발표한 여러 논문으로부터 발전시 킨 것이다. 1장의 일부는 2008년 『미국 사회학 리뷰American Sociological Review』 73권 4호에 실린 「청대 중국의 농업혁명과 엘리트 재생산: 자본주의로의 이행논쟁 재론Agricultural Revolution and Elite Reproduction in Qing China: The Transition to Capitalism Debate Revisited」의 일부를 수정한 것이다. 3장의 일부 내용은 2009년 『뉴레프트 리뷰New Left Review』 60호에 실린 「중국은 미국의 집사인가? 지구적 위기 속에서의 중국의 딜레마America's Headservant? PRC's Dilemma in the Global Crisis」와 2011년 66호에 실린 「베이징과 은행들: 종이 호랑이 금융Beijing and the Banks: Paper-Tiger Finance」에서의 일부 분석을 발전시킨 것이다. 5장 첫 부분의 일부 통계는 2013년 『발전과 변화Development and Change』 44권 6호에 게재한 「중국: 달러 헤게모니의 구원자인가 도전자인가?China: Saviour or Challenger of the Dollar Hegemony?」에 실려 있다. 6장의 일부는 2008년 『국제 정치경제 리뷰Review of International Political Economy』 15권 2호에 실린 「중국과 지구적 과잉 축적 위기China and the Global Overaccumulation Crisis」와 2013년 『뉴 레프트 리뷰』 81호의 「중국의 부상은 정체하는가?China's Rise Stalled?」의 내용 일부를 다시 쓰고 업데이트한 것이다.

항상 그렇듯이 나의 지적 동반자이자 인생의 동반자인 후이잉Huei-Ying은 내가 하는 작업에서 나아갈 수 있도록 가장 중요한 격려와 비판을 해준다. 그녀는 언제나 나를 비판적 사회과학으로 이끈 최초의 마음을 떠올리게 하는 대체할 수 없는 존재다. 내 주장의 공백과 순진

함은 언제나 그녀의 날카로운 눈길을 피해갈 수 없다. 우리의 아이들인 헨리Henry와 헬리아Helia는 이 프로젝트의 발전에 따라 너무도 빨리 자라왔다. 아이들의 지식에 대한 열망과 분석에 대한 욕구가 늘어나면서 나는 뒤처지지 않기 위해 호기심과 예민함을 유지해야 한다는 엄청난 압력을 받고 있다. 자신들이 무심코 기여했던 이 책을 아이들이 자랑스러워했으면 좋겠다.

중국의 국가 형성과
자본주의적 발전 16~21세기

1581 무역을 통해 일본과 아메리카 대륙의 은이 유입되고 국내 대규모 상업 거래의 주요 수단으로 은이 사용되면서 명나라는 은으로 납세를 단일화했다. 이러한 은납화는 중국 경제의 상업적 성장과 은화銀化(silverization)를 진전시켰다.

1592~1598 일본을 통일한 도요토미 히데요시는 조선을 침공하여 아시아의 국제 질서에서 중국의 중심적 지위에 도전했다. 명나라는 조선에서 일본군을 쫓아내기 위해 파병했다.

1635 일본의 도쿠가와 막부는 대외 무역을 금지하는 쇄국정책을 실시했다. 이 정책으로 인해 일본 은의 중국 수출이 가로막혔다. 일본 은의 공급이 끊기면서 중국은 아메리카 대륙의 은을 가져다가 중국 제품을 구입하는 유럽 상인들에게만 의존하게 되었다. 이들과의 거래는 마닐라, 마카오, 바타비아(오늘날의 자카르타) 같은 아시아의 식민지 항구에서 이뤄졌다.

1644 농민 반란이 명나라(1368~1644)를 무너뜨렸다. 중국 동북 변경이 기원인 만주족이 중원으로 쳐들어와 중국 전역을 점령하여 청나라(1644~1911)를 세웠다.

1661~1683 청나라 정부는 당시 중국과 유럽 상인들 간의 상업 무역 중심지인 타이완을 점령하고 저항하던 반청복명反淸復明 세력과의 공급선을 끊어버리는 초토화 전술의 일환으로 남부 해안 지역의 거주민을 소개하는 '천해령遷海令'을 선포했다. 이 정책으로 인해 대외 무역이 금지되고 중국으로 유입되던 아메리카 대륙의 은 공급이 끊겼으며, 중국의 시장경제는 위축되었다. 반청복명 세력이 항복하고 청나라가 타이완을 병합하여 모든 무역 금지 조치가 해제되는 1683년에 이르러서야 해상 무역이 재개되었다.

1757 청나라 정부는 모든 대외 무역의 창구를 광저우항으로 한정하는 조치를 선포했다.

1796~1804 중국의 서남 지역에서 백련교도의 난이 일어났다. 정부가 진압 작전을 위해 막대한 자금을 쏟아부었음에도 불구하고 무력한 청군은 반란을 진압하는 데 거의 10년의 시간이 걸렸다. 반란 이후 청나라는 쇠퇴하기 시작했다.

1839~1842 영국이 남아시아에서 재배한 아편 구입으로 중국의 은이 대량 유출되는 것을 막기 위해 중국 정부는 아편 무역을 금지했다. 영국은 자유 무역을 수호한다는 명분으로 아편전쟁을 일으켜 이 조치에 응수했다. 중국은 전쟁 패배 이후 난징 조약을 체결하게 되었고, 이에 상하이를 비롯한 다른 연해 도시들을 개항했으며, 홍콩을 영국에 식민지로 할양해야 했다.

1850~1864 여호와의 계시를 받았다고 주장하는 천년왕국 신도들이 태평천국운동을 일으켰다. 이들은 중국의 중부와 남부를 휩쓸어 쑤저우와 항저우를 비롯한 중국에서 가장 상업이 활발한 도시들을

점령했다. 청나라 정부는 열강의 지원과 지방의 의용군으로 태평천국운동을 진압했지만 제국은 더욱 쇠퇴하게 되었다.

1861~1895 약화된 청나라 정부는 양무운동을 일으켜 군수 산업을 포함해 정부의 투자로 해외로부터 기술을 수입해 산업을 일으키려 했다. 양무운동은 청일전쟁(1894~1895)에서 그 성과의 일부인 중국 해군이 일본 해군에 완패하면서 1895년에 종결되었으며, 타이완은 일본의 식민지가 되었다.

1911 공화파들의 신해혁명으로 청 왕조는 무너졌지만, 공화파 세력은 새로운 중앙집권국가를 만들기에는 너무 힘이 약했다. 청나라 말기에 번성하게 된 지방 군벌들은 서로 끊임없이 충돌했으며, 중국은 청나라 몰락 이후 불안정한 군벌 시기로 접어들었다.

1921 상하이에서 중국 공산당이 창당했다. 소련의 지도하에 중국 공산당은 국민당을 수립한 혁명적 공화주의자들과 연합전선을 구축하여 군벌과의 전쟁을 준비하기 시작했다.

1927 소련의 군사적, 재정적 지원 속에서 국공합작을 만들어낸 국민당과 공산당이 군벌들을 제압하려는 그 시기에 국민당은 반공 숙청에 나서 주요 도시에서 공산당 조직을 소탕하기 시작했다. 연해 도시 지역에서 포위당한 중국 공산당은 농촌으로 들어가 농민 기반의 홍군을 조직했고 국공내전이 시작되었다.

1937 일본이 중국을 침략했으며, 일본에 대항하기 위해 제2차 국공합작이 이뤄졌다.

1945 일본이 항복했다. 소련 군대는 일본이 중국의 동북 지역에 건설

해놓은 군사 공업 기지를 그 즉시 점령했으며, 당시 농촌 게릴라 수준에 지나지 않던 중국의 홍군에게 그 지역의 산업 시설과 중화기를 인계했다. 이후 국공내전이 재개되었다.

1949 중국 공산당은 내전에서 국민당에 승리했으며, 당시 공산당의 침공에 대비하여 미국이 보호하고 있던 타이완으로 국민당을 몰아냈다. 중국 공산당은 대륙에 중화인민공화국을 건국했다. 공산당 정부의 첫 번째 주요 계획은 토지 개혁이었으며, 대토지 소유를 분할하여 농민들에게 재분배했다.

1950~1953 한국전쟁이 발발하여 중국이 참전했으며, 미국은 냉전에서 자신의 편에 있던 국가들과 함께 중국에 금수조치를 내렸다.

1953~1956 중국 정부는 대부분의 도시 기업을 국유화하고 농민들을 집체농장으로 집단화하는 사회주의 개조 계획을 실시했다. 소련의 재정적, 기술적 원조하에 중국 공산당은 급속한 국가 주도의 산업화를 추구했다.

1958~1961 마오쩌둥이 대약진 운동을 실시하여 대규모 인민공사가 만들어졌으며, 인민공사는 농촌 지역에서 유일하게 합법적인 경제적, 사회적 조직이 되었다. 농민들은 인민공사를 통해 철강 생산을 위한 지역의 용광로 건설에 동원되었다. 계획의 오류와 수준 이하의 철강 생산에 낭비된 대량의 노동력은 대규모 기근으로 이어졌다. 이 기간에 중소 관계는 악화되었으며, 중국은 소련으로부터 더 자주적이기를 갈망했다.

1966~1969 대기근 이후 권력에서 밀려난 마오쩌둥은 문화대혁명을 일으켜 이른바 부패한 관료들로부터 권력을 장악하기 위해 젊은 홍위

병들을 동원했으며, 이를 통해 권력의 무대로 복귀했다. 1969년 무렵에는 중국 공산당 내의 마오쩌둥 반대자들이 대부분 숙청되었으며, 정부는 마오쩌둥 충성파들로 전부 채워졌다. 이후 마오쩌둥은 홍위병 조직을 해체하고 그들을 농촌으로 보내 농민들에게 '재교육'받도록 했다.

1969   소련과 중국 사이의 갈등이 고조되어 두 나라의 국경에서 군사적 충돌로 이어졌다.

1972   베트남 전쟁에서 미국이 패배하는 사이 소련의 확장을 미연에 방지하기 위해 닉슨이 중국을 방문했다. 중국은 국제 사회의 금수조치를 끝내고 소련에 대항하여 새로운 동맹을 구하려는 동기가 있었다. 닉슨의 중국 방문 이후 중국과 미국의 관계는 정상화되었으며, 냉전 시기 미국 측 국가들과 중국의 무역은 가속화되었다.

1976~1980   1976년에 마오쩌둥이 사망했다. 잠시 동안의 당 내부 권력 투쟁 이후, 1978년 덩샤오핑은 중국 공산당의 최고 지도자가 되었다. 중국 공산당은 인민공사를 해체하며 시장 개혁을 채택하기 시작했다. 국가가 여전히 토지를 소유한 상황에서 농촌 가구는 정부로부터 작은 토지 일부에 대한 '사용권'을 획득했지만, 그들의 생산품을 시장에 내다팔 수 있게 되었다. 농촌 경제와 시장 경제는 활력을 되찾았다. 명목상으로는 지방정부가 소유하고 있는 향진기업은 농촌 지역에서 도약하기 시작했다. 경제특구는 1980년에 설치되었으며, 초기에는 주로 홍콩으로부터 해외 직접투자를 유치했다.

1984~1989 농촌 지역에서 시장화 개혁의 성공에 따라 중국 공산당은 가격 자유화와 도시 지역의 국유기업 개혁을 포함한 도시 개혁에 나섰다. 그러나 도시에서는 인플레이션과 부패 현상이 걷잡을 수 없이 터져 나왔다.

1989 인플레이션과 부패는 도시 지역의 불만을 크게 확산시켰다. 도시에서 불평등의 증가와 생활수준의 하락과 더불어 학생들 사이에 자유주의 사상이 퍼지면서 1989년 도시 지역에시의 봉기들로 고조를 이뤘다. 봉기는 초여름 베이징의 톈안먼 광장을 점거한 학생들이 시작했으며, 이는 곧 노동자들과 나라 전역의 많은 도시로 퍼져나갔다. 봉기는 베이징에서 인민해방군의 유혈 진압으로 끝을 맺었다. 진압 이후, 덩샤오핑은 장쩌민을 중국 공산당의 새로운 최고지도자로 만들었으며 장막 뒤에서 자신의 지도력을 유지했다.

1992 1989년 톈안먼 진압 이후 심화된 시장 개혁에 저항하는 보수파들의 복귀에 대응하여 덩샤오핑은 중국 남부의 주요 도시들을 순회하며 경제 자유화 속에서 이 도시들이 거둔 성과를 상찬했다. 그는 남순 기간 시장 개혁이 지속되어야 한다고 주장하는 연설을 여러 차례 했다. 그의 연설들은 시장 개혁과 상업 팽창의 새로운 폭발을 촉발시켰다. 지방정부와 사영기업은 투자를 받기 위해 달려들었고 국유은행들은 손쉬운 대출의 수문을 열었다. 이러한 행위들은 경제를 과열시키고 인플레이션, 재정 적자, 경상수지 적자를 불러왔다.

1993~1994 정부는 경제를 진정시키고 재정 적자와 경상수지 적자를 해결하기 위한 일련의 정책들을 채택했다. 그 정책들엔 수출을 진작시

키기 위해 인민폐의 급격한 평가절하와 지방정부가 세입의 더 많은 부분을 중앙정부로 넘겨주는 재정 개혁, 은행의 신용 긴축이 포함되어 있었다.

1998   주룽지가 총리가 되었으며, 그는 국유기업의 심화 개혁에 나섰다. 많은 경우 정부가 계속해서 유일한 주주이거나 대주주의 지위를 유지했지만 다수의 국유기업이 사유화되었다. 국유기업에서 대량의 노동자들이 정리해고되었으며 주택 개혁도 시작되어 국유기업과 지방정부가 배급했던 주택들이 사유화되었고, 도시에서 주택시장이 형성되었다.

1999~2000   1990년대 중반 신용 긴축과 1997~1998년 아시아 금융 위기의 영향에 뒤이은 경제 과열과 투자 붐은 경제의 둔화로 이어졌다. 은행 시스템 속에서 부실채권이 급격히 증가했으며, 정부는 이에 대응하여 4대 국유은행(중국은행, 건설은행, 공상은행, 농업은행)의 악성 채권을 인수하는 4개의 자산관리공사를 만들어서 곤란을 겪는 은행들을 구제했다. 중국의 국유은행들은 이 자산관리공사들로 가장 악성의 자산을 떠넘겼고, 이후 차례차례로 해외 증시에 상장했다.

2001   중국은 WTO에 가입했고 중국의 무역 흑자는 그 이후 크게 증가했다. 중국은 그렇게 벌어들인 외환 보유고의 대부분을 미 재무부 채권에 투자했다.

2002   후진타오가 중국 공산당 총서기가 되었다.

2006   중국 정부는 농촌 지역의 발전 전망과 생활수준을 향상시키기 위한 일환으로, 또 징세 거부 시위가 늘어나는 것에 대한 대응으

로 농업세를 폐지했다. 동시에 농촌 지역의 정부 투자와 신용 공급을 늘리는 방향으로 다른 정책들도 개선되었다.

2008   새로운 노동계약법이 발효되었다. 이 법은 기업들로 하여금 기존에 비해 노동자의 해고를 어렵게 만들고 노동자들의 사회보험 계좌를 개설하도록 했다. 노동계약법의 입법은 중국이 노동집약적 산업에서 벗어나 경제에서 임금 비중을 늘리며, 노동자들의 시위가 폭증하는 것을 막으려는 중앙정부의 의도를 반영한 것이었다.

2008   중국이 일본을 제치고 미 재무부 채권을 가장 많이 보유한 국가가 되었다.

2008~2009   2008년 가을 리먼브러더스의 파산으로 촉발된 글로벌 금융 위기에 대응하여 중국 정부는 상당 규모의 경기부양책을 도입했으며, 이는 국유은행의 대출을 통한 재정과 금융 부양이었다. 이 경기부양책은 인프라 건설을 확장하고 가속화했다. 이를 통해 중국은 글로벌 금융 위기로 인해 수출 엔진이 멎어 발생한 경제 부진에서 신속히 빠져나올 수 있었다.

2011~2012   경기부양의 열기가 식기 시작했으며 경기부양책의 결과로 생겨난 지방정부의 과중한 부채로 인해 경제성장이 둔화하기 시작했다.

2012   시진핑이 중국 공산당 총서기가 되었다. 새로운 지도부는 도시화와 금융 자유화를 가속화하여 경제를 되살리겠다고 공언했다.

서론

중국 열풍과 자본주의

2008년 9월 글로벌 금융 위기를 촉발시킨 리먼브러더스의 파산 이후 중국의 수출 부문은 2009년에 들어서면서 무너졌다. 그러나 1980년대 이후로 주로 그래왔듯이 몇 달 만에 중국 경제는 두 자릿 수 경제 성장세로 반등했다. 세계 경제의 상황이 폭락하는 것처럼 보이던 때에도 중국은 30년 이상 활기찬 경제 성장을 경험해왔기에 좌우를 떠나 많은 논평가에게 세계의 미래에 관해 흥분을 불러일으키고 심지어 환상을 심어주기도 했다.

확실히 기업 엘리트들과 좌파 성향의 지식인들에겐 페리 앤더슨이 "중국 열풍Sinomania"이라고 칭했던 중국에 도취될 여러 이유가 있었다. 선진 자본주의 국가들에서 사업의 수익성을 확장시킬 수 있는 공간이 점차 줄어들고 있는 시기에 중국의 부상과 위기로부터의 강력한 회복은 기업 CEO들에겐 이윤을 위한 무한하고 거대하며 새로운 개척지를 의미하는 것이었다. 예를 들어 경영학 교수이자 베테랑 헤지펀드 트레이더인 앤 리Ann Lee의 베스트셀러『미국이 중국에게 배울 수 있는 것들: 가장 강력한 경쟁자를 가장 위대한 선생으로 대하는 편견 없는 가이드』(2012)는 경제 전문 매체와 컨설턴트들로부터 큰 갈채를 받았다. 2012년 연예 프로그램 같았던 대선 운동 기간 중국이 미국의 일자리를 "훔쳐간다고" 고발했던 억만장자 트럼프는 사실상 중국에서 사업이 돌아가는 방식에 대한 숭배자였다. 그는 2008년 뉴욕에서 열렸던 국제 호텔 컨퍼런스에서 다음과 같이 얘기했다. "중국에서는 끊임없이 바다에 흙을 쏟아부어 수백 에이커의 토지를 만들어내고 있습니다. 내가 그 건축업자에게 환경 영향 평가는 받았냐고 물어보니 '뭐라고요?'라고 답해서 다시 승인이 필요하지 않은가 물어봤더니 '필요없었어요'라고 하더군요. 하지만 만약 내가 이 도시(뉴욕)의 바다에 조약돌 하나를 떨어뜨린 마지막 사내였다면 아마 전기의자 위에 있을 겁니다."(Heyer 2008에서 인용)

한편, 일부 지식인들에게 중국의 부상은 서구 지배에 대한 궁극적인 도전의 출현을 의미했다. 또 다른 지식인들은 중국의 경험은 적극적인 국가 개입에 기초한 자본주의적 발전의 '중국 모델'을 시사하는 것이라고 주장했다.(예를 들어 Ramo 2004) 그들은 이 '모델'을 1980년대 로널드 레이건과 마거릿 대처의 자유시장 개혁 이후 만연했으며 규제받지 않는 자유시장의 힘을 전제하고 있는 신자유주의적 자본주의에 대한 진보적이고 우월한 대안이라고 간주했다. 국가가 주도하는 '중국식 자본주의'는 경제 위기에 더 잘 대처하고 있으며, 지속적인 빠른 성장과 빈곤 완화를 유지하는 데 더 효율적이라는 이유로 환영을 받았다.

중국의 명백한 성공은 서구 민주주의 체제의 생존 가능성에 대한 질문과 더불어 권위주의적 정부의 장점에 대해서 숙고할 필요가 있다는 주장으로도 이어졌다. 예를 들어 『타임』지는 「중국이 미국보다 자본주의를 더 잘하고 있는 이유」라는 기사에서 "2008년에 시작된 글로벌 경기 침체가 드러낸 가장 큰 아이러니 중 하나는 민주적으로 선출된 미국 정부보다 공산당이 통치하는 중국이 자본주의의 위기를 더 잘 관리하고 있다는 점이다"라고 했다.(Karon 2011) 영국 공산당의 기관지이기도 한 『마르크시즘 투데이Marxism Today』의 전 편집장 마틴 자크는 그의 저서 『중국이 세계를 지배하면』에서 2008년 금융 위기를 "중국식 세계 질서의 시작"으로 간주하며 "서구 세계의 종말"과 "새로운 세계 질서의 탄생"을 환영하기까지 했다. 이 책은 수개월 동안 미국과 영국의 베스트셀러에 올라 있었으며, 주요 경제 전문 매체들의 우호적인 반응을 끌어냈다. 이는 일반적으로 좌파 성향의 저자들이 받는 대접은 아니었다.

18세기 유럽 계몽주의 지식인들의 중국 열풍이 부분적으로 때로는 의도적으로 이국적인 중국에 대한 왜곡된 정보로 인한 것과 마찬가지로(Hung 2003), 최근 서구 사회가 중국의 기적 및 글로벌 금융 위기에서 탄탄하게 회복한 것에 대해 찬사를 보내는 것은 중국의 자본주의적 호황 기저의 동학에 대한 편향적이고 선택적인 이해 때문이다. 중국은 국유 부문과 사적 부문 간의 복잡한 상호작용에 의해 그 발전이 결정되는 대규모 경제체다. 그리고 중국의 경제는 국내 소비, 고정자산 투자, 수출이라는 세 가지 주요 엔진으로 구동된다. 이 세 부문의 상호작용과 상대적 비중은 중국이 19세기 중반 유럽의 군함에 패배했던 청나라 이후 오랫동안 추구해왔던 근대성의 경로와 유산에 영향을 받는다.

그렇기에 총체적이고 역사적인 시각을 결여한다면 중국의 자본주의 적 발전에 대해 완전히 이해하기 어렵다.

이 책의 첫 번째 목적은 중국의 자본주의적 호황의 기원과 이 호황을 야기한 1980년대의 사회적, 정치적 형성과정을 개관하는 것이다. 이 책에서는 초기 근대 세계에서 가장 번영한 시장경제로 찬사를 받았던 18세기 중국에서 왜 자본주의가 자생적으로 나타나지 않았는가에 대한 문제를 다룰 것이며, 일본과는 달리 19세기와 20세기 초반 중국의 국가 건설자들이 국가 주도의 자본주의를 발전시키는 데 실패한 원인과 과정도 살펴볼 것이다. 그리고 1980년대에 자본주의적 호황의 토대가 된 마오 시기의 농촌-농업 및 도시-산업의 발전 과정을 다룰 것이며, 지금의 호황을 가능케 한 21세기 전환기의 지역적, 지구적, 정치사회적 맥락을 논의할 것이다.

미셸 아글리에타가 논의했듯이(Aglietta 1997, 1998) 특정 국가의 자본주의는 다른 어떤 국가의 자본주의와도 근본적으로 다르지 않다. 경제 체제로서 자본주의의 근본 원칙과 기본 동학은 보편적이다.(Aglietta and Bai 2012; Nee and Opper 2012도 참고) 비록 자본주의가 어떤 시기에는 그 생산력을 해방시키기도 하고 또 다른 시기에는 그 재생산을 구속시키기도 하는 역사적, 민족적으로 특정한 정치사회적 구조에 항상 얽매여 있음에도 불구하고 말이다. '미국 자본주의' '일본 자본주의' '독일 자본주의'와는 근본적으로 다른 '중국 자본주의'란 것은 존재하지 않는다. 그러나 이는 중국에서 자본주의의 발흥이 다른 지역에서의 자본주의 발흥의 단순한 복제라거나 그와 똑같은 효과를 가져온다는 것을 의미하지는 않는다. 그와는 반대로 중국의 자본주의는 중국의 특정한 사회관계, 국가제도, 지정학적 이익과 결합되어 특정한 양상을 보이는 동시에 세계 질서에 특정한 결과를 가져온다. 예를 들자면, 다수의 중국 관찰자는 중국의 자본주의적 발전 속에서 마오 시대의 유산인 국유기업의 중요성에 주목해왔으며, 국유기업들이 어떻게 중국의 경제 발전에 기여해왔는지, 다른 개발도상국들이 이러한 중국의 경험에서 어떠한 교훈을 얻을 수 있는지에 대해서도 논의해왔다.(예를 들어 Y. Huang 2008; Acemoglu and Robinson 2012) 프레드릭 제임슨은 일전에 "[자본주의] 시스템은 바이러스의 일종으로 보인다. (…) 그리고 그 발전은 전염병처럼 보이기도 한다"(Jameson 1998:139-140)고 비유적으로 표현한 적이 있다. 그렇다고 하면, 자본주의 바이러스가 모든 지역에서 근본적으로 같다 할지라도 감염된 숙주의 반응과 행동은 그 몸의 전제조건이나 특성에 따라 여러 가지로 나타날 것이다. 이 책은 존재하지 않는 '중국 자본주의'의 진상을 밝혀내려는 또 하나의 시도가 아니다. 그와는 달리 이 책은 자본주의가 중국이라는 조건 속에서 어떻게 적응하고 번영하고 또 몰락하게 되는지를 분석한다.

　이 책의 두 번째 목적은 중국의 자본주의적 호황의 지구적 효과와 그 호황의 한계를 분석하는 것이다. 나는 중국이 어떻게 세계를 재구성하고 있는지 또 그에 대해 어떻게 평가받고 있는지에 대한 네 가지 공통 관념에 초점을 맞출 것이다. 첫 번째 관념은 중국 경제에서의 국유 부문의 중요성으로, 미국이 1980년대부터 장려해온 자유시장 이데올로기와 세계적 자유시장 혹은 신자유주의적 질서에 중국이 도전해오고 있다는 것이다. 두 번째는 중국이 중국 내부의 거대한 빈곤 인구의 소득 수준을 끌어올려 산업화된 서구와 그 나머지 개발도상 지역 사이의 소득 양극화라는 장기 경향을 역전시키고 있다는 관념이다. 또한 중국은 선진국들을 따라잡으려는 개발도상국들에게 새로운 모델과 기회를 창출하고 있다고 여겨진다. 세 번째 관념은 일반적으로는 서구, 특정하게는 미국에 의해 좌우되는 정치적 지배에 중국이 도전하고 있고 심지어는 대체하고 있다는 것이다. 네 번째는 주로 미국과 유럽에서 시작되어 충격을 주고 있는 지구적 위기 속에서 중국이 가장 강력한 성장 동력이 되어 세계 경제를 구원할 것이라는 관념이다.

이 책은 최근 중국의 자본주의적 호황의 역사적 기원, 지구적 효과 그리고 임박한 쇠퇴를 세세히 검토하여 좀 더 종합적이고 포괄적인 방식으로 중국의 자본주의적 발전의 전망을 평가할 수 있는 시야를 제공할 것이다. 내가 보기에 위에 언급한 네 가지 관념은 세계 정치경제를 바꿀 수 있는 중국의 영향력과 중국 호황의 지속가능성을 과대평가하고 있다. 이 책의 3장에서 6장에 걸쳐 이 네 가지 관념을 하나하나씩 비판적으로 검토해볼 것이다. 일반적인 견해와는 반대로 나는 중국이 세계 시장과 결부되어 있는 주요 자본주의 경쟁국가로 부상하고 있으며, 미국, 일본, 독일과 같은 기타 자본주의 강대국들과 다르지 않다는 것을 증명할 것이다. 중국의 호황은 상품과 자본의 초국적 유통의 고삐 풀린 확장에 기반한 신자유주의적 세계 질서에 의존해왔으며, 비록 중국이 이러한 배치 속에서 세력 균형의 변화를 모색해오긴 했지만, 중국의 기득권자들은 현상 유지에 힘써왔다. 더욱이 중국 자신의 불균형 발전의 경로는 세계 금융 위기로 이어진 지구적 경제 불균형의 해법이라기보다는 핵심 원인이었다. 다른 자본주의 강대국들의 호황과 마찬가지로 중국의 호황도 특정한 역사적 과정과 지구적 힘의 연쇄의 산물이며 영원히 지속될 수는 없다. 그런 측면에서 중국은 현 상태의 세계와 그 모순에 대한 도전과 해법이라기보다는 그 토대를 이루고 있는 걸로 보인다. 중국의 호황은 그 자신이 만들어낸 불균형의 무게 속에서 조만간 끝장이 날 운명이다.

일부 통찰력을 가진 설명에도 불구하고 중국 자본주의에 대한 기존의 해석들은 종종 자본주의가 무엇인지, 그리고 경제 체제로서의 자본주의가 국가 및 사회와 어떻게 관련되어 있는지에 대한 피상적이고 혼동된 개념 이해로 인해 한계를 갖는다. 중국의 자본주의적 호황에 대해 빈틈없이 분석하려면 다음 절에서 요약하는 바와 같이 자본주의에 대한 엄밀한 개념화에 근거해야 한다.

자본주의에 관한 간략한 이론

『프로테스탄티즘의 윤리와 자본주의 정신』에서 막스 베버는 오늘날에도 여전히 반향을 불러일으키는 자본주의에 대한 개념을 제기했다. 베버에게 자본주의 경제 체제의 특징은 지배적인 자본주의 정신이었다. 이 정신 속에서는 합리적이고 체계적인 방식으로 더 많은 화폐를 축적하기 위한 화폐 축적의 충동이 다른 모든 필수요건보다 중요하다. 벤저민 프랭클린은 이보다 훨씬 더 전에 이 정신에 관해 다음과 같이 묘사했다. "돈은 그 본성상 번식력과 생산력이 있다는 것을 명심하

라. 돈은 돈을 낳을 수 있고 그 새끼는 더욱 많은 돈을 낳을 수 있으며 이러한 과정은 지속된다. 5실링을 운용하면 6실링이 되고 다시 회전하면 7실링 3펜스가 되며 결국 100파운드가 되도록 계속 늘어난다. 돈이 많으면 많을수록 그것의 운용을 통해 더욱 많은 돈을 낳기 때문에 이익은 보다 급속하게 그리고 점점 급속하게 증가한다."(막스 베버, 김덕영 옮김, 『프로테스탄티즘의 윤리와 자본주의 정신』 도서출판길, 2010, 73쪽에서 재인용) 그러나 베버가 지적했듯이 이 논리는 근대 이전에 존재했던 대부분의 종교적, 도덕적 체제의 논리와는 배치된다.

이 '윤리'의 '최고선summum bonum' 즉 모든 적나라한 향락을 아주 엄격히 억제하면서 돈을 벌고 더욱더 많은 돈을 버는 일은, (…) 순수하게 자기 목적으로 생각되기 때문에, 각 개인의 '행복'이나 '효용'에 대해서는 완전히 초월적이고 전혀 비합리적인 것으로 보인다. 인간이 자신의 삶의 목적인 돈벌이에 의해 지배되는 것이지, 더 이상 돈벌이가 인간의 물질적 삶의 욕구를 충족시키는 목적을 위한 수단으로서 인간에 종속되는 것이 아니다. 이것은 선입견 없는 눈으로 보면 우리가 보통 말하는 '자연스러운' 이치를 전도시켜 완전히 무의미하게 만드는 것이지만, 바로 이러한 전도야말로 자본주의의 명백하고도 절대적인 기조가 되는 것이다. 물론 그러한 전도는 자본주의의 입김을 쐬지 않은 사람들에게는 아주 낯선 것이다.

(막스 베버, 김덕영 옮김, 『프로테스탄티즘의 윤리와 자본주의 정신』 도서출판길, 2010, 77~78쪽)

이렇게 독특한 자본주의적 논리가 자연스럽게 출현할 수는 없었다.

가톨릭에서 이슬람에 이르기까지 기존 종교적 질서에서는 어떤 방식으로든 이윤을 추구하는 것을 비난해왔으며 이에 대한 적대감이 보편적이었기 때문이다. 그러나 일단 자본주의가 출현하고 만연하게 되자 자본주의는 이러한 제재를 벗어나 전 세계에 전면적인 변화를 초래했다. 자본주의는 판도라의 상자 속에서 쏟아진 것들과 마찬가지로 조심스레 갇혀 있다 우연히 풀려나자 세계의 전환을 초래했으며 이 전환은 심원하고도 광범위했으며 비가역적이었다.

특정한 경제 외적인 힘들이 근대 초기 유럽의 일부 지역에서 자본주의의 힘이 풀려나는 데 명확한 역할을 했고, 베버에게 있어 이중 하나는 바로 칼뱅주의의 예정론 개념이었다. 칼뱅주의를 따르는 상인들은 예정론에 따라 신의 은총을 확인해보고 싶은 열망으로 부의 축적을 위해 부를 축적했으며, 그 부의 규모를 은총의 지표로 가늠했다. 비록 많은 학자가 베버의 자본주의의 부상에 관한 문화적 설명을 거부해왔지만, 베버가 자본주의를 그 작동 방식으로서의 "끊임없는 자본의 축적" 체제라고 정의한 것은 이매뉴얼 월러스틴과 조반니 아리기를 포함해 당대 자본주의 이론가들의 많은 작업에서 발견할 수 있다.

이매뉴얼 월러스틴(1974, 1979)은 유럽에서 자본주의가 부상한 것을 독특한 세계-역사적 사건으로 보는 베버와 견해를 같이한다. 월러스틴은 자본주의가 16세기 유럽에서 중세의 "봉건주의의 위기"로부터 출현했다고 본다. 자본주의는 (고부가가치 생산에 특화된) 중심부 국가, (저기술과 원자재 수출에 특화된) 주변부 국가, (고부가가치 및 저부가가치 생산 모두에 특화된) 반주변부 국가 사이의 국제적 노동 분업을 형성시켰다. 이러한 국제적 노동 분업의 발생은 끊임없는 자본 축적의 논리가 부상하면서 추동되었다. 이 논리는 중심부와 주변부 사이에서 착취적인 불평등 교환을 만들어내고 유지했다. 그리고 식민주의를 통해 새로운 주변부 지역을 만들어내면서 체제의 지리적 확장을 초래했다. 월러스틴의 작업 대부분은 국제적 노동 분업이 어떻게 발전해왔는지에 관한 것이지만, 끊임없는 자본 축적의 논리가 어떻게 온갖 저항을 무릅쓰고 자리잡게 되었는지에 관해선 설명이 거의 없다. 조반니 아리기(Arrighi 1994, 2007; Arrighi and Silver 1999)는 자본주의의 장기 역사에 대한 분석을 통해 그 차이를 메우고 있다. 아리기는 그 분석에서 자본주의의 기원에 관해 기술하고 있는 세 권의 고전『물질문명과 자본주의』를 집필한 프랑스의 경제사가 페르낭 브로델과 카를 마르크스의 통찰을 결합시켰다.

마르크스가 시장 교환 혹은 "일반화된 상품 교환"이라고 불렀던 것에서 노동자는 화폐를 매개로 그가 원하는 물건으로 교환하기 위해 능숙하게 생산할 수 있는 물건을 생산한다. 이 활동은 C-M-C라는 공식으로 표현될 수 있다. 여기서 C는 상품이고 M은 화폐다. 이 활동에서 화폐는 단순히 교환의 도구이며 유용한 상품을 구매하는 것이 그 목적이다. 비록 일반화된 상품 교환이 자본주의의 필수적인 전제조건이긴 하지만 자본주의 그 자체는 아니다. 마르크스에게 자본주의는 더 많은 양의 화폐를 추구하기 위해 화폐를 사용하는 행위이며, 이 행위는 본래의 화폐를 자본으로 변화시킨다. 여기서 자본주의는 M-C-M′의 공식으로 표현되며, M′는 M에 증가분 혹은 ΔM을 더한 것과 같다. 이 활동에서 상품은 단지 화폐적 부를 추구하기 위한 매개에 불과하다. 이 지점에서 마르크스는 더 많은 이윤을 만들어내기 위해 이윤을 추구하는 것을 자본주의의 결정적 특징으로 보는 베버와 일치한다. 물론 마르크스는 베버와는 달리 자본의 증가분인 ΔM의 근원을 임노동자에 의해 생산된 가치를 착취해낸 잉여가치로 설명한다.

ΔM이 노동 과정에서 만들어진 잉여가치에서 비롯된 것인지의 여부는 논쟁의 대상이다. 마르크스와 그로부터 영감을 받은 많은 분석가가 무시해왔지만 사실 더 중요한 문제는 시장교환(C-M-C)과 자본 축적(M-C-M′)이 정확히 어떻게 연관되어 있는지에 관한 것이다. 이 둘의 관계는 전자가 후자의 자연스럽고도 필연적인 결과인 것으로 논리적이고 당연하게 여겨지는가? 『자본론』에서 마르크스는 그렇게 가정한 것으로 보인다. 그러나 브로델의 작업처럼 여러 문명에 걸쳐 역사를 돌이켜보면, 우리는 오토만이나 무굴, 청 제국과 같이 발전된 시장경제가 자연스럽게 자본주의로 발전하지 않은 여러 사례를 손쉽게 발견하게 된다.(Pomeranz 2000과 이 책의 1장의 관련 부분을 참조) 그렇다면 과연 어떤 조건이 있어야 자본주의가 시장경제 안에서 출현하게 되는지는 수수께끼다.

브로델에게 있어서(Braudel 1992) 시장과 자본주의는 혼동되어서는 안 되며 두 가지 구분되는 경제 행위의 형태로 여겨진다. 시장경제가 소생산자들 간의 교환과 경쟁에 기초한 것으로 이윤보다는 일상의 생계와 더 관련이 있다면, 자본주의는 역사적으로 국가의 지원과 독점적인 경제 조직을 필요로 하는 이윤 극대화와 부의 축적에 의해 추동된다. 이 독점적 경제 조직의 역사적 사례로는 근대 초기 유럽의 칙허회사chartered company, 20세기 미국에서 반독점 규제로 생겨난 수직적 통합 기업, 오늘날 브라질, 러시아, 중국 등 신흥 강대국에서 국가의 지원을 받는 초국적 기업 등을 들 수 있다. 시장과 자본주의의 차이는 지역 현지의 농업 생산자 시장과 초국적 식품 체인점 사이의 차이에 해당한다. 시장경제에서도 항상 일부에게는 화폐적 부의 끊임없는 축적을 추구하는 충동이 존재하지만, 이 충동은 근대 이전에는 정치적, 문화적 힘에 의해 억압되었다.

아리기는 근대 초기 유럽에서 어떻게 자본주의가 해방되고 번성할 수 있었는지를 추적했다. 그는 당시 국가간 체계 속에서 군사적 충돌이 빈번하게 일어나면서 국가 형성자들은 전쟁 준비 자금을 마련하기 위해 국제적 유동 자본을 끌어들이려 경쟁하게 되었고, 이에 기존에는 볼 수 없었던 국가-자본의 동맹이 구축되었다고 주장했다. 이러한 동맹 하에서 자본가들은 국채를 구입하고 세금을 내면서 국가의 확장을 지원했고, 국가는 자본가들이 자원 기지와 무역 루트를 찾아내고 지키는 데 결정적인 정치적, 군사적 보호를 제공했다. 아리기에 따르면, 자본주의가 그에 대한 전통적인 도덕적 적대감이라는 구속복을 벗어던지고 지배적인 지위를 차지하게 된 것은 베버가 강조했던 프로테스탄티즘 윤리보다는 근대 초기 유럽의 독특한 지정학적 환경 속에서의 국가와 자본의 교환 관계 때문이었다.

자본 축적의 첫 번째 단계 혹은 "시초 축적primitive accumulation" 시기에는 유럽의 해외 식민지에서의 강탈, 영국에서의 인클로저 등과 같이 강압과 폭력을 통해 흩어져 있는 경제적 자원을 자본가의 수중에 집중시켰다. 그 시기 이후 자본 축적은 스스로 지속되었다. 초기에 축적된 자본은 경제의 생산성, 기술, 인프라 개선에 지속적으로 재투자되었다. 이러한 개선은 결국 19세기 전환기에 산업혁명으로 이어졌다. (Braudel 1992: vol. 3; Arrighi 1994) 이런 측면에서 보면, 20세기 전환기의 중국을 포함하여 모든 후발 자본주의 국가의 산업화는 본질적으로 시초 축적을 활성화하고 자기지속적이고 자기확장적인 자본을 만들어 내려는 노력이다.

각 장에 대한 소개

위에 설명한 자본주의에 대한 개념을 염두에 두고 이 책은 크게 두 부분으로 나뉜다. 첫 번째 부분은 18세기부터 현재에 이르기까지 중국에서 자본주의가 부상한 험난한 역사적 경로를 추적하고 당대의 자본주의적 호황의 기원을 해석한다. 두 번째 부분은 중국의 호황이 지구적 정치경제 질서에 미치는 영향과 이 호황이 어떻게 종말을 맞이하게 될지에 관해 살펴본다.

1장에서는 17세기에서 18세기에 이르기까지 아메리카 대륙의 은이 중국으로 대량 유입되면서 중국을 근대 초기 세계에서 가장 선진적인 시장 경제로 만들었던 상업혁명이 어떻게 발생하게 되었는지에 관해 논의한다. 18세기 중국은 불평등의 증가로 인해 생겨난 정치적, 사회적 불만을 두려워하는 중앙집권적인 가부장적 국가가 통치하고 있었다. 그렇기 때문에 상업 활동은 시장 교환의 영역에 국한되었고 자본 축적 활동의 확장은 그러한 활동이 사회적 안정에 방해가 된다고 간주하는 국가에 의해 제한되었다.

2장에서는 19세기 중반 이후로 중국의 국가 건설자들이 서구 제국주의에 대한 대응으로 독일, 일본, 러시아와 같은 후발 산업주자들의 족적을 따라서 국가 주도의 산업화를 시도하는 과정에서 겪었던 시련들에 관해 설명한다. 청 제국이 대영제국에 패배한 이후로 중국의 엘리트들은 농촌으로부터 잉여를 전유하고 집중시켜 중국의 첫 산업자본을 만들어내려는 국가 지원의 산업 정책을 도입했다. 그러나 반란의 악순환과 국가 능력의 쇠퇴로 인해 청나라는 이 임무를 완수하는 데실패했다. 1911년 청 제국이 몰락한 이후 수십 년간 전쟁과 혼돈이 이어지다가 1949년 중국 공산당이 권력을 장악했다. 중국 공산당은 소련 모델을 변형시켜 농업 집단화에 기대어 농촌의 잉여를 추출해 도시지역의 급속한 산업화에 투입했다. 이러한 자본의 시초 축적은 비록 사회주의라는 명목을 내걸고 시행되었지만 성공을 거두었다. 1970년대 후반에 이르러 중국은 국가 소유의 산업 자본과 인프라의 네트워크를 구축할 수 있었다.

3장에서는 현재 중국에서 자본주의의 부상이 한편으로 일본, 한국, 타이완, 홍콩, 싱가포르와 같이 미국의 동맹으로 형성된 냉전 시대 동아시아 자본주의의 지속이면서, 또 다른 한편으로는 건강하고 잘 교육받은 대규모의 농촌 잉여 노동력과 국가 소유 자본의 광범위한 네트워크 등 마오쩌둥 시기에 형성된 기반 위에서 이뤄진 것임을 설명한다. 그리고 중국의 탈중앙화된 권위주의 국가가 어떻게 형성되었고 자본주의 호황을 불러일으켰는지에 관해서도 논의한다. 포스트 마오쩌둥 시기의 시장 개혁은 두 국면으로 나눌 수 있다. 우선 1980년대에는 시장 경제의 회복과 농촌의 성장에 초점을 맞췄으며, 이후 1990년대에는 국유기업을 이윤 추구적인 자본주의적 기업으로 변형시키는 데에 집중했다. 이 기업들 중 상당수는 월가 금융회사의 지원을 받았고 뉴욕과 홍콩 같은 해외 주식 시장에서 자본화되었다. 또한 3장에서는 수출 부문의 지배적 지위가 내륙 지역 농촌으로부터 추출한 자원에 의해 형성된 것임을 설명한다. 이렇게 변형된 국유기업들이 지구적 금융 순환과 경제 부문에서 수출 부문의 중심적 지위와 긴밀하게 연관되어 있다는 점을 고려한다면, 중국의 호황은 세계 자유무역과 투자 흐름에 의존하고 있다. 이러한 주장을 통해 중국이 지구적 신자유주의 질서의 대안을 이루고 있다는 관념에 의문을 제기할 것이다.

책의 두 번째 부분, 4장에서는 중국의 자본주의적 호황이 세계적 차원의 불평등 패턴을 어떻게 새로이 변형시키고 있는지에 관해 논의한다. 중국 국내에서는 불평등이 급속도로 증가하고 있지만, 가장 후진적이고 가난한 인구 집단조차 1인당 평균소득이 전 세계 평균보다 높은 비율로 증가하고 있다. 중국은 지난 30년간 세계 불평등을 감소시키는 데 기여해왔으며, 유럽의 산업혁명 이래로 서구 지역과 비서구 지역 간 세계적 차원에서 소득 양극화의 장기적인 경향을 역전시켰다. 그러나 일단 중국이 세계 평균보다 높은 1인당 평균소득 수준을 달성하게 되면, 이러한 역전은 사라지고 불평등은 다시 증가할 수 있다. 전례 없는 세계적 차원의 불평등 감소가 지속될지 여부는 다른 개발도상국들이 중국의 전철을 밟아 급속한 경제성장을 이루느냐에 달려 있다. 최근 중국의 천연자원에 대한 수요로 다수의 개발도상국이 급속한 성장을 이뤄냈지만, 중국의 수출 지향 제조업은 그와 비슷하게 노동집약적인 수출 제조업에 의존하고 있는 기타 개발도상국들에게 압력이 되고 있다. 중국이 다른 개발도상국에 가져다주는 기회와 위협이 서로 상쇄되지 않는다면 결과적으로 발생하는 발전에 있어서의 이득과 손실은 나라마다 다를 것이다. 개발도상국 전체적으로는 중국의 호황에서 전혀 이익을 얻지 못할 수도 있으며, 중국의 호황으로 인한 세계적 차원의 소득 양극화의 역전이 장기적 차원에서는 잠시의 일탈에 불과할 수도 있다. 이 장에서는 세계 경제에서 거대한 균형자 역할을 하는 중국이라는 관념에 대해 의문을 던지려 한다.

5장에서는 중국의 부상이 미국의 세계 강대국 지위를 침식시키고 있으며, 미국 지배력의 쇠퇴를 가속화하고 있다는 관념에 이의를 제기한다. 미국이 세계 경제에서 차지하는 비중과 정치적 영향력이 1970년대 이래로 줄어들고 있음에도 불구하고 현재 미국의 지정학적 지배력은 국제 통화 체계에서 미국 달러가 가지고 있는 지속적인 헤게모니 지위로 유지되고 있다. 이렇게 지속되는 지위로 인해 미국은 국제적으로 낮은 이자율로 자본의 차입이 가능하며, 이를 통해 국민들이 살아갈 수 있을 뿐만 아니라 자신의 자금력을 넘어서서 전쟁을 수행할 수 있게 되었다. 1971년 금본위제의 폐지 이후 달러 헤게모니가 영속화되면서 미 군사력의 패권적 지위를 뒷받침하고 있다. 이 달러-군사 복합체는 1970년대 이후로 붕괴한 적이 없다. 왜냐하면 독일과 일본 같은 자본주의 진영 내부의 도전자들은 미국으로부터 군사적 보호를 제공받으면서 지정학적 자율성을 획득하지 못했기 때문이다. 중국은 미국의 안보 우산 외부에 자립해 있는 첫 번째 자본주의 강대국이다. 그렇기에 중국은 미국의 달러와 군사적 지배를 끝낼 수 있는 잠재력을 가지고 있다. 하지만 중국은 미국의 재무부 채권에 중독되어 있기에 일본의 전철을 밟아 달러 헤게모니와 미국의 세계 지배력에 대한 중대한 지지자 역할을 하고 있다. 중국의 엄청난 규모의 미국 국채 구입은 자발적인 관용 행위의 결과가 아니라 중국의 수출 지향적인 모델의 결과이며, 이로 인해 중국의 중앙은행인 인민은행으로 미국 달러가 유입되었다. 중국이 성공적으로 자신의 경제를 재조정하고 수출에 대한 의존을 줄이지 않는다면 순수한 경제적, 지정학적 자율성을 획득하기는 어렵다. 이 장에서는 중국이 부유한 국가들에 맞서 개발도상국들의 협상력을 높이는 데 어떻게 도움을 주고 있는지에 관해 설명하면서 동시에 중국이 개발도상국들 사이에서 신식민 강대국으로 여겨지기 시작했다는 점에 관해서도 논할 것이다. 중국은 새로운 세계 질서로의 인도자가 되는 것이 아니라 구질서 속의 신흥 강대국일 뿐이다.

6장에서는 탈중앙화된 권위주의적 거버넌스 구조와 농촌 지역에 대한 재정 압박이라는 특징을 가진 중국의 자본주의적 성장의 특정한 패턴에 대해 설명한다. 이 패턴은 중국을 지난 20년간 과잉 투자와 과소 소비로 나타나는 거대한 경제적 불균형으로 이끌었다. 중국의 경제적 불균형은 2008년 글로벌 금융 위기를 촉발시킨 글로벌 불균형의 중요한 원인이기도 했다. 수출 진흥 정책과 투자 프로젝트 확대를 위한 방만한 대출로 이뤄진 2009년 막대한 규모의 경기부양책은 경제 영역에서 강력한 반등을 이끌어냈지만, 이는 중국 내부의 불균형과 부채 문제를 악화시켰을 뿐이며, 향후 몇 년 안에 중국의 성장에 심각한 장해물이 될 것이다. 지속적인 경제 침체라는 전망을 감안할 때, 중국 경제의 재조정이 그 어느 때보다 절실하다. 재조정은 가계 소비와 소득이 국가 경제에서 더 많은 비중을 차지하는 데에 초점을 맞춰야 한다. 따라서 이러한 균형을 이루기 위해서는 자본과 소득 간에 상당한 규모의 재분배가 필요하며, 이는 결과적으로 비록 어렵고 예측 불가능하겠지만 1989년 톈안먼 사건 이후 자리 잡은 사회정치적 질서의 개편을 필요로 한다. 이 장에서는 위기에 빠진 세계 경제의 구원자로 중국을 바라보는 관념과는 상반되게 중국이 사실 세계 경제의 불균형과 위기의 주요 원인이며 중국의 호황이 쇠퇴할 거라고 주장한다.

1부
—
기원들

1장

자본주의 없는 시장
1650~1850

중화제국은 아주 오랫동안 유럽 중심적인 역사 기술에서 상업적으로 역동적이고 해양지향적인 유럽과는 상반되게 소박한 농경 위주의 내향적인 제국으로 묘사되어왔다. 마크 엘빈 등은 이러한 이미지를 거부하고 중국이 12~13세기 활발한 상업의 팽창과 해양 무역이 증가하는 황금시대를 거쳤다고 주장했다.(Shiba 1970, 1983; Ma 1971; Elvin 1973; Abu-Lughod 1989: 316-40; Braudel 1992: 3:32) 이러한 경향은 15세기에 그 유명한 정화의 원정이 끝나고 중국이 수도를 남쪽의 난징에서 북쪽의 베이징으로 옮기면서 갑작스레 끝나버렸다. 중국은 그 뒤 대양大洋으로부터 돌아서서 "고도 균형의 함정"에 빠졌고(Elvin 1973) 유럽에 경제적·기술적으로 뒤처지기 시작했으며 결국 19세기 중국은 유럽의 군함에 굴욕을 겪어야 했다.(Wallerstein 1974: 53-63; Abu-Lughod 1989: 340-48; Braudel 1992: 3:32 참조)

이러한 중국에 대한 수정주의적 이미지는 명나라가 바다에서 물러나고 아편전쟁(1839~1842)이 발생하기까지 4세기의 기간에 관한 한 전통주의적 시각과 크게 다르지 않다. 그러나 이러한 시각은 16세기부터 시작된 중국의 해상 무역과 내부 상업 활동의 부흥을 실증하는 최근의 일련의 연구들로부터 도전받고 있다. 당시 세계 시장에서 비단과 도자기 같은 중국 제품에 대한 막대한 수요는 중국을 "은의 저수지"로 전환시켰고 중국은 당시 아메리카 대륙에서 채굴되어 세계경제에서 순환되고 있던 은의 대부분을 흡수했다.(Atwell 1977, 1982, 1998; von Glahn 1996: 113-41; Frank 1998; Pomeranz and Topik 1999; Pomeranz 2000) 이렇게 흡수된 은으로 인해 17세기에서 18세기에 이르기까지 중국의 상업은 번영할 수 있었다. 근대 초기에 중국의 생활수준은 비록 서유럽의 수준을 능가하지는 않았을지라도 그 수준에 도달했었다. 그러므로 돌이켜보면, 중국은 근대 초기에 누렸던 경제적 번영을 되찾고 있는 것이기에 현재 중국의 경제적 위상은 조지프 나이Joseph Nye가 지적하듯 "부상"이 아니라 "부흥"이라고 할 수 있다. 1800년대를 중심으로 U자 형태로 나타나는 중국의 경제적 부침은 표 1.1에서 나타나듯이 시기별로 중국과 서구의 세계 GDP에서 차지하는 비중과 1인당 평균 GDP의 비교를 통해 알 수 있다.

이 장에서는 19세기 이전 중국 상업혁명의 형태와 규모를 살펴보고 이러한 상업혁명이 왜 서유럽과는 달리 19세기에 자본주의 이행과 산업혁명으로 발전하지 않았는지에 관해서 검토한다. 19세기 초부터 중국의 경제는 악화된 반면, 유럽은 산업 자본주의 하에서 도약했고 중국을 정복하기 위해 새로운 산업, 군사력을 도입했다. 이는 20세기 중국이 자본주의적 산업 발전을 추구하며 벌였던 일들을 이해하기 위해 반드시 살펴봐야 할 배경이다.

표 1.1 1500-2008년 중국과 서구가 세계 GDP에서 차지하는 비중과 1인당
      평균 GDP 비교(%)

연도	1500년		1820년		1940년		2008년	
	GDP	1인당 GDP	GDP	1인당 GDP	GDP	1인당 GDP	GDP	1인당 GDP
중국	24.9	1.1	33.0	0.9	6.4	0.3*	17.5	0.9
영국	1.1	1.2	5.2	2.6	7.3	3.5	2.8	3.1
서유럽	15.5	1.4	20.4	1.9	27.5	2.5	14.5	2.9
미국			1.8	1.8	20.6	3.6	18.6	4.1
세계	100	1	100	1	100	1	100	1

* 중국의 1940년 1인당 GDP의 비중은 1938년 데이터를 사용   (출처: Maddison n.d.)

명청 시대의 상업혁명

역사가들은 중국의 18세기를 평화와 번영이 장기 지속되었던 황금
기로 파악한다. 그리고 다수의 사람이 이 번영을 아메리카 대륙의 은
이 대량 유입되어 가능했던 것으로 여긴다.(Quan 1987, 1996b; von Glahn
1996; Frank 1998: 108-11, 160-61) 아메리카의 은이 (1630년대 에도 막부
의 쇄국 정책 이전의 일본 은과 더불어) 명나라(1368~1644) 말기 수십 년에
해당하는 16세기 말부터 17세기 초에 이르기까지 많이 유입된 것은
사실이지만 18세기에 수입된 양과 비교하면 빈약한 수준이다. 중국이
흡수한 은의 대부분은 유럽의 무역업자로부터 유입된 것이다. 18세기
초에 정부의 세금과 대규모 거래가 은으로 지불되면서 중국은 은본위
제로의 전환을 이뤘다.

16세기 후반에서 17세기에는 은의 유입으로 인한 경제 성장이 국가 붕괴, 내전, 왕조 교체의 혼란으로부터 영향을 받아 다소 정체했다. 청나라(1644~1911)의 통치가 공고화된 이후에야 은의 유입이 본격적인 상업 팽창에 영향을 미쳤다. 중국 경제에서 유통되는 은의 양이 현저하게 증가하면서 장기적으로는 완만한 인플레이션 혹은 18세기 "중국의 가격 혁명"으로 알려진 현상이 발생했다.(Quan 1996a, 1996c, 1996d) 18세기 동안 중국의 일반 물가지수는 300퍼센트나 증가했다. 그러나 이 인플레이션은 고르게 나타난 것은 아니어서 (수출 시장과 밀접하게 연결된) 경제적으로 발전한 장강 하류 지역과 동남 연해 지역을 강타했다.(Marks 1991; Quan 1996d) 지역에 따른 이러한 차등적인 인플레이션은 제국 전역에 걸쳐 지역적 노동 분업을 촉진시켰다. 높은 인플레이션과 고임금은 중부와 동남 연해 지역의 도시화와 원산업화proto-industrialization를 야기했다. 반면에 인플레이션의 압력이 덜했던 광대한 내륙 지역은 주변부로 전환되어 연해 핵심 지역의 발전에 식량(주로 쌀)과 기타 원자재(주로 목재)를 공급하는 역할을 했다.(Atwell 1977: 19-20; P. Smith 1988; Chao 1993: 40-42; Marks 1996, 1998; J. Fan 1998; Rowe 1998; Xu T. 1999)

장강 하류 지역은 뽕나무와 면화 재배에 특화되고 쌀값이 크게 오르면서 후난, 산둥, 쓰촨으로부터의 식량 수입에 의존하게 되었다.(Li B. 1986) 생사生絲와 면화 생산은 농민들 사이에서 (쌀농사를 보충하던) 부업에서 주요 경제 활동이 되었다. 비단과 면직물 생산은 점차 가정 생산에서 벗어나 도시의 작업장으로 집중되었다.(Li B. 1986; Chao 1993: 41) 특히 해외 시장을 겨냥해 면직물과 도자기의 대량생산을 조직하는 상인도 생겨났다.(Chao 1993: 41-42; He 1996: 52) 항저우나 쑤저우 같은 지역의 대도시에서는 공장에서 수백 명에서 천 명 가량의 노동자를 고용하는 것도 드문 일은 아니었다. 노동자와 공장주 간의 계급 갈등도 도시에서 새로 나타난 양상이었다.(Fang X. et al. 2000; Fang Z. et al. 2000; Wu 2000)

푸젠과 타이완에서는 명나라 후기에 대규모 사탕수수 플랜테이션이 등장했고 동시에 설탕 제조 산업도 발전했다.(Chen X. 1991: 70-77) 장강 하류 지역에서 뽕나무 재배가 쌀농사를 대체한 것과 마찬가지로 푸젠과 타이완에서는 사탕수수 플랜테이션이 쌀농사를 대체했기에 식량 공급을 다른 지역에 의존해야 했다.(Chen X. 1991: 69-70) 한편 18세기부터 산이 많은 푸젠 지역은 중국의 주요 차 생산지가 되기도 했다.[2] "생찻잎은 도매상들이 구입한 다음 생산지 인근의 중소도시에 세워진 작업장에서 처리 작업을 거친다. 그렇게 생산된 차는 국내 전역의 시장이나 명청 시기 유일하게 해외 무역이 허용된 광저우의 유럽 무역업자들에게 팔려나간다."(Chen C. 1982: 48)

광둥의 상업화는 명나라 시기에는 상대적으로 완만했다. 1757년 청 정부가 모든 대외 무역은 광둥성의 성도인 광저우에서만 실시해야 한다는 방침을 정한 후에야 광둥 지역의 발전이 본격화되었다. 1757년 이전에는 광둥의 비단은 장강 지역의 비단에 비해 품질이 떨어져서

---

2   근대 초기 이전에는 중국의 주요 차 생산지는 주로 윈난과 쓰촨 같은 깊은 내륙 지역이었다. 차 수출이 증가하면서 푸젠이 기존의 차 재배 지역을 대체했다.

외국 상인들의 선호도가 떨어졌다. 그러나 1757년 이후에는 지역에서 더 많은 농민이 쌀농사를 버리고 뽕나무 재배로 옮겨갔다.(Ye and Tan 1984; Marks 1991, 1996) 동시에 (광저우 인근의) 포산은 철 제품 생산의 국가적 중심지로 발전하여 여기서 만들어진 농업과 산업 도구들이 국내 무역로를 통해 제국의 구석구석에서 판매되었다.(Lo 1994: 46–66)

18세기에 청 정부는 쌀을 수출하는 지방의 농업 경제에 활발하게 개입했다.(광둥 옆 광시와 장강 상류의 쓰촨 등) 주변 지역에서 개간 및 관개 사업이 공격적으로 추진되었으며, 그로 인해 더 많은 쌀을 생산하여 쌀이 부족한 경제 발전 지역으로 수출할 수 있었다.(P. Smith 1988; Marks 1991, 1996; Gao 1995; Xu T. 1999) 개간 사업과 더불어 일부 인구 과밀 지역에서 주변부의 새로 개척한 농경지로 사람들을 재정착시키는 국가 계획의 대량 이주 정책이 시행되었다. 이런 시도 외에도 정부는 하천, 운하, 도로 등 지역 간 장거리 대량 상품 무역에 필수적인 제국 전역의 네트워크를 개선하는 데에도 노력을 기울였다. 18세기 프랑스의 중농학파가 예수회 선교사들과 여행가들의 묘사에 근거하여 중국을 규제가 없고 발전한 시장 경제로 여긴 것은 우연이 아니다.(Hung 2003)

중국과 유럽의 분기라는 특이한 사례

18세기 중국의 상업적 발전을 고려하면, 18세기 후반 유럽에서는 산업 자본주의가 자연스레 출현한 반면 중국에서는 왜 그러지 않았는지는 이해하기 어려운 문제다. 이 질문은 사실 마르크스와 베버 이래로 수많은 역사학자와 사회학자를 곤란에 빠트려왔다. 유럽의 자본주의 이행에 관한 가장 고전적인 사회이론들은 이 이행에서의 핵심을 도시의 부르주아 집단이 어떤 이유로 그리고 어떤 양상으로 봉건적 질서에서 탈피하여 자율성을 가지고 지배적인 사회 집단이 되어가는가로 규정했다.(Weber 1958, [1930] 1992; Marx [1848] 1972; cf. Hilton 1978) 이 이론들이 기존의 다른 집단과는 구별되는 온전한 기업가 공동체가 생겨나는 데 있어 계급투쟁의 동학이나 중세의 도시제도 혹은 프로테스탄티즘의 금욕주의 등 어떤 것에 초점을 맞추건 간에 가장 동의하는 지점은 근대 자본주의가 도시에서 기원했다는 것이다. 이러한 자본주의의 도시 기원 이론들은 제2차 세계대전 이후 사회과학계에서 '농업 기원' 학파들에 밀려났다. 이들은 영국에서의 산업 자본주의가 다른 무엇보다도 영국의 근대 초기 농업혁명의 결과라고 간주했다. 그리고 이 학파의 사상에 따르면 농업혁명이 산업 확장에 따라 흡수되는 대량의 노동자들을 해방시켰을 뿐만 아니라 농촌 엘리트의 고소득이라는 형태로 대량의 농업 잉여 소득을 발생시켰고 이는 도시의 산업 부문에 투자되어 산업혁명을 촉진시켰다.

일본의 자본주의 이행 성공과 중국의 실패에 관한 연구들은 유럽의 이행에 대한 농업 기원 이론들에 깊은 영향을 받았다. 예를 들어 19세기 일본의 성공적인 자본주의적 산업 도약을 에도 시대(1603~1867)의 농업혁명 측면에서 설명하는 연구가 많다. 이에 따르면 일본이 서구 제국주의의 침입을 받던 시기에 자본주의적 도약으로 이어질 수 있는 내생적인 역량이 충분히 무르익었다. 한편, 제국주의의 침입으로 일본은 위로부터의 자본주의적 산업화를 추진해 생존 경쟁에 나서야 했다.(T. Smith 1959; Collins 1997) 한편, 중국의 자본주의 이행 실패에 관해 널리 알려진 이론들도 이와 마찬가지로 농업 기원 학파의 영향을 받았다. 예를 들어 '농업 내권화 內卷化(involution)' 테제에 따르면, 근대 초기 중국의 막대한 인구 증가로 초저비용의 노동력이 풍부하게 공급되자 지속적인 일인당 농업 생산성의 하락과 노동 절약적인 기술 혁신의 동기 부족이 나타났다.(P. Huang 1985, 1990; Elvin 1973 참조) 농업 부문이 정체하거나 심지어 악화하는 상황에서 자본주의적 산업 도약은 불가능한 일이었다.

그러나 이러한 자본주의에 대한 농업 기원적 접근법은 앞서 서술했듯이 중국의 근대 초기 경제에 관한 새로운 증거들이 나오면서 도전받게 되었다. 경제의 전면적인 상업화는 장원 莊園에 기반한 강압적인 농업 질서의 해체 및 토지와 노동의 자유로운 양도와 거래에 근거한 농민 경제의 부상으로 이어졌다.(Jing 1982: 169-81; P. Huang 1985: 97-105; von Glahn 1996; Rowe 1998, 2002: 493-502) (영유아 살해와 같은 수단들을 통해) 인구 증가가 억제되는 것에 더해 자영농들의 농장 관리와 생산 기술에서의 지속적인 혁신으로 제국의 경제 핵심 지역에서 농업 생산성, 농촌 소득, 농민들의 생활수준에서 장기적인 성장이 가능했다.(Lee and Campbell 1997; Li B. 1998; Lee and Wang 2000) 1600년에서 1750년까지 가장 발전된 지역에서 농민들의 노동에 대한 순수익은 20~50퍼센트가 증가했으며, "고소득과 매우 자발적인 여가를 누리는 농민 가구들에게 아주 인상적인 수입이 수반되었다."(Goldstone 2003: 29) 표 1.2의 사회경제적 지표들에 따르면 19세기로의 전환기에 중국은 영국에 전

표 1.2 근대 초기 중국과 유럽의 경제 발전과 생활수준 관련 지표

	토지 생산성 (파운드/에이커)*	노동생산성 (펜스/1일)*	평균 영양섭취 (성인 남성의 1일 칼로리)**	평균 기대수명***	연간 곡물 무역량 (백만 톤)****
중국	26.18	51.3	2,651	35-39.6	2.6
유럽	3.30	60.9	2,000-3,500	31-34	0.22

*　1820년 시점을 불변가격으로 1806년 영국 중부, 1820년 장강 삼각주의 데이터에 기초(Al-len 2009의 표5)

**　19세기 영국과 19세기 중국의 데이터에 기초(Pomeranz 2000: 39)

***　18세기 중반 영국과 중국의 경제적으로 발전한 지역에서 선별한 데이터에 기초(Pomeranz 2000: 36-37)

****18세기 중국의 모든 주요 무역로와 18세기 당시 유럽의 장거리 곡물 무역의 80퍼센트에 해당하는 발트해 무역의 수치에 기초(Shiue and Keller 2007: 1191-92)

혀 뒤떨어지지 않았다.

　이러한 국내에서의 농업혁명에도 불구하고 18세기 중국에서는 영국에서처럼 자연스럽게 산업 자본주의가 출현하지도 않았고 일본에서처럼 정부의 의식적인 추진으로 산업 자본주의가 뿌리내리지도 않았다. 이러한 새로운 연구 성과들은 기존의 농업 기원 학파의 논리에 도전했으며, 유럽과 중국에서 산업 자본주의로의 이행에 관한 새로운 설명을 찾고자 하는 새로운 학문의 흐름을 촉발시켰다.

　새로운 해석 중에서 가장 주목을 받았던 것은 케네스 포머랜즈의 생태학적 주장이었다.(Pomeranz 2000) 포머랜즈는 영국과 중국 사이의 발전 패턴의 분기는 19세기 전환기까지는 발생하지 않았다고 주장했다. 그 이전에 이 두 경제체는 상업, 인구, 농업 생산성의 측면에서 인상적인 성장을 경험하고 있었다. 18세기 말에 이 두 지역의 발전은 목

재나 경작 가능 토지 등 생태적 자원이 허용 범위 면에서 그 한계에 도달했다. 중국의 발전은 이러한 함정에 걸린 반면, 영국은 성공적으로 이 생태적 제약을 피해 산업혁명으로 도약했다. 영국이 이 제약을 극복할 수 있었던 가장 중요한 요소는 원면raw cotton과 설탕 같은 아메리카 대륙의 거대한 자원을 이용할 수 있었다는 것이다.

이러한 설명은 깔끔하지만 세 가지 측면에서 문제가 있다. 첫 번째, 영국이 자본주의적 산업 발전을 촉진시키기 위해서 쉽게 접근할 수 있었던 아메리카의 자원을 왜 더 일찍 자본화하지 않았는지에 대해 명확히 설명하지 못한다. 두 번째, 영국은 아메리카의 자원을 이용할 수 있었고 중국은 이용할 수 없었다는 구도는 정확하지 않다. 18세기 영국에게 아메리카의 자원은 결코 싸지 않았다. 실제 이 자원들은 영국에 세계 시장의 평균 가격보다 더 비싸게 팔렸다.(Vries 2001) 중국은 당시 여러 나라에서 무역 흑자를 봐 많은 은을 보유하고 있었기에 만약 필요하다면 세계 시장에서 신세계의 자원들을 구매하기란 그리 어려운 일이 아니었다.(Goldstone 2004: 279) 세 번째, 일본은 처음에는 아메리카의 자원에 접근할 수 없었으나 세계 시장에서 필수 원자재들의 대부분을 구입하여 19세기에 산업화에 성공했다.(Howe 1996: 90–137)

그렇기에 포머랜즈가 생태적 요소를 통해 중국에서 자본주의가 출현하지 않았다고 해석하는 것은 충분히 의미가 있지만 그 원인을 완전히 해명하지는 못한다. 이 시기 중국에서 빠진 중요한 요소는 자본주의적 산업 도약을 촉진시키기 위해 농업의 잉여자금을 집중시킬 수 있는 강력한 도시 기반의 기업가 계급이다. 영국 산업혁명에 관한 최근의 연구들은 산업 기술 돌파를 촉진시키기 위해 농업혁명으로 형성된 농업의 잉여자금을 투자하게 했던 엘리트들의 핵심적 역할을 강조하고 있다.

잭 골드스톤(Goldstone 2000, 2001, 2002, 2004; Carroll 2006)은 19세기 전환기에 영국의 자본주의적 산업 도약의 핵심이 독특한 공학 기술 문화의 대중화이며, 이러한 대중화는 기업가들이 기존의 과학 지식을 상업적 기업의 실질적인 발전으로 바꾸는 데 동기를 부여했다고 설명한다. 이어지는 질문은 영국에서 이러한 공학 기술 문화를 부흥시키고 확산시킨 주된 추동 세력은 누구였는가 하는 것이다. 로버트 앨런의 '집단적 발명collective invention' 이론에 따르면(Allen 1983), 산업혁명 기간에 추상적인 과학 지식의 혁신적 실용화는 항상 자본집약적인 기업들의 반복적이고 비용이 많이 드는 실험과 이후 이 기업들 사이의 상호 지식 확산을 통해 이뤄졌다. 이 주장은 리처드 라크만의 관찰에서 재확인되었다. 그는 농업 경제에서의 막대한 경제적 잉여를 도시 기업가들의 수중에 과감히 집중시키는 "강제 흡기"의 과정이 농업혁명의 수확을 산업 투자와 혁신의 연료로 전환시켜 결과적으로 산업혁명의 "자연 연소"로 이어지게 하는 데 필수적이라고 파악했다. 이러한 집중화는 토지 소유자의 도시 기업 투자나 도시에 유리한 교역 조건으로 이뤄진 도시-농촌 간 상업 교환 등 다양한 루트를 통해 수행되었다.(Lachmann 2000: 199-203)

다시 말해, 생산에 있어 집단적 발명이나 공학 기술 문화의 확산은, 농업 부문의 막대한 잉여자금을 집중시킬 수 있으며 비용이 많이 들고 시행착오가 따르는 기술 개발에 이 자금을 사용할 수 있는 자원을 가진 기업가들 없이는 불가능했다. 영국에서 산업 기업가의 첫 세대는 자수성가와는 거리가 멀었다. 그들 중 다수는 기존 기업가 가문의 후손이었고 초기 투자를 위해 가문의 축적된 부와 자원의 네트워크에 의존했다.(Brenner 1993: 51-91; Rose 2000: 66-79; Grassby 2001)

유럽과는 달리 대를 이어 자본을 축적할 수 있는 도시 기업가 엘리트가 부재했기에 중국에서는 방대한 농업 부문의 잉여에도 불구하고 자생적인 자본주의적 산업 도약이 없었다. 농촌의 잉여는 도시의 산업 성장을 추진하기 위해 집중화되지 못하고 농민들 사이로 분산되었다.(Hung 2008) 중국에서 어떤 이유로 강력한 기업가 엘리트가 형성되지 못했는지를 파악하기 위해서는 청 제국의 계급구조와 정치 제도를 살펴봐야 한다.

자본가들은 모두 어디로 갔는가?

청나라 시기(1644~1911)에 국가 엘리트와 농촌의 향신 엘리트는 중국에서 주요한 두 엘리트 집단이었다. 17세기 중반 만주족이 중국을 지배하게 되면서 만주족 황제는 기존 왕조들의 관료제보다는 더 합리적으로 중앙집중형 관료제를 재건했다.(Zelin 1984; Marsh 2000) 국가 엘리트 계급은 황제가 임명한 관료들로 구성되었으며, 대부분 과거시험에 급제한 이들이었다.(Ho P. 1962; Elman 2000) 향신 엘리트들은 중앙 관료로 선발되기에는 자격이 모자란 그 아래 단계의 시험에 합격한 이들로, 이들은 보통 고향에 머무르면서 지방 공동체의 비공식적 지도자

역할을 수행했다.(Jing 1982)[3]

향신 계급은 소유 토지에 세제 특혜를 누리고 있었기에 토지 소유를 쉽게 늘려 지배적인 토지 소유자가 되었으며, 소작인들이 내는 지대로 생활했다. 18세기에는 향신 계급이 아닌 일반 지주들이 크게 증가해 전체 지주 계급에서 그 어느 때보다 큰 비중을 차지하게 되었다.(Li W. and Jiang 2005: 369-88) 그러나 대부분의 일반 지주는 소유한 토지가 적었고 지대 징수와 같은 다른 많은 일과 정부와의 의사소통 등을 위해 지역의 향신 계급에 의존했다. 일반 지주 중 상당수는 향신 계급의 세제 특혜를 부분적으로 누리기 위해서 지방 향신의 명의로 자신의 토지를 등록하기도 했다. 이렇듯 부차적인 지위였기에 그들은 주된 엘리트 집단에 속하지 못했다.(Brook 1990) 국가 엘리트와 향신 엘리트는 일반적으로 서로 얽혀 있는 관계였으며 이데올로기적 관점이 유사하고 친족이나 다른 사회적 유대로 연결되어 있었다. 지방 관료들은 대체로 인력이 부족했기에 지방 향신들의 협력에 크게 의존했으며, 지방 향신들은 분쟁 중재나 세금 징수와 같은 폭넓은 정부의 기능 수행을 도왔다. 그 보답으로 향신들은 세제 혜택 외에도 지방정부의 수입 일부를 보수로 받기도 했다.(Chang C. 1962: 43-73, 197; Ch'u 1962)

이 두 주요 엘리트 집단 외에도 경제의 급속한 상업화와 맞물려 초보적인 기업가 집단도 나타났다. 이 엘리트들은 보통 동향 출신으로,

---

3   이 분석에서는 취통쭈瞿同祖(Ch'u T'ung-tsu 1962)의 향신 엘리트에 대한 정의를 채택했다. 그는 향신을 국가의 과거시험에는 합격했지만 관료의 경력은 갖지 않은 계층으로 규정했다.

방언을 공유한다는 정체성으로 구분되는 상인 집단 속에서 활동했다. 이 상인들은 동향회同鄕會의 네트워크 속에서 장거리 무역과 금융 거래를 수행할 수 있는 제국 전체에 걸친 상업망을 구축했으며, 전국적으로 곡물, 소금, 방직물을 비롯한 여러 물품의 순환을 촉진시켰다.(Hamilton 2006: 43-47, 56-70, 93-126) 상업 엘리트들은 대부분 자신의 저축을 상업에 투자한 일반 농민이나 일반 지주였다.(Ye 1980)

청나라 정부가 유교적인 입장에서의 혐오로 인해 항상 상업 활동에 적대적이었고 상업 성장을 억제시키는 데 힘을 기울였다는 전통적 견해와는 상반되는 최근 연구들에 따르면, "청나라는 아마도 중국의 역대 왕조 가운데 가장 상업 지향적인 체제인 것 같다"는 견해로 수렴되고 있다.(Rowe 1998: 185) 18세기 무렵에는 농업뿐만 아니라 "공업과 상업도 근본으로 삼아야 한다以工商爲本"는 고리와 상인의 재산권(업業)이 관료들의 권력 남용이나 기타 위협으로부터 보호받아야 한다는 신념이 유교 사상의 반상업주의적 해석을 대체하여 국가 엘리트와 향신 엘리트들 사이에 지배적인 이데올로기가 되었다.(von Glahn 1996: 215-24; Rowe 2001: 155-287; Zelin, Ocko, and Gardella 2004)

청나라의 중앙집권화에서 중요한 시기였던 1720년대에(Zelin 1984), 황제는 "상인과 다른 백성은 이 나라에서 한 가족 안의 아이와 같다. 그리고 그들은 동등하게 대해야 한다"는 칙령을 반포하기도 했다.(Shen 2007: 85에서 인용) 이러한 상업에 대한 우호적 태도는 관료들이 민간 상인들에 대한 의존도를 높여서 지역의 곡물 공급을 확보하고, 기반 시설을 완성하고, 군사 작전에 물자 공급을 조달하는 것에서 볼 때 일관되었다.(Rowe 1998; Perdue 2005: 315-406) 다수의 관료와 농촌의 향신 가문들은 상업을 자신들의 소득 원천을 다양화하는 기회로 보기도 했다. 이러한 엘리트 가문의 공개 혹은 비공개 투자는 청나라 시기 도시 지역에서 다수의 성공적인 상업 자본의 운영 자금 중 상당 부분을 차지했다.(Pomeranz 1997) 국가 엘리트와 향신 엘리트가 신흥 기업가 엘리트들을 지지했고 상호 중첩되기도 했기에 기업가 엘리트들이 지속적으로 확대되고 힘을 가지게 되었을 거라고 생각할 것이다. 하지만 실제로 기업가 엘리트의 재생산은 엄격히 제한되었고 이들은 국가 및 향신 엘리트들과 동등한 위치에서 독립적인 집단으로 발전하지 못했다.

청나라 시기 전체에 걸쳐 특정 상인 집단이 가장 수익성 있는 사업 부문을 독점하게 되었다. 그중 가장 눈에 띄는 사례는 안후이성 출신의 휘주 상인徽商이었다. 이들은 소금, 방직물, 차 등의 물품을 생산하여 이를 양저우, 쑤저우, 한커우 등 장강을 따라 형성된 경제적으로 발전한 대도시로 유통시키는 데 아주 능숙했다. 이들은 항상 국가 관료들의 특혜 밑에서 사업을 진행했는데, 이 관료들은 휘상의 안정적인 소비재 공급과 더불어 뇌물과 세금 납부로 이득을 보는 것을 즐겼다. 이 상인 집단이 전반적으로 두각을 나타냈음에도 불구하고 이들은 대부분 개별 상인 가문으로 구성된 분산 네트워크에 불과했고 부침을 반복했다. 이들 가문이 대대로 번성하는 경우는 드물었다. 보통 한 기업가 가문이 초기에 충분한 재산을 모으면, 이들은 상업에서 손을 떼고 그 아래 세대가 과거시험을 준비하는 데 투자하여 국가 엘리트나 향신 계급이 되는 것이 흔한 경우였다.(Wang Z. 1996: 1–57; Hamilton 2006: 43–47, 56–70) 이러한 중국 상인 가문의 전형적인 사례로는 17세기에서 18세기 사이 가장 부유했던 휘상 가문 중 하나였던 반潘씨 가문이 있다. 반씨 가문은 17세기에 소금과 조미료 교역으로 번성했다. 17세기 후반에 그들은 사업을 확장하기 위해 안후이의 고향을 떠나 근대 초기 중국의 가장 부유한 도시였던 쑤저우로 이주했다. 그러나 쑤저우에 정착하면서 이 가문은 자신들의 자원 투자를 상업에서 교육으로 옮겼다. 이들은 자손들을 교육시키기 위해 학교를 세우고 명망 있는 문인들을 고용했다. 18세기 후반에는 전체 가문에서 단 한 가구만이 가업인 상업에 종사하고 있었으며, 이미 가업의 규모는 상당히 줄어들어 있었다. 반씨 가문의 대부분은 이러저러한 과거시험에 합격하기 위해 애쓰고 있었고 쑤저우 지역에서 가장 많은 향신과 국가 엘리트를 배출했다. 심지어 이들 가운데 몇몇은 중앙정부의 고위 관료가 되기도 했다. 이 가문의 정치적 힘은 압도적이어서 그들이 원래 상업에 종사했다는 것은 거의 잊힐 정도였다.(Xu M. 2004: 195–246) 이와 같은 양상은 양저우에 자리 잡아 소금을 거래했던 또 다른 부유한 휘상 가문에서도 발견된다.(Ho P. 1954; Wang Z. 1996) 18세기 한커우漢口에서는 심지어 휘상 가문들이 자신들의 자금을 함께 모아 자손들이 과거시험 준비에 전념할 수 있도록 전국적으로 유명한 교육기관을 설립하기도 했다.(Li L. 2002)

상인 계급에서 가장 성공을 거둔 이들이 상업에서 이탈하는 일이 반복적으로 벌어지면서 이 상인 네트워크의 자본 축적과 확장은 제한적이었지만, 보통의 배경을 가진 새로운 인원들이 지속적으로 상업에 진입하면서 존속할 수 있었다. 이러한 중국의 역사는 근대 초기 유럽에서 대를 이어 성장해온 강력한 기업가 가문이나 그보다는 덜할지라도 에도 시대 일본의 기업가 가문의 역사와 대조를 이룬다. 18세기 후반과 19세기 초반에 영국의 첫 세대 산업 자본가들은 로스차일드와 같은 기존 기업가 가문 출신이거나 그들로부터 자금을 조달했다.(Crouzet 1985; Braudel 1992: 3:585-94; Brenner 1993: 51-91; Rose 2000: 66-79; Grassby 2001)

중국에서는 성공적인 기업가 가문들이 향신이나 국가 엘리트가 되려는 경향과 함께 역으로 향신이나 국가 엘리트들이 기업가가 되려는 경향은 적었기에 기업가 엘리트들의 규모와 권력의 성장은 제한적이었다. 그 결과 청나라의 상업 경제는 "강한 네트워크 속의 약한 기업들"이라는 특징을 갖게 되었는데, 이는 18세기 영국과 19세기 일본에서 사업가 명문들이 운영하던 회사들에 토대를 둔 "기업 기반의 경제"라는 특징과는 상반되었다.(Reddings 1991; Hamilton 1999: 16-25) 대를 이어 형성된 자금 동원 및 조직 능력을 축적한 강력한 기업가 엘리트들이 부재했기에 중국은 풍부한 농업 잉여를 집중시켜 비용이 많이 들고 리스크가 큰 생산 혁신에 투자할 수 있는 능숙한 행위자들이 부족했다.

청나라 시기 중국에서 국가 엘리트와 향신 엘리트들이 실제로 상업에 협조적이었고 엘리트들 사이에서 반상업적인 유교 사상이 상업 지향적인 경향으로 바뀌었다는 것을 고려한다면, 청나라에서 기업가 엘리트들이 왜 더 강력한 세력으로 성장하지 않았는지는 여전히 의문이다. 이 문제에 대한 해답은 제국의 독특한 계급 정치에 있다.

자본주의에 반하는 가부장적 국가

약자에 대한 자애로운 통치와 가부장적 보호라는 유교사상의 영향으로 청나라는 소작농들에게 관대했으며, "부유하지만 자애롭지는 않은 爲富不仁" 지주들로부터 소작농들의 삶을 적극적으로 보호했다.(Brenner and Isett 2002; Gao 2005: 17-76, 147-69) 이는 마치 자애로운 아버지가 나이 많은 형제의 괴롭힘으로부터 어린 동생들을 보호하는 것 같았다. 청나라 정부도 도시 지역의 계급 갈등을 다룰 때 이와 같은 가부장적 성향을 보여줬다. 예를 들어 청나라 관료들은 작업장 소유주와 임금 인상을 요구하는 노동자들 간의 갈등 완화를 위해 개입할 때 소유주가 노동자들과 타협할 것을 압박했다. 청 제국에서 상업과 생산면에서 가장 번영한 중심지였던 쑤저우의 방직 작업장들을 살펴보면 이러한 갈등을 억제하기 위해 정부가 취한 방식이 명확히 드러난다.

휘주 상인들은 쑤저우의 주요 면방직 작업장들을 장악하고 있었다. 쑤저우의 방직 산업이 제국 전역의 섬유 시장에서 엄청난 비중을 차지하고 있었기에 수익성은 대단히 높았다.(Fan 1998: 276-79; Li B. 2000: 80-85) 그러나 이 산업은 또한 공장 소유주와 노동자 간의 반복되는 갈등으로 곤란을 겪고 있었다.(Yuan 1979) 17세기에서 18세기 초에 이르기까지 여러 차례의 대규모 노동 소요를 겪은 이후, 지방정부는 노동 분쟁을 해결하는 데 더 자주 개입했다. 정부 관료들은 이 분쟁에 대한 판결을 내릴 때 빈번하게 지주와 소작농 관계의 비유를 적용했다. 완제품을 공장주에게 적시에 납품해야 하는 노동자의 의무는 소작농들의 소작료 납기일 엄수 의무와 비교되었다. 그러나 동시에 지방 관료들은 농촌의 지주가 소작인들의 보유권을 보호하고 이들을 마음대로 쫓아내지 못하게 한 것과 마찬가지로 작업장 소유주들이 노동자들의 안정적인 고용을 보장할 의무가 있다는 점을 계속 상기시켰다. 갈등이 일촉즉발일 때에는 지방정부가 작업장 소유주들에게 임금 인상과 노동일 단축 등의 양보를 강하게 요구해 노동 소요의 발생을 미연에 방지하려 했다.(Chiu 2002)

이러한 갈등 억제 전략은 의도치 않게 작업장 소유주가 더 많은 노동자를 고용해 규모의 경제를 달성하려 할 경우 감당해야 하는 거래비용을 증가시켰다. 이러한 비용 상승은 자기 사업을 대규모 공장 생산으로 확장하려는 작업장 소유주들을 좌절시키는 제약 조건이 되었다. 이로 인해 가용한 기술, 풍부한 노동력, 제국 전역에 걸친 쑤저우산 방직물에 대한 시장 등 대규모 매뉴팩처가 가능한 조건이 있었음에도 불구하고 소유주들에겐 농촌의 소생산자들에 근거한 선대제에 의존하는 것 외에는 선택지가 없었다.(Xu T. 1999; Chiu 2002; cf. Li 2000)

노동 소요에 대한 청 정부의 가부장적이고 수용적인 대처는 노동 소요를 탄압해 초기 산업자본가들을 돕는 데 적극적이었던 18세기 영국의 방식과는 완전히 상반되었다. 에릭 홉스봄에 따르면 "18세기에 접어들어 공장주들의 목소리가 점차 정부의 목소리가 되었으며" "대중의 여론이 반대였음에도" 불구하고 "혁신적인 기업가들이 자신을 내세워 성공하는 것"이 가능하도록 국가가 도왔다.(Hobsbawm 1952: 66-67) 18세기 중반 이래로 정부는 초기 산업 자본가들이 횡령의 증거를 찾겠다고 정기적으로 노동자들의 집을 불시단속하거나 고용주들이 원하는 만큼 일하기를 거부하는 노동자들을 처벌하는 식으로 노동 규율을 부과하는 것을 지원했다.(Marglin 1974; M. Mann 1993: 92-136)

청나라의 소외계급에 대한 가부장적 동정은 도시 중심지에서 필수 식료품의 상품화로 지역 주민들이 식량 상인을 약탈하고 공격했던 다수의 식량 폭동을 어떻게 다뤘는지에 전형적으로 드러난다. 이러한 소요사태를 수습하기 위해 청 관료들이 동원한 전형적인 전략은 폭도들을 강력히 탄압하는 동시에 향후 폭동을 막기 위한 장기적 해결책으로서 상인들에게 식량 가격을 낮추도록 강요하는 것이었다. 1740년 장강 중류의 물류 집산지인 한커우에서 휘주 상인들을 상대로 벌어진 대규모 폭동을 처리하는 데에도 이 전략이 사용되었다.

1740년 초에 후베이의 여러 지역에서 소금 부족 현상이 일어나자 후베이의 순무巡撫는 상인 친화적인 정책을 채택하여 한커우에 있는 휘상들이 소금 부족으로 큰 타격을 입은 이웃 지역에 풍부한 비축분의 일부를 수출하도록 유도했다. 이 정책은 이 지역의 소금 가격을 안정화시키는 동시에 상인들의 이윤을 높여주려는 목적이었다. 그러나 상인들의 소금 수출은 한커우의 소금 가격을 상승시켰고 이에 폭동이 벌어졌다. 수천 명의 분노한 주민들이 주요 소금 가게를 에워싸고 때려 부쉈다. 이들은 주요 상인들을 인질로 잡고 한커우에 소금 비축분을 더 낮은 가격에 팔 것을 강요했다. 소란의 규모에도 불구하고 정부는 탄압이나 구속을 명령하지 않았다. 황제는 폭동을 어떻게 평정시킬 것인지를 담은 포고문에서 폭도들을 단순히 "어리석은 백성 愚民"이라고 언급하며, "행정당국의 적절한 상황 대처를 인내심 있게 기다리지 못했다 不靜聽辦理"고 평가했다. 황제는 지방 관료들에게 분노한 주민들을 위로하고 "각자의 몫을 만족시킬 것 各安本分"을 지시했으며, 상인들에게 판매 가격을 낮춰 "상인들과 주민 양측의 공정한 거래 兩得其平"가 이뤄지도록 권고했다. 중앙정부의 최종 조사보고문은 이 사건의 폭도들을 비난하지 않고 도리어 상인 친화적이었던 지역 순무의 무능을 비판했다. 중앙정부는 지역의 순무를 좌천시키고 향후 갈등을 방지하기 위한 수단으로 소금 가격을 낮추고 상인들의 이윤을 줄이는 일련의 대책을 마련했다.(QSL-QL n.d., juan 117:7, 117:20-21, 118:6-7, 120:28, 122:16-17, 123:5-7, 137:15-16)

한커우 소금 폭동에 대한 청 정부의 대처는 급박한 식량 위기 때 하층 계급의 생존권을 보호하겠다는 의지를 보여주는 것이다. 소금 폭동과 마찬가지로 불만을 가진 이들이 지역 곡물상들의 창고를 약탈하거나 비축분을 더 낮은 가격에 팔도록 강요하는 식량 폭동은 18세기 동안 여러 도시에서 반복되었다.(Wong 1997: 9장) 괜찮은 시기에 청 정부가 상업세를 낮추고 낮은 이자율로 정부 대출을 시행하는 등 상인들에게 유리한 조치로 이들이 식량 확보에 기여한 공로를 보상하는 경우가 많았지만, 바로 그 정부가 식량 위기의 와중에는 지역 곡물 상인들에게 비축분을 할인된 가격에 팔도록 설득하거나 압력을 가하는 것을 절대 주저하지 않았다. 곡물 상인들은 가끔 이런 물가 통제 조치에 항

의하기도 했지만 대부분 헛수고였다.(QSL-QL n.d., juan 193: 13 - 14, 273:
26 - 28; Rowe 2001: 180 - 81; Hung 2004, 2011; Dunstan 2006: 1 - 3장)

식량 위기와 폭동은 중국에만 국한된 것이 아니었다. 18세기 영국
에서도 식량 공급의 급속한 상업화와 인구 팽창으로 식량 위기와 폭동
이 급증했다.(Thompson 1971) 그러나 영국 당국이 식량 위기를 다루는
방식은 중국과는 상당히 달랐다. 18세기 초에 영국의 지방정부들은
청나라와 마찬가지로 폭도들에게 동정적이어서 화난 사람들을 달래
기 위해 상인들에게 식량 가격을 낮출 것을 요구하기도 했다. 그러나
18세기 동안 식량 공급의 상업화와 정부의 중앙집권화가 이뤄지면서
영국의 중앙정부는 점차 가부장적인 지방 당국을 점차 무시하고 인민
들의 생존권 대신 상인들의 '합법적인 권리'를 지키기 위해 식량 폭동
을 가차 없이 진압했다.(Thompson 1971; Wong 1997: 222 - 29; Tilly 1975)

18세기 영국에서 도시의 기업가 엘리트들은 국가의 '절대적'이고
'무조건적'인 지원을 받아 밑으로부터의 저항에서 보호받았다. 이러한
국가의 보호는 고전파 정치경제학이 점차 지배적인 이데올로기가 되
면서 정당화되었다.(Perleman 2000; Somers and Block 2005) 이 이데올로
기는 규제받지 않는 자유시장을 자연적 질서로 개념화했으며 국가는
기업가들을 보호하여 이 질서를 수호할 의무가 있다고 주장했다. 서
론에서 논의했듯이, 이 이데올로기의 지배는 유럽의 국가 간 갈등으로
인해 국가를 이끈 자들이 군사 능력을 높이기 위해 자본과 동맹을 맺
었다는 사실을 배경으로 이해될 수 있다. 이와는 대조적으로 18세기
중국의 기업가 엘리트들은 국가의 '상대적'인 '조건부' 지원을 받았을

뿐이다. 청나라의 엘리트들이 상업 엘리트들을 그들과는 모순적인 존재로 봤던 것도 아니며, 상업 엘리트들이 사업을 번성시키고 상인 대상인, 혹은 상인 대 관료 간의 분쟁에서 상업 엘리트들의 재산권을 보호하는 데 성실히 나섰던 것도 사실이다.(Zelin, Ocko, and Gardella 2004) 그러나 기업가의 이익과 빈민의 생존권 간의 갈등을 관리해야 할 때에는 국가 관료들이 전자보다는 후자를 우선시했다.

유교 국가에서 가장家長이 자신의 아이들을 똑같이 대하듯 국가가 상인과 기타 평민들을 차별하지 말고 평등하게 은혜를 베풀어야 한다고 본 것을 고려하면, 국가가 상인의 과도한 이윤 추구 행위로부터 빈민들을 보호한 것은 아버지가 자식들 중에서 나이 많은 형제의 괴롭힘으로부터 어린 동생들을 보호하는 것과 마찬가지로 여겨졌다. 상인들이 불만이 많은 하층 계급에게 불안함을 느꼈으며 국가로부터 정치적으로 보호받지 못했다는 사실에 비춰보면, 기업가 엘리트들이 대를 이어 향신이나 국가 엘리트가 되려고 한 것은 이해 가능하다.

모든 기업가 엘리트 가문이 향신이나 국가 엘리트 지위의 길을 선택한 것은 아니다. 기업가 계급 중 일부, 특히 푸젠이나 광둥 같은 연해 지역에서는 광둥 주장珠江강 삼각주 끝에 위치한 포르투갈의 마카오나 스페인의 마닐라, 네덜란드의 바타비아(현재의 자카르타) 등과 같은 유럽 강대국들이 16세기 이후로 건설한 식민 항구 도시로 이주하기도 했다. 이들은 유럽의 중국 제품 구매와 중국의 아메리카 은 수입 등 대를 이어 상업 활동을 해나갔다. 이 중국 디아스포라 자본가들은 19세기와 20세기 초반에 번창했으며, 이후 3장에서 다룰 20세기 후반 중국의 호황에도 크게 기여했다. 그러나 18세기에 걸쳐 청나라는 이 해외의 중국인 상인들과 국내의 상인들을 조심스럽게 분리시켰으며, 전자는 제국의 국내 정치경제에 영향을 주기는커녕 중국에 발을 들여놓을 수도 없었다.(Hung 2001; Wang G. 2002; Kuo 2009, 2014: 1장)

비록 청나라의 가부장적 국가 성격으로 인해 상업혁명이 중국 내의 강력한 자본가 계급 형성으로 이어지는 일은 일어나지 않았지만, 18세기 후반에 중국의 국가 능력은 급격하게 쇠퇴했다. 근대 초기 유럽 국가들의 예산 팽창과 상인들의 국채 구매에 대한 의존과는 상반되게(Arrighi 1994), 청나라 정부는 18세기에 경직된 재정 체제를 수립했다. 명나라 후기의 과중한 세금 부담으로 발생한 대규모 사회 소요의 재발을 막아 사회 안정을 보장하기 위해서 1661년부터 1722년까지 청 제국을 통치한 강희제康熙帝는 18세기 초에 주요한 정부 수입원인 토지세를 올리지 않고 농민들의 부담을 늘리지 않겠다고 약속했다. 후임 황제들도 엄격히 이 약속을 지켰다. 하지만 정부는 새로운 세입원을 찾아내지 못했다. 그 결과 중앙정부의 세금 수입은 18세기 내내 거의 같은 수준을 유지했으며, 이로 인해 정부 지출은 제약되었다. 정부 지출 인상이 제한적이었다는 것은 관개 시설이나 운하와 같은 공공 기반 시설을 유지할 예산과 정부 관료의 봉급을 늘릴 수 없었다는 것을 의미한다.(Guo 1996: 13-14)

이 정책은 처음엔 잘 작동했지만 인플레이션 압력이 거세지자 국가의 능력은 급속히 침식되었다. 18세기 말에 이르자 일반 물가지수는 세 배나 올랐고, 이에 따라 급여와 기반 시설 유지에 대한 정부 예산은 실질적으로는 크게 줄어들었다. 이에 봉급이 줄어든 관료들은 사치스러운 생활을 유지하기 위해 뇌물을 강요했으며, 파산을 목전에 둔 지방정부들은 불법적인 추가 세금 징수에 의존했다.(Guo 1996: 14–15) 국가의 재정 압박은 세기에 걸친 장기간의 평화와 번영으로 인구가 현저히 팽창하면서 악화되었다.

국가 능력의 저하, 지방의 세금 착취 재출현, 관료들의 부패와 행정마비, 인구 압박의 증가 등은 18세기 후반에 이르러 청 제국을 징체시켰다. 제국은 이미 1839년 아편전쟁이 시작되기 훨씬 전부터 상당히 약화되어 있었다.(Zelin 1984: 307–8)

청나라의 쇠퇴를 나타내는 가장 주목할 만한 사건은 바로 1796년부터 1804년 사이에 벌어진 백련교도의 난으로 주로 과중한 부담을 진 농민들과 토지를 잃은 부랑민들이 일으킨 것이었다. 반란은 제국의 심장부를 휩쓸었고 이를 진압하기 위해 엄청난 자원이 투입되어 국가의 재정은 더 고갈되었다. 국가의 재정 위기는 1839년에서 1842년 사이에 영국이 군함을 동원해 청 황실에 자유무역을 위한 시장 개방을 강요했던 아편전쟁을 시작으로 서구 열강들과 연이어 전쟁을 벌이면서 더 심각해졌다.(Zelin 1984: 264–301) 이 개방은 청나라의 사회적 혼란과 분열을 가중시켰고 결국 1911년 신해혁명으로 청나라는 무너졌다. 19세기에 제국의 쇠퇴 과정에서 서구 제국주의 열강의 압력에 직면한 중국 국가 엘리트 집단이 자본주의적 산업 도약을 서두를 방법을 모색하기 시작했지만 별 소용이 없었다. 중국의 엘리트 계급이 직면한 어려움은 바로 이들이 19세기와 20세기 초반에 잉여 자원의 중앙집중화와 국가 주도의 산업화에 필요한 응집력을 갖춘 강력한 국가 기구를 건설하는 데 실패한 결과였다.

2장

시초 축적
1850~1980

알렉산더 거셴크론은 그의 고전적 저작인『역사적 전망에서 본 경제의 후진성』(Gerschenkron 1962)에서 영국과 같은 초기 산업 국가만이 초창기 자본가 계급의 자생적 행위를 통해 산업 자본주의를 발전시킬 수 있었다고 지적한다. 독일에서 러시아나 일본에 이르기까지 후발 산업 주자들은 점차 경쟁이 심해지는 세계 경제에 직면해 더 빠른 자본 축적을 위해 필수적인 금융 자원을 배치하고 집중시키는 국가의 간섭 수준을 더 높여야 했다. 거셴크론의 이 주장은 이매뉴얼 월러스틴의 관점(Wallerstein 1979, 1990)과 맞아떨어진다. 월러스틴은 19세기 후반 일본의 국가 주도 자본주의와 20세기 '현실 사회주의 국가들'이 모두 (일본에서의) 사적 자본 혹은 (사회주의 국가들의) 국가 자본의 시초 축적 속도를 높이는 데 국가의 힘을 동원했으며, 이는 세계 체계의 주변부에서 위로 올라가려는 후진국들의 노력이라고 파악했다.

1850년에서 1980년까지 제국의 붕괴, 전쟁, 혁명, 사회주의 등 여러 시련을 거치면서 중국의 국가 건설 엘리트들은 아편전쟁 이후 서구 제국주의 열강의 극심한 경제적, 군사적 침탈에 대응하여 자본주의적 산업 도약을 유도할 수 있는 강력한 국가를 건설하려 했다. 18세기 말부터 청나라는 농민 봉기와 지방 군벌화의 악순환으로 이미 약해져 있었기에 이러한 도약을 일으키지 못하고 1911년에 무너졌다. 반면에 30여 년간의 혁명전쟁 끝에 권력을 장악한 중국 공산당은 국가 소유의 산업과 기반 시설 네트워크를 건설하기 위해 농촌으로부터 분산된 경제적 잉여를 집중시킬 수 있는 능력을 갖춘 강력하고 자주적인 국가를 건설하고자 했으며, 이는 21세기 전환기에 자본주의적 호황의 기초를 놓았다.

제한적 산업화와 제국의 붕괴

1장에서 살펴봤듯이 청나라 중기의 발전된 시장경제는 자생적인 산업 자본주의의 부상으로 이어지지 않았으며, 그 이유는 국가가 일반 대중 계급에 비해 엘리트들에게 무조건적인 지원을 하지 않았기에 도시의 기업 엘리트 계층의 재생산이 제한되었기 때문이다. 도시 기업가들의 불안은 19세기 들어 국가의 재정 위기가 더 악화되면서 심화될 뿐이었다. 간헐적인 도시 폭동 외에도 19세기에는 장기화되고 폭력적인 이단 종교의 봉기 물결도 목격되었다. 이 종교적 봉기들은 대부분 백련교나 그 변종의 영향을 받아 벌어졌다. 백련교는 대략 서기 1100년경 생겨나서 부패한 세계의 완전한 파괴와 새로운 유토피아적 미래의 도래를 예언했다. 청 정부의 끊임없는 탄압에도 불구하고 이러한 천년왕국 신앙은 비합법적인 방식으로 멈추지 않고 성장했다. 상업화와 인구 압력으로 쫓겨나 토지를 잃은 부랑민 집단이 늘어나자 백련교는 이들을 흡수하여 급격히 성장했다.(Kuhn and Jones 1978; Harrell and Perry 1982; Hung 2011: 4장)

18세기에 산발적으로 벌어진 종교 반란들은 보통 신속히 진압되었다. 그럼에도 불구하고 18세기 말 무렵에 사회 질서를 유지하는 청나라의 능력이 쇠퇴하고 토지를 잃은 부랑민들이 늘어나 이단 종파의 힘이 커지자 이러한 봉기들의 빈도, 규모, 강도 모두 더욱 커졌다. 이러한 봉기들은 1796년에서 1805년 사이에 벌어졌던 백련교도의 난에서 절정에 달했는데, 이는 대규모 반란들이 반복되는 다음 세기를 예고하는 것이었다. 1851년에서 1864년 사이에 벌어진 태평천국운동은 서구 열강들이 진압에 참여하지 않았다면 청나라를 무너뜨렸을 것이다.(Kuhn 1978; Hung 2005) 나아가 이 반란들은 직간접적으로 중국의 기업가 엘리트들의 재생산을 막았다. 이 종파의 반란자들은 강렬한 평등주의 충동을 가지고 있었기에 열성적으로 축적된 부를 몰수하고 부자들을 처형했다. 관군과 반란군 간의 강렬한 전투는 항상 지역의 상업과 농업 활동을 방해했으며, 이로 인해 해당 피해 지역의 농업 경제에서 발생할 경제적 잉여의 상당 부분이 파괴되었다.

이 반란들이 기업가 엘리트들에게 미친 간접적인 영향도 마찬가지로 파괴적이었다. 백련교도의 난 때 이 이단 종교의 반란을 진압하는데 덩치가 큰데다 부패하여 움직이지 않는 관군에 의지할 수 없다는 것을 깨달은 청 정부는 지방의 군벌화라는 판도라의 상자를 열었다. 청나라는 향신 계층이 지역 민병들을 조직하기 위해 관료들과 협력하도록 장려했다. 사회적 무질서 속에서 이 민병대들은 19세기 동안 제국 도처에서 빠르게 늘어났다. 태평천국운동 와중에 이 부대의 다수는 합병되어 더 규모가 큰 정식 군사 편제가 되기도 했으며, 태평천국운동 이후 제국의 중심으로부터 자율성을 가진 지방 군대가 되었다(Kuhn 1970)

이 군사 조직은 중앙정부로부터 재정 지원이 부족했기에 지역의 상업 중심지와 농업 생산자들에 과중한 특별세를 부과해 재정을 충당했다.(Kuhn 1970: 87-92; S. Mann 1987) 이 지방 군벌화의 주축 세력인 향신 엘리트들은 군사적 목적으로 걷은 모든 자금의 20~30퍼센트를 자신들의 보수 명목으로 전용하여 이 과정에서 상당한 이익을 챙겼다. 19세기 후반에 이 민병대의 작전 활동은 지방정부의 서비스 수입에 대한 가장 중요한 유일 원천이 되었다.(Chang 1962: 69-73) 심지어 일부 상인 가문들은 자신들의 본래 사업을 포기하고 스스로 민병대를 조직하여 이 수익성 좋은 사업으로 갈아타려고 했다.(McCord 1990) 이 군벌화 속에서 향신, 국가, 상인 엘리트 상당수가 군사-약탈 엘리트로 변화해나가는 과정이 수반되었다.

군사-약탈 엘리트들이 기업가 엘리트들에게 제공한 보호는 전자가 후자에게 부과한 특별세 부담에 상응하지 못하는 수준이었다. 게다가 기업가 엘리트들은 이미 대혼란 자체로 인한 재정적 손실로 고통받고 있었다. 실례로 태평천국운동은 휘주 상인 집단이 몰락하게 된 극적인 전환점이었다. 당시 전투가 대부분 휘상들의 사업이 집중된 장강 중하류 지역에서 벌어졌고, 반란군에 함락된 도시에서 부자들이 학살당하면서 유명한 휘주 상인 가문들이 완전히 몰락했다. 살아남은 사람들도

10년 동안 사업이 중단되고 이 반란 진압 자금 마련을 위한 과중한 세금 부담의 결과 파산했다.(Ye 1982; Zhou 1996)

19세기에 중국은 여전히 농업의 잉여를 집중시켜 자본주의적 산업도약을 만들어낼 수 있는 활기찬 기업가 엘리트들이 부재했으며, 동시에 새로운 군사-약탈 엘리트들은 거대한 잉여를 추출해냈지만 이를 생산적 투자가 아닌 폭력 수단의 축적에 사용했다. 1860년대에 청나라는 서구 제국주의 열강들에게 당한 일련의 굴욕적인 패배의 대응으로 국가가 지원하는 산업 기업들을 조성하는 하향식 산업화 정책을 시행했다. 그러나 이러한 산업화의 노력은 세력을 확장하던 군사-약탈 엘리트들에 의해 방해받았다. 이들은 중앙정부가 새로운 산업 기업 성장의 자금으로 동원했을 경제적 잉여의 상당 부분을 소비해버렸다. 산업화 정책의 성공이 제한적이었다는 것은 놀랄 만한 일이 아니다. 그래서 이 정책은 기껏해야 제국 전역에 분산된 "고립된 성장 지역들" 일부를 만들어냈을 뿐이었다.(Perkins 1967; Wright 1981)

19세기 일본의 자본주의적 산업 도약과 중국이 농업적 강압 질서로 역행한 것을 비교해보면, 이 사실을 더 효과적으로 알 수 있다. 19세기 초반 일본 경제의 장점과 한계는 중국 경제와 비슷한 수준이었다. 에도 시대의 농업혁명 이후 일본 경제의 농업 잉여는 농민 경작자의 수중에 분산되어 있었다.(T. Smith 1959; Collins 1997) 일본에 자원이 풍부한 상업 엘리트가 적었던 것은 아니지만, 이들은 주도적 지위와는 거리가 멀었다. 이들은 상업화 과정에서 평민들의 생존이 점차 힘들어지자 아래로부터 대중의 불만의 목소리가 늘어나면서 적어도 부분적으로는 견제를 받았다.(Vlastos 1986: 92 - 141) 그러나 1868년 메이지 유신 이후 유신지사들이 정력적으로 고도로 중앙집권적인 국가를 건설해 모든 대중의 불만을 효과적이고 잔혹하게 진압한 이후 기업가 엘리트들을 위한 길이 열렸다.(Bix 1986: 189 - 214) 국가는 과중한 농업세를 부과해 막대한 경제적 자원을 자신의 수중에 집중시켰다. 국가는 이렇게 모은 자원을 철도에서 통신 체계에 이르기까지 산업 성장에 필수적인 기반 시설 건설에 투입했다. 그리고 세입의 상당 부분을 미쓰비시, 미쓰이 등으로 대표되는 '자이바쓰財閥' 즉 수직적으로 통합된 거대한 민간 기업집단의 자금 조달에 투입했다.(T. Smith 1959: 201 - 13; Westney 1987; Howe 1996: 90 - 200; Hamilton 1999: 18 - 25)

이렇듯 농업에서의 상당한 잉여를 자본주의적 산업 도약에 집중시키고 투입하는 데 효율적이었던 자본주의 지향의 중앙집권적 정부는 19세기 중국에는 존재하지 않았다. 중국에서는 군사-약탈 조직들이 세력을 늘리면서 국가의 재정 능력을 침식시켰고, 활력이 넘치고 자기 확장적인 도시 기업가 엘리트를 육성하려는 정부의 노력을 좌절시킨 반면, 메이지 시대 일본에서는 국가가 후원하는 기업가 엘리트 계층이 상당히 많이 생겨났다. 상대적으로 일본이 지리적으로 고립되어 있었기 때문에 최악의 제국주의 침략에 덜 시달렸다는 점도 메이지 정부의 성공에 영향을 미친 요소가 되었다.(Moulder 1977) 일본의 국가 주도적 자본주의 발전은 중앙집권적 국가의 역량을 더욱 강화시켜, 일본은 자본주의의 팽창과 국가권력 상승의 선순환을 이룰 수 있었다. 이 시기에 중국은 강력한 자본주의 계급 형성에 지속적인 어려움을 겪었고,

나라가 지역의 약탈적인 군벌들로 분할되고 제국주의의 침략을 당하면서 청 제국은 국가 붕괴와 경제적 혼돈의 악순환에 빠져 결국 1911년 완전히 몰락했다. 그 이후 중국은 20세기 초반 수십 년간 내전과 제국주의의 지배를 겪어야 했다.

농민의 회복력

청나라가 몰락한 1911년부터 중화인민공화국이 건국된 1949년까지 민국 시기로 알려진 수십 년간 중국은 혁명, 내전, 제국주의 열강과의 전쟁에 시달렸다. 이 시기에 중국의 대부분을 지배했던 군벌들, 국민당, 공산당 등 근대화 엘리트들이 비슷한 비전을 공유했다는 점에 주목할 필요가 있다. 이들은 모두 중앙집권적인 국가가 분산된 농업의 잉여를 추출하고 집중시켜 산업 자본의 시초 축적에 투입했던 독일, 일본, 소련의 모델을 따라 국가 주도의 도시 산업 발전을 추구하는 강력하고 자주적이며 중앙집권적인 국가를 건설하려 했다.

공식적인 혹은 비공식적인 식민 지배를 통해 서구 열강에 예속된 다른 많은 주변부 국가에서는 식민자들이 종종 자본주의적 플랜테이션을 만들거나 가족농에 대한 자본의 수직적 통제를 통해 지역 농업을 재조직하기도 했다. 이런 재조직화 과정에서 이 지역의 농업 부문은 (원면, 설탕, 고무 등과 같은) 일부 상업 작물이나 단일 작물만 재배하도록 특화되었으며, 이 지역 경제는 식민 국가들의 산업 확장을 촉진하는 데 빨려들어갔다. 이런 사례로는 영국 식민 지배하의 인도와 일본 식민 지배하의 타이완이 있다. 인도는 지역의 면직 수공업이 식민 행정 당국에 의해 파괴되었고 다양한 토착 농업은 원면 수출을 위한 단일 경작으로 대체되었다. 타이완은 지역 경제가 일본 제국의 산업과 상업 중심지에 원당原糖과 쌀을 제공하는 농업 배후지로 변했다.(Bujra 1992; Ka 1998; Williamson 2008) 다수의 학자에 따르면 이러한 식민지의 지역 농업 재조직화는 식민 지배가 종식된 이후에도 저발전의 근원이었다. 그 이유는 이 구조 속에서 힘을 갖게 되고 수출 지향의 단일 경작 경제에 단단히 뿌리내린 토지 소유 엘리트들이 농업의 다변화와 자본주의적 산업 발전에 저항했기 때문이다. 이들의 경로 의존으로 인해 불리한 무역 조건으로 중심부 국가들에 원자재를 수출하는 경제 의존이 영속화되었고, 이로 인해 농촌의 잉여를 내생적인 자본주의적 산업 성장에 투입하지 못했다.(Friedmann 1999; McMichael 2011: 26–45; Mahoney 2010)

중국은 공식적으로 단일한 중심부 강대국에 식민화된 적이 없었기에 1850년에서 1949년에 이르기까지 단일한 제국주의 강대국으로부터 농업 경제를 침탈당하고 재조직화되지 않았다는 점에서 이 전형적인 사례들과는 다르다. 더욱이 중국 농민들은 농촌 경제의 재구조화에 완강하게 저항했다. 해외 산업자본가들이 중국의 원면 공급에 대한 통제권을 가지는 데 실패했고, 농촌에서 꿋꿋하게 수공업으로 면직물을 생산해냈다는 것은 중국적 자율성을 보여준다.

18세기에 영국의 동인도회사가 공격적으로 영국의 면직물을 중국 시장에 들여왔지만 중국인들은 전혀 관심을 보이지 않았다. 도리어 중국은 유럽에 면직물을 수출했다. 1730년 이후, 동인도회사는 영국의 면직물을 중국에 판매하는 것을 포기하고 장강 하류 지역, 특히 장쑤에서 생산된 면포인 "난징산 무명Nankeens"을 대량 구매하기 시작했다.(Li B. 1986: 12; Carteier 1996: 257-58; Quan 1996e: 638-39) 동인도회사는 인도네시아의 자바, 영국, 기타 유럽 국가들에 난징산 무명을 판매했으며, 이는 중국산 차 무역에서 나오는 수익만큼은 아니어도 꽤 수익성 있는 무역이었다.(Greenberg 1951: 179-80; Johnson 1993: 179)

장쑤는 전통적으로 14세기부터 중국 국내 시장에서 면포 생산의 기지였다.(Li B. 1986; Carteier 1996: 253-54) 17~18세기에 들어 중국 북부 및 서북부의 면방직 산업도 성장했으며, 중국산 면포에 대한 중국 내외의 수요도 증가했다.(Li B. 1986) 중국에서는 개별 농가에서 면화를 재배하고 면포를 생산했는데, 수출용 난징산 무명은 주로 쑹장松江 지역의 농가에서 생산되었다. 이렇게 생산된 면포는 좀 더 발전한 도시인 상하이와 쑤저우의 작업장으로 보내져서 염색과 마감 작업을 거쳤다.(Johnson 1993: 177)

난징산 무명의 수출로 인해 장강 하류 지역의 면직물 공급 사슬과 관련된 도시와 농촌 지역이 번영하기 시작했으며, 이 면포 생산은 광둥 지역까지 퍼졌다. 중국의 면 산업은 규모가 커져 지역의 원면으로는 공급이 부족해 인도 벵갈산 면사나 원면을 수입하기 시작했다. 중국산 면포는 18세기 후반에서 19세기 초반에 이르기까지 동인도회사를 통해 수출되었으며, 지속적으로 성장했다.(Li B. 1986; Carteier 1996: 257)

통상적으로는 영국이 아편전쟁에 승리한 이후 개항장을 통해 저가에 대량으로 영국산 면직물을 시장에 자유롭게 풀어놓자 중국의 지역

면방직 산업은 쇠퇴했으며, 이는 식민화 이후 인도의 면 산업이 쇠퇴한 것과 같았다고 여겨진다.(Quan 1996e: 643–44) 그러나 실제로 이는 사실이 아니다. 아편전쟁 이후 조약에 따라 자유무역을 위한 개항장을 통해 영국의 면방직물이 중국 시장으로 쏟아져 들어왔다. 이렇게 수입된 방직물은 역직기로 만들어진 것으로 질이 더 좋았기에 난징산 면포 시장을 대체했다. 그럼에도 불구하고 중국에서는 인도처럼 저항 없이 철저하게 해당 산업의 쇠퇴가 뒤따르지는 않았다. 영국산 방직물이 연해 지역의 중국산 면포를 성공적으로 대체하고 도시의 작업장들에 큰 타격을 줬지만, 농촌 가구에서 생산하는 면포나 중국 내륙 지역 시장의 농촌 산업을 완전히 대체하지는 못했다.(Xu X. 1992: 116–17) 대개 영국산인 외국산 면포는 도시의 중산층들 사이에서 주로 소비되는 사치품으로 여겨졌다.(Xu X. 1992: 155–56) 농민을 비롯한 농촌의 소비자들은 영국산 면이 너무 섬세한데다 얇고 내구성이 떨어져서 선호하지 않았다. 이와 달리 중국산은 수년 동안 해지지 않을 정도로 내구성이 좋았고 혹독한 겨울을 지낼 수 있을 만큼 두꺼웠다. 1861년에 톈진의 면포 상인들은 중국산 면직물과 경쟁하려는 헛된 시도로 외국산 면직물 가격을 중국산의 절반으로 인하하기도 했다.(Xu X. 1992: 155–57)

농촌 가구의 생산자들이 버티고 존속했다는 것도 수입 방직물들이 실패한 또 하나의 중요한 요소였다. 개별 농가들, 특히 농업의 전문화가 가장 광범위했던 장강 하류 지역의 농가들에게 방직은 생사의 문제였기에 수익이 생존을 위협하는 수준으로 떨어졌어도 방직업을 포기할 수는 없었다. 이러한 소규모 농가 방직은 민국 시기까지 지속되었다.(Dikötter 2006: 116) 결국 영국은 인도에서 세금과 기타 행정수단을 통해 자신의 뜻대로 농촌 사회와 경제를 재조직했던 것과는 달리 중국에서는 농촌을 직접 통제하지 못했다. 1936년에도 중국의 면직물 생산에서는 직조기로 생산하는 직물이 수직기로 생산한 직물의 양에 미치지 못했다.(Dikötter 2006: 194) 20세기 전반기인 민국 시기에도 농가의 면직물 생산이 지속된 이유는 19세기에 그 생산이 지속된 이유와 동일하다. "기계로 만든 천이 단순히 질이 떨어지는 손으로 만든 천을 대체하지 못한 것이 아니다. 기계로 만든 천이 손으로 만든 천보다 제곱야드당 가격은 더 쌌지만, 손으로 만든 것이 더 두껍고 오랫동안 내구성을 유지했다. 부유한 농민들은 심지어 가격의 반을 더 주고도 손으로 만든 면직물을 구입했다. 그 이유는 이 천이 더 내구성이 좋기에 결국엔 더 이익이 된다는 사실을 깨달았기 때문이다."(Dikötter 2006: 194-95)

농민 경제는 곡물에 있어서도 더 생산적이었다. 서구의 제국주의 산업 강대국들이 중국을 예속시킨 후 한 세기 동안에도 중국의 농민 기반 농업은 온전히 유지되었다. 1970년대까지 서구와 중국 학계에 통용되었던 전통적인 역사 서술에서는 이러한 농민 경제를 빈곤과 최저 생계, 침체와 연결시켜 묘사했다. 그러나 1970년대 이후로 나오기 시작한 다수의 연구에 따르면 민국 시기 중국의 여러 지역에서 농민 기반의 농업은 실제로 일인당 산출과 소득 면에서 상당한 성장을 기록했다.(Myers 1970; Brandt 1989; Rawski 1989; Little n. d.) 실례로 토머스 로스키에 따르면, 청 말기와 민국 초기에서 중일전쟁이 전면적으로 벌어진

1937년까지 중국의 연평균 농업 성장률은 1.5퍼센트로 연간 인구 증가율보다 0.5퍼센트 높았다.(Rawski 1989: 268) 이와 비슷한 맥락에서 로렌 브렌트의 계산에 따르면, 같은 시기 농업 노동생산성의 성장은 약 40~60퍼센트에 달한다.(Brandt 1989: 132) 농민 경제에서 이러한 점진적인 개선은 지속적인 상업화뿐만 아니라 농촌 지역에서 기반 시설과 교통 네트워크의 개선에 기반한 것이기도 하다. 18세기와 마찬가지로 20세기 초반 중국에서 자본주의적 산업화가 허약했던 이유는 농촌의 잉여가 부족해서가 아니라 농촌의 잉여를 산업 성장에 투입할 유능한 행위자가 없었기 때문이다.

농촌 사람이라고 모두가 이러한 농업의 성장에서 이익을 본 것은 아니다. 1910년대에서 1920년대에 이르는 군벌 간의 전쟁, 1920년대 후반 제1차 국공합작의 북벌군과 군벌들과의 전쟁, 1930년대 국민당과 공산당 사이의 전쟁, 무엇보다 1937년 이후 중일전쟁으로 인해 많은 지역에서 농업 생산이 큰 피해를 입었고 토지를 잃은 부랑민 계층이 크게 늘어났다. 18세기 이후로 나타나기 시작한 종교 반군 집단과 마적들도 민국 시기까지 계속 늘어났다. 농촌의 주변부 집단이 늘어나 생겨난 이 저항 집단은 특히 1927년 국민당이 공산당의 도시 조직을 대도시에서 밀어낸 이후 공산당이 농촌에서 재조직화되면서 홍군의 중요한 중심 역량이 되었다.(Perry 1980; Hung 2011: 4장)

결국 중국 공산당은 농민들의 지지와 소련의 원조로 모든 경쟁자를 물리치고 농촌의 잉여를 동원하고 집중시켜 도시의 급속한 산업 성장에 투입할 수 있는 역량을 갖춘 안정적이고 중앙집권적인 국가를 건설했다. 1949년 이후 이러한 성장은 사회주의라는 명목하에 이뤄졌지만, 공산당 정부가 실제 행한 것은 국가가 효율적으로 통제하는 집단 농업을 건설하여 막대한 농촌의 잉여를 전유해 국가의 산업 정책에 집중시키는 것이었다. 이는 19세기 후반 이래로 여러 세대의 국가 건설자들이 이루고자 했으나 실패한 것을 성공시킨 것이었다. 이 노력은 바로 국가가 주도하는 압축적인 자본의 시초 축적이었다.

농민의 등에 올라탄 국가 사회주의

중국의 저명한 정치경제학자인 원톄쥔은 다음과 같이 주장했다. "당대 중국의 개혁은 마오쩌둥 시기에 축적된 엄청난 규모의 국가 자본의 재분배라고 봐야 한다. (…) 이 국가 자본의 재분배는 현재 사적 자본의 기초가 되었다."(Wen 2004: 36) 이런 측면에서 마오쩌둥 이후의 시장 개혁은 마오 시기의 발전 경로로부터의 탈피인 것만큼이나 그 시기의 유산이기도 하다. 마오 시기의 축적 체제는 주된 행위자가 사적 기업가가 아니라 국가라고 할 수 있는데, 이 축적 체제는 일반적인 소비에트 모델과 많은 유사점을 가지고 있는 동시에 또한 상당한 차이점을 드러내고 있다. 1950년대 초반 공산주의 체제가 공고하게 자리 잡은 시기부터 1970년대 후반 시장 개혁으로 나아가는 때까지 중국의 사회주의 국가는 급속한 공업화라는 소련 모델의 정책 우선순위를 공유하고 있었다. 이는 소위 '협상가격차鋏狀價格差'라는 농업과 공업 부문 간의 불평등 교환에 근거하여 중공업을 우선 발전시키는 것이었다. 중국 공산당은 농민들의 지지로 권력을 장악할 수 있었지만 급속한 공업 성장을 추진하는 과정에서는 소련 공산당 못지않게 농민들에게 가혹했다.

중화인민공화국 건국 초기에 중국 공산당은 대규모 토지 소유를 작게 나눠 개별 농민 가구에 균등하게 분배하는 토지 개혁을 통해 농민들의 지지에 보답했다.(Hinton 1966) 공산주의 정부는 또한 농촌의 기반 시설을 개량하고 농민들이 농업 투자를 위한 자금을 모아나갈 수 있도록 농촌 협동조합을 활성화시켰다. 그러나 1950년대 중반 토지 개혁을 완수하고 전후 회복기인 몇 년 동안의 급속한 경제 성장을 거치고 나자 당-국가는 청 제국 후기 이래로 중국의 발전을 저해해왔던 문제에 직면했다. 그 문제는 바로 분산된 농촌의 잉여를 집중시켜 도시의 공업 부문으로 유도하는 데서 겪는 어려움이었다.

1950년대 중반, 정부가 공업 발전의 속도를 높이기 위해 농촌에서 자원 추출을 두 배로 늘리자 농민들의 조세 저항이 다시 나타났다.(Li H. 2006) 도시에서 만든 철 쟁기 같은 농기구의 판매를 밀어붙여 도시 공업을 촉진하려는 정부의 계획은 농민들이 전통적인 농기구에 완강히 매달리자 벽에 부딪혔다.(Wen 2013: 37-38) 농민들은 또한 생산한 농산품의 대부분을 다른 지역에 판매하기보다는 지역 내에서 판매하거나 자신들의 소비를 위해 비축해놓았기 때문에 농업과 공업 간의 잉여 이전을 위한 중요한 수단인 도시와 농촌 간 교환이 제약되었다. 설상가상으로 도시 경제의 안정화와 회복에 따라 농촌의 잉여 노동력이 일자리를 찾기 위해 일제히 도시로 이주하기 시작했다.(Cheng and Selden 1994) 이런 맥락에서 1950년대 중반에 경제 성장의 속도는 상당히 느려졌고, 막 회복된 도시 공업 부문은 농촌으로부터의 잉여 공급이 불

충분하여 전후의 고속 성장 속도를 유지할 수 없었다.

성장 둔화에 직면해서 중국 정부는 급진적인 농촌 집단화와 더불어 도시 지역에서 국가 소유의 확장을 통해 국가의 산업 통제를 더 엄격히 하는 소련의 길을 따르는 것 외에 어떤 창조적인 해법도 고안해낼 수 없었다. 불과 몇 년 만에 중국 전역의 모든 농민 가구가 자신의 토지와 (소와 쟁기와 같은) 기타 생산수단을 모두 '인민공사 人民公社'라고 알려진 대규모 공동체에 양도했다. 모든 농업 생산은 군대 같은 하향식 지휘 구조를 갖춘 당이 통제하고 관리하는 공장 같은 농촌 공동체의 체계로 이전되었다. 국가는 농촌의 시장을 폐지했고 인민공사의 모든 생산물을 직접 관리했으며, 도시 공업 부문에서 생산한 비료와 농업 기계들을 비싼 가격에 판매했다. 국가의 농촌으로부터의 자원 추출은 농촌에 대한 투자보다 컸다. 중국의 농촌 집단화 과정은 소련의 집단화 과정 못지않게 폭력적이었다. 이 폭력은 소련에서처럼 정책에 불응하는 농민들에 대한 대규모 숙청처럼 직접적으로 수행된 것은 아니지만, 1958년에서 1961년에 이르는 시기에 '대약진'이라고 알려진 조급하고 엉성하게 실행된 집단화 운동의 결과인 참혹한 대기근을 통해 간접적으로 이뤄졌다. 이러한 농업-공업 간 잉여 이전 체제는 농촌과 도시의 생활수준 간의 지속적이면서도 확대되는 격차를 낳았다.(Schurmann 1966: 442-96; Shue 1980; Vermeer 1982a, 1982b; Friedman, Pickowicz, and Selden 1991; Selden 1993; Yang 1996: 21-70; Ka and Selden 1986 참조)

집체 농업 체제에서 농촌이 감당해야 했던 높은 가격으로 인해 급속한 산업화가 가능했다. 최근의 추정치에 따르면, 1953년에서 1978년까지 농산품과 공산품 간의 불평등 교환을 통해 농업에서 공업으로 이전된 총량은 인민폐로 6000억에서 8000억 위안에 달한다.(Wen 2000: 177) 조금 더 보수적인 통계 추산에 따르면 3740억 위안이다.(표 2.1 참조) 이 통계에서 '협상가격차'를 통한 농업-공업 간 잉여 이전을 총 농업 생산에서 차지하는 비율로 따져보면, 1950년대 초반 10퍼센트에 못 미치다가 1960년대와 1970년대에는 20퍼센트 이상까지 오른다.(Kong and He 2009; Wen 2013: 12) 이는 마오 시기 농업 생산이 최저생활 수준에서 크게 벗어나지 않았음을 감안하면 결코 작은 비중이 아니다.

표 2.1 마오쩌둥 시기 '협상가격차'를 통한 농촌-도시 간 경제 잉여 이전 규모

연도	이전 규모 (10억 위안)	총 농업 생산에서 잉여 이전이 차지하는 비중 (%)
1952	3.5	9.2
1953	5.1	11.8
1954	4.6	10.3
1955	6.6	13.5
1956	5.8	11.5
1957	8.6	16.5
1958	-12.1	-36.8
1959	5.0	11.4
1960	10.1	22.8
1961	7.4	14.3
1962	10.3	18.4
1963	12.5	19.9
1964	14.9	20.9

1965	17.3	20.8
1966	19.6	21.7
1967	17.5	19.6
1968	16.3	18.2
1969	18.0	19.5
1970	20.1	20.0
1971	20.7	19.9
1972	20.8	19.9
1973	23.5	20.4
1974	22.9	19.4
1975	24.5	20.0
1976	21.4	18.0
1977	24.0	20.1
1978	25.8	20.1
합계	374.7	

(출처: Kong and He 2009: 7)

이렇게 공산당 체제는 1850년 이후로 중국이 초기 근대화에서 달성하지 못했던 것을 겨우 달성했는데, 바로 분산된 농촌의 잉여를 포집하고 집중시켜 도시 공업 성장이 성장할 수 있도록 유도한 것이다. 1950년대에서 1970년대에 이르기까지 정치 운동으로 인한 모든 경제 변동과 간섭에도 불구하고 GDP에서 공업이 차지하는 비중은 1952년의 20.9퍼센트에서 1978년의 47.9퍼센트까지 상승했다.(Chinese National Bureau of Statistics n.d.) 같은 기간 공업 부문의 노동 생산성은 236.7퍼센트나 올랐다. 이와는 대조적으로 같은 시기 농업 부문의 노동생산성은 25.5퍼센트만 늘어났다.(Kong and He 2009: 6) 이러한 공업 성장은 강력한 정부의 가혹한 정책 없이는 불가능했다.

소련이나 다른 대부분의 사회주의 국가들에서는 발견할 수 없는 중국의 집단화 과정에서 가장 중요한 특징은 농민들이 도시로 이주할 수 없도록 금지한 공간적 분리 체제였다. 소련에서 농업 집단화는 수백만의 농민이 도시로 이주하여 산업 노동자가 되는 도시화 과정과 동시에 이뤄졌다. 이와는 달리 중국 정부는 1958년에 집단화 운동이 한창일 때 농민들이 자신의 고향을 떠나지 못하게 하는 호구戶口 제도를 도입했다. 중국 정부가 1950년대 초반 농촌에서 도시로의 이주 규모에 놀랐으며, 도시에서의 이주 인구가 갑자기 늘어나면서 생길 사회적 혼란과 더불어 다시 대규모 실업이 발생할까 두려워했기 때문이다. 이 호구 제도 아래에서 모든 중국 농민은 토지에 결박되었다. 이들은 등록된 출생지를 제외한 다른 어떤 지역에서도 직업을 비롯해 교육, 의료, 주거에 대한 사회적 권리 등을 가질 수 없었다. 호구 등록을 다른 지역으로 옮기는 것은 극도로 어려웠기 때문에 농민들은 자신이 속한 공동체에 노동을 제공하는 것 외에는 다른 선택지가 없었다.(Cheng and Selden 1994; Wang F. 2005)

최근 원톄쥔의 획기적인 연구에 따르면, 인민공사 체제는 농촌에서 농업 잉여를 쥐어짜서 도시-공업 자본의 시초 축적을 촉진시켰을 뿐만 아니라 사회주의 도시에서 세 차례의 경제 위기를 겪는 동안 완충 장치의 역할을 하기도 했다.(Wen 2013) 마오 시기 중국 경제는 자본 축적의 과정에 있는 다른 모든 경제체와 마찬가지로 국유 산업 부문의 이윤 급락, 정부 재정 상황의 악화, 도시 실업을 불러오는 과잉 생산의 주기적 위기에서 벗어나지 못했다. 그러나 이 위기 때마다 중국 정부는 청년들을 동원해 농촌의 인민공사에 합류시키면서 도시의 실업을 완화했다. 이러한 방식은 1960년대 초반, 1960년대 후반, 1970년대 중반 세 차례의 '상산하향上山下鄉' 운동으로 나타났다. 완충장치로서 엄격하게 통제되는 농촌이 없었다면, 마오 시기 도시 지역의 소요는 경제 순환의 하강기 때 훨씬 더 심각하게 나타났을 것이다.

가혹한 이주의 제한과 농촌 잉여 추출에 대한 보상으로 당-국가는 인민공사의 농업 기반 시설, 기초 교육, 보건 등에 투자해 농민과 국가 간에 좀 더 밀접한 관계를 형성하려 했다. 세계은행 통계에 따르면, 중국의 기대 수명은 1960년의 43.5세에서 1978년의 66.5세로 극적으로 상승했으며, 이는 주로 농촌 지역에서 이뤄진 개선에 기인한다. 1960년대 농촌에서 시행된 '맨발의 의사'로 대표되는 공중 보건 정책으로 인해 전염병 확산 방지, 유아 사망률 감소를 비롯해 여러 개선이 이뤄졌다. 1973년 미국의 의료 사절단은 중국의 농촌에서 목격한 바를 다음과 같이 묘사했다.

1949년 중화인민공화국 성립 이전에 중국의 보건 문제는 이미 악명 높았던 만큼 충격적이었다. (…) 전염병 발병률이 높았기에 세계 어느 나라보다도 사망률이 높았다. 인민 대다수가 살고 있는 농촌의 위생 상태는 사실상 알려지지 않았다. 과학적으로 훈련받은 의료 인력 대부분은 도시에 있었다. (…) 그러나 현재 상황은 극적으로 달라졌다. (…) 사망률, 특히 유아 사망률은 현저히 낮아졌으며, 주요 전염병은 통제되고 있다. (…) 영양 상태도 개선되었고 보건 교육과 환경 위생 상태에 대한 대규모 캠페인이 벌어지고 있다. 다수의 의료 노동자에 대한 교육이 시행되고 있으며, 시스템도 개선되어 대다수 인민에게 보건 서비스가 제공되고 있다.(P. Lee 1974: 430–31; World Health Organization 2008)

마오 시기의 시초 축적을 향한 노력으로 인해 중국은 경제적 산출 면에선 상당 부분 공업 국가가 되었으나, 인구 구조 면에서는 농업 국가가 되었다. 1970년대 후반 시장 개혁 직전에 중국의 도시 인구는 전체 인구의 25퍼센트에 못 미쳤지만, 공업 부문의 산출은 GDP의 47.9퍼센트에 달했다. 이러한 중국의 농업-공업 구성은 1980년에 도시 인구가 3분의 2 이상이었던 소련과는 확연히 대비되는 것이었다.

마오 시기 중국의 발전 결과는 (기타 대부분의 개발도상국의 노동력과 비교했을 때) 건강상태가 양호하고 높은 수준의 문해력을 갖춘 농촌 노동력이라는 거대한 산업 예비군의 존재였다. 이 노동 예비군은 1980년대와 1990년대에 농촌과 도시 간의 이주 제한이 느슨해지자 해외 산업 자본을 중국에 끌어들이는 중요한 자원이 되었다. 이 거대한 노동력과 더불어 각급 정부들이 운영하던 국유기업들을 포함해 광범위한 기반 시설 네트워크와 같은 대규모 국가 자본 역시 해외 자본을 중국으로 끌어들이는 데 기여했다. 다수의 기존 국유기업들은 해외 제조업자들이 중국에 진출하는 발판이 되는 합자기업의 기초가 되었다. 마오 시기에 그 기초가 건설된 항구, 통신망, 운송체계 등의 공공 기반 시설은 중국 안팎에서 자본, 노동, 상품이 운동하는 데 있어 필수불가결한 매개체가 되었다.

이 두 가지 구조적 유산과 더불어 마오 시기의 발전 경로는 정부가 높은 자율성을 가지고 시장 개혁 전략을 결정할 수 있는 정책 환경을 유산으로 남겼다.(Friedman 1999; So 2003) 마오 시기 국가는 시초 축적 과정에서 농촌으로부터의 잉여 추출에만 의존했을 뿐, 기타 다수의 사회주의 국가들이나 개발도상국이 1970년대에 그랬듯이 외부로부터의 차관에 의존하는 것을 거부했다. 그렇기에 다수의 개발도상국이 1980년대에 국제적인 채무 위기가 닥쳤을 때 채권자들의 받아쓰기를 따라 적어야 하는 희생양이 된 반면, 중국은 대외 부채에 대한 부담이 훨씬 적었다.

1970년대에 유가가 치솟으면서 엄청난 양의 오일 머니가 생겨났고 이 오일 머니는 미국과 영국의 규제를 벗어난 다수의 역외 은행으로 흘러들어갔다. 이 은행들은 개발도상국 정부에게 낮은 이자율로 차관을 제공했다. 1980년대 초반 화폐 공급을 줄여 인플레이션을 잡으려는 워싱턴의 노력의 결과로 달러 기준 금리가 20퍼센트까지 올라 정점을 찍었을 때, 대외 채무를 지고 있던 개발도상국과 사회주의 국가들은 갑자기 높아진 이자가 눈덩이처럼 커져 원금 수준에 달하는 상황이 되어버렸다. 그 결과 발생한 국제 채무 위기는 다수의 라틴아메리카, 아프리카, 동남아시아 국가들의 발전에 잃어버린 수십 년으로 이어졌다.(예를 들어 Stallings 1995) 과중한 부채를 지게 된 국가들은 세계은행World Bank과 국제통화기금IMF의 구제금융에 의존하게 되었는데,

이 두 금융기관은 구제금융의 조건으로 급격한 경제 자유화 개혁을 채택할 것을 강제했기에 이 나라들은 경제 주권을 상실했다.

이에 비해 중국은 1970년대에 대외 채무를 많이 지지 않았다. 1972년 닉슨의 방중 이후 중국과 서구 자본주의 국가들의 관계가 개선되고 무역이 재개되자 중국의 무역 적자는 외국 기계의 대규모 수입의 결과로 악화되었다.(Selden 1997; Chen D. 2004; Wen 2013: 70~76) 당시 중국에게 해외 은행의 저금리 대출에 의존하려는 유혹은 결코 작지 않았다. 그러나 중국은 부분적으로는 마오쩌둥주의의 자력갱생이라는 이데올로기가 지배적이었기에 이 유혹에 굴복하지 않았다.

1970년대 내내 중국은 상대적으로 대외 채무의 수준이 낮았기 때문에 1980년대에 시작되어 많은 개발도상국과 소비에트 진영의 국가들을 아수라장으로 만든 국제 부채 위기에서 어떤 피해도 입지 않을 수 있었다.(표 2.2 참조) 그렇기에 중국은 세계은행과 IMF의 긴급 구제금융에 의존할 필요가 없었다. 이는 중국이 부채 위기 속에서 세계은행과 IMF가 대부분의 채무국에 적용했던 충격 요법보다는 점진적인 시장 개혁 실험을 해나갈 수 있었고 미국에 맞서 자율성을 유지할 수 있었다는 것을 의미한다.

1970년대 후반 중국의 국가 주도 도시-공업 자본의 시초 축적은 그 한계에 도달했고 경제는 장기 침체의 단계에 접어들었다.(그림 2.1 참조) 하지만 중국은 이미 국유기업과 기반 시설 네트워크, 잘 교육받고 건강한 농촌의 대규모 노동력, 외국 정부와 국제 금융기관으로부터의 국가 자율성 등을 갖추고 있었다. 중국 인민들이 아주 큰 대가를 치르긴

표 2.2 1981년 중국과 기타 개발도상국 및 사회주의 국가의 대외 채무 비교

국가		국민총소득GNI 대비 부채 비율
중국		2.99
라틴아메리카	아르헨티나	46.6
	볼리비아	52.6
	브라질	32.4
	멕시코	32.7
아프리카	알제리	42.6
	수단	67.4
	나이지리아	19.6
아시아	인도	11.8
	인도네시아	25.5
	말레이시아	37.3
동유럽	폴란드	44.2

(출처: World Bank n.d., 폴란드는 Boughton 2001: 320-21; IMF n.d.b.)

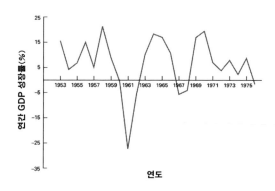

그림 2.1 1953~1976년 마오쩌둥 시기 중국의 연간 GDP 성장률

(출처: 중국 국가통계국)

했지만 마오 시기의 이러한 유산들은 이후의 시장 개혁이 성공하는 데 기반이 되었다. 개혁은 1970년대 경제 침체를 끝냈을 뿐만 아니라 중국이 일본과 아시아의 네 마리 호랑이의 뒤를 따라갈 수 있게 했으며, 이후 30년간 자본주의의 호황을 겪게 되었다.

3장

자본주의적 호황
1980~2008

　당대 중국의 자본주의적 호황은 마오쩌둥 시기의 산업적 토대를 기반으로 이뤄졌다. 동시에 이러한 호황은 대략 1950년대부터 1990년대까지 지속되었던 일본과 동아시아 네 호랑이(한국, 타이완, 홍콩, 싱가포르)의 기존 호황과도 연결되어 있다. 기존 동아시아 네 호랑이의 호황의 동학에 대한 이해 없이는 중국 호황의 동학을 완전히 이해할 수 없다.

　많은 학자는 제2차 세계대전 이후 북반구를 대상으로 한 가공할 만한 공산품 수출국으로서의 일본과 네 호랑이의 경제적인 우세를 이 경제체들의 내생적인 힘의 측면에서 설명한다. 그중 가장 주목해야 할 것은 발전국가로 알려진 희소한 자원을 전략산업 부문으로 유도했던 중앙집권적인 경제 관료 기구다.(Amsden 1989; Wade 1990; Arrighi 1996; Hung 2009b) 그러나 동시에 이 모든 것을 아우르는 동아시아에서의 냉전의 지정학이 없었다면 급속한 경제 성장을 가능하게 했던 이 내생적 조건들은 불가능했을 것이다. 냉전 기간에 동아시아에서는 실제로 '열전hot war'이 벌어졌다. 미국의 시각에서는 공산주의 중국이 동남아의 게릴라들을 지원하고 한국전쟁과 베트남 전쟁에 개입함으로써 이 지역은 상시적인 비상 상태였으며, 워싱턴 당국은 공산주의 봉쇄 전략에서 이 지역을 가장 취약한 고리로 간주했다. 미국은 주요 아시아 동맹국들(일본과 네 호랑이)이 무너져서는 안 될 만큼 중요하다는 점을 고려하여 이 동아시아 정부들이 산업 성장을 유도하고 활성화할 수 있도록 풍부한 금융과 군사 원조를 제공하는 한편, 미국과 유럽 시장을 아시아 제품에 활짝 개방했다. 서구 시장에 대한 이런 접근은 다른 개발도상국들이 누리지 못하는 이점이 되었으며, 이와 같은 이점이 없었다면 이 아시아 수출국들이 그렇게까지 성공을 거둘 수 있었으리라고는 생각하기 힘들다. 이러한 관점에서 보면 동아시아의 급속한 경제 성장은 "모든 역경에 맞선 기적"과는 거리가 멀다. 일본과 호랑이들의 성장은 미국이 동아시아에서 공산주의에 대항하는 종속적이면서도 풍요로운 보루를 창출하려는 노력의 일환으로 고안해낸 것이다.

1970년대에 시작된 서구 자본주의 세계의 경제 위기로 인해 서구의 제조업은 이윤을 회복하고 비용을 절감하기 위해 노동집약적 생산 과정의 일부를 저임금 국가들로 외부화해야 했다. 이미 수출 주도의 공업화를 달성했던 동아시아 호랑이들은 이러한 산업 재배치의 가장 큰 수혜자가 되었다.(이 주제와 관련해서는 이 책의 6장; Arrighi 1994; Brenner 2003 참조) 아시아 호랑이들의 부상은 또한 아시아에서 300년에 걸친 화교 자본주의의 절정이기도 했다. 1장에서 살펴봤듯이 청 제국에 의해 대를 이은 계급 재생산을 제약당한 중국의 연해 지역 기업가 가문들은 17세기부터 아시아의 유럽 식민 지역으로 이주하여 유럽과 중국 간 무역의 중개자가 되었다. 이 중국인 무역업자들은 20세기 전환기 제국주의가 절정인 시기에 부와 글로벌 네트워크, 기업가적 능력을 급속히 축적해나갔다. 제2차 세계대전 이후에 이 화교 자본가들은 싱가포르, 홍콩, 타이완의 경제적 중추가 되었다.(Hui 1995; Arrighi 1996; Hamilton 1999; Cochran 2000; Katzenstein 2005: 60-69; Kuo 2009, 2014)

일본이 선두에 선 다층적 하청 생산 네트워크가 만들어지면서 동아시아의 제조업은 가치 사슬에서 각기 다른 부분을 차지했으며, 각각의 수익성과 기술 복잡도의 수준에 맞는 서구로의 수출품에 특화되었다. 일본은 가장 부가가치가 높은 품목에, 네 호랑이는 중간 수준의 제품에, 동남아의 새로운 호랑이들은 저비용의 노동집약적 제품에 주력했다. 이 유명한 아시아 수출국들 사이의 '기러기 대형flying-geese formation'은 세계 시장으로 광범위한 소비재를 공급하는 확실한 네트워크를 형성했다.(Cumings 1984; Ozawa 1993)

1980년대에 시작되고 1990년대에 가속화된 시장 개혁으로 중국은 아시아의 후발 수출국이 되었으며, 일본과 네 호랑이, 특히 홍콩과 타이완의 화교 자본가들로부터 거대한 제조업 투자를 흡수했다. 중국의 이러한 수출 의존적이고 투자 과잉인 경제 성장 방식은 기존 아시아 호랑이들의 발전 패턴을 닮았다. 하지만 한편으로 권위주의적 국가의 힘과 회복력, 마오 시기에 만들어진 국유기업 네트워크의 온존, 농촌의 수많은 잉여 노동력을 고려하면 중국의 방식은 아시아 이웃 국가들의 발전 방식과는 차이가 있다. 중국의 자본주의적 호황은 아시아 냉전의 반대편 양쪽에서 각자 분리된 채로 발전해왔던 마오쩌둥의 유산과 동아시아 자본주의가 혼합되면서 점화된 폭발이라고 할 수 있다.

분산된 권위주의적 발전

2장에서는 중국 당-국가가 어떻게 마오쩌둥 시기에 농업 집단화와 농산품과 공산품 사이의 '협상가격차'를 통해 분산된 농촌의 잉여를 추출하고 집중시켜 도시의 국유 산업 자본의 광범위한 네트워크를 건설했는지에 관해 개괄했다.(Friedman, Pickowicz, and Selden 1991; Selden 1993; Wen 2000: 141–271) 비록 농민들은 호구 제도로 인해 농촌에 묶여 있었고 출생지를 떠나 이주하는 것이 제한되었지만, 농촌의 기초 교육과 공공 보건에 대한 국가의 투자 결과로 농민들의 기대 수명과 문해율은 상당히 개선되었다.(Hesketh and Zhu 1997; Ross 2005: 1–13) 마오주의의 발전 경로는 중앙계획체제에 의해 만들어진 성장 모멘텀이 소진되고 경제가 정체한 1970년대 중반까지 대부분의 기간에 걸쳐 높은 GDP 성장률을 기록했다. 그러나 또 한편으로 이 경로는 중국에 대규모 국가 자본과 농촌의 건강하고 잘 교육받은 거대한 잉여 노동력을 남겨주었다. 중국은 다른 개발도상국이나 사회주의 국가들과 비교했을 때 대외 채무의 짐이 덜한 강력한 국가를 발전시켰다. 이러한 발전의 결과로 시장 개혁의 단단한 토대가 마련되었으며, 마오쩌둥의 후계자들은 1970년대 후반에 경제 침체를 극복하기 위한 해결책으로 시장 개혁에 나설 수 있었다.(Naughton 1995: 55)

시장 개혁은 1980년대 초반 농촌에서 탈집체화와 소농 경제를 부활시키며 시작되었고 1980년대 후반에 도시의 국유기업 개혁과 가격 개혁으로 이어졌다. 1990년대에는 국유기업 개혁이 가속화되었으며, 이 기업들을 이윤지향적인 자본주의적 기업으로 전환시키는 것이 개혁의 핵심 의제가 되었다. 이 국면 속에서 개혁의 주된 요점은 경제 계획과 규제의 권한을 분산시키고 경제를 개방하는 것이었는데, 처음에는 아시아의 화교 자본에, 다음에는 전 세계의 초국적 자본에 개방하는 것이었다.

1980년대에 "하급 정부에 권한을 주고 더 많은 이윤을 취하는 것을 허가하는 것放權讓利"의 과정은 중앙의 개혁파 지도부가 보수적인 노간부들을 견제하기 위해 지방 간부들 사이에 "시장 개혁을 지지하는 관료층"을 만들기 위한 의식적인 노력이었다.(Shirk 1993: 334–35) 보수파 노 간부들은 자신들의 권력 기반인 중앙 계획 기구들이 문화대혁명 기간 느슨해졌음에도 불구하고 중앙이 통제하는 기업에 기득권을 가지고 있었으며, 지령성 경제를 선호했다.(Andreas 2009) 중앙정부로부터의 보조금이 끊기고 이윤 추구 행위의 기회에 이끌려 지방정부들은 다양한 기존의 자원을 바탕으로 여러 자본 축적 전략을 고안해냈다. 일부 지방정부들은 향진기업을 직접 운영하거나 자신의 관할권 하의 집체기업을 이윤지향적인 단위로 전환시켰다.(이러한 지방의 발전 방식은 '지방 조합주의' 혹은 '지방정부의 기업가주의' 등으로 알려졌다.) (N. Lin 1995; Walder 1995b; Duckett 1998; Oi 1999) 일부는 지역 경제에서 직접 '선수'로 뛰는 대신 '심판'의 역할을 수행하기도 했다. 그리고 세수의 기반이 되는 선별적 산업 부문의 성장을 촉진시키기 위해 차별적 규칙을 만들고 적합한 기반 시설을 건설하는 등 고전적인 발전 국가의 수단을 통해 지역의 발전을 추구하기도 했다.(이러한 중국의 '지방 발전 국가'와 관련한 논의로는 Blecher and Shue 2001; Segal and Thun 2001; Wei 2002; Zhu J. 2004 참조) 일부 지방정부는 사적 이익을 위해 세금 부과, 부정부패, 국유자산 매각 등을 통해 지역 사회의 공공 자산에 대한 노골적인 약탈을 자행하기도 했다.(Lu 1999, 2000a, 2000b; Sargeson and Zhang 1999; Bernstein and Lu 2003; Yu 2003; Guo and Hu 2004) 위에서 묘사한 이 세 가지 지역의 축적 전략들은 경험적 실재라기보다는 이념형에 가깝다. 실제 지방정부들의 양상은 이 세 가지 유형이 다양하게 섞여 있었다고 할 수 있다.(Tsai 2002: 254; Baum and Shevchenko 1999; Xia M. 2000; Shevchenko 2004)

대부분의 지방 발전 국가 혹은 기업가주의 정부들은 해외 시장에서의 마케팅 네트워크, 기술과 경영 노하우 등이 부족했기에 경제 성장을 유지하고 활성화시키기 위해 노동력을 찾아 이동하는 초국적 자본, 특히 동아시아의 화교 자본에 과도하게 의존했다. 비록 외국인직접투자FDI가 중국 대륙 전체 경제의 양적 측면에서 주요 부분은 아니었지만, 중국의 노동집약적, 수출 지향적 산업 성장의 면에서 중요한 역할을 했다.(G. Lin 1997, 2000; Hsing 1998) 2004년 기준으로 중국 수출의 거의 60퍼센트가 외국인 투자 기업이 제조한 것이었고 이 비율은 고부가가치 제품에서 더 높았다. 이 수치는 비슷한 경제 도약 단계 시점의 아시아 호랑이들의 수치와 비교해서도 놀랄 정도로 높았다. 1970년대 중반 타이완은 20퍼센트, 한국은 25퍼센트였으며, 1980년대 중반 타이는 6퍼센트였다. 총 자본 형성과 외국인직접투자 사이의 비중으로 측정해본 결과, 중국의 FDI 의존도는 1990년대 이후로 동아시아와 동남아시아에서 가장 높은 수준이다.(Huang Y. 2003: 4-35; Gilboy 2004; Hughes 2005)

마오 시기에 축적된 대규모 국가 자본은 해외 투자자들을 끌어들이는 요소였다. 해외 투자자들은 지역의 국유기업이나 집체기업과 함께 합자회사나 다층적 하청 네트워크를 설립하는 등 기존의 생산 네트워크에 연결만 하면 되었다. 예를 들어 보잉, 폭스바겐, 도요타 같은 해외의 거대 기업들은 기존의 국유 항공회사나 자동차 기업들과 합작의 방식으로 사업을 벌였다.(Chin 2003) 마오 시기의 다른 유산인 농촌으로부터의 건강하고 잘 교육받은 노동력의 '무제한' 공급으로 인해 중국의 임금 수준은 계속해서 국제적인 표준보다 훨씬 낮게 유지될 수 있었다. 그리고 세금 감면에서 공업용 토지 무료 제공에 이르기까지 외국인 투자자들에게 가능한 최선의 우호적 조건을 제공하여 서로 더 높은 GDP 성장률을 기록하려는 지방정부들 사이의 경쟁적 압력으로 인해 중국은 해외 자본들에게 더 매력적인 투자처가 되었다.

경제 분권화의 결과로 중앙정부의 권위는 약화되었다. 지방정부들이 자본 축적의 주요 행위자 혹은 직접 관리자가 된 반면, 중앙정부는 간접적인 행위자가 되어 이자율, 환율 등 거시경제적 조정을 담당하거나 지방정부들의 발전 추구 대상이 아닌 특정 지역이나 부문에 우대 정책을 실시하기도 했다. 직접적인 경제 관리에서 지방정부에 비해 중앙정부의 권력이 약화되었기 때문에 일부 분석가들은 중국의 정치경제체제를 "분절화된 권위주의"의 특징을 지니고 있다고 봤다.(Lieberthal 1992)[4]

1990년대에 중앙정부는 행정 규제, 금융 조절, 물자 관리 등의 영역에서 중앙의 권력을 되찾으려고 시도했다. 1994년의 재정 개혁은 중앙이 지방정부에 비해 더 많은 세수 비중을 확보하는 것이었다. 그러나 재중앙집중화는 기껏해야 절반만 이뤄졌다. 개혁을 통해 향진 정부에서 성급 정부로는 관료주의적 힘이 다시 집중되었지만, 성급 단위에서 베이징의 중앙으로는 권력의 재집중이 이뤄지지 못했기 때문이다. 정부의 전체 세수에서 중앙정부에 더 많이 양보한 것에 대한 대가로 성급 정부들은 경제 성장과 세입 증가에서 더 많은 자율성을 보장받았다. 결국 중앙으로 힘을 집중시키려는 개혁은 모순적이게도 중앙정부보다 성급 정부의 권력을 더 강화시켰으며, "전도된 연방주의" 현상을 초래했다.(Mertha 2005) 중앙에 비해 성급 정부가 지속적으로 권력이 강화되는 이 추세는 되돌리기가 쉽지 않았다. 이 과정이 바로 시장 개혁 그 자체에 내장된 것이기 때문이었다.

국유기업과 농촌 공동체가 무상 의료, 무상 교육, 종신 고용 등을 제공하던 사회 보장에 기초한 마오쩌둥 시기의 옛 사회 계약은 시장 이행의 과정에서 산산이 부서졌다. 1980년대 후반까지는 농촌에서는 새로운 시장 기회가 생겨나고 도시에서는 결핍의 경제에서 소비의 경제로 전환되면서 소득이 상승해 이 사회 계약의 해소에 보상이 이뤄질 수 있었다. 1980년대 중반까지 개혁의 첫 단계에서는 대부분의 사회 계층이 혜택을 봤기에 "모두가 승자"라고 할 수 있었다.(Wang S. 2000:

---

4   중앙정부의 능력 쇠퇴와 관련한 논의로는 Wang and Hu 1994, 1999: 169-98; and Breslin 1996 참조. 중국 경제의 지구화 과정에서 처음에는 중앙정부가 시작했으나 이후 지속적으로 중앙의 통제를 넘어 지방의 이익에 따라 이 과정이 진전되고 형성되고 있다는 흥미로운 논의로는 Zweig 2002 참조.

하지만 1980년대 중반 이후 도시의 개혁이 가속화되자 개혁의 사회동학도 급격히 변화하기 시작했다. 도시 개혁의 초점은 국유기업들을 자율적인 이윤 창출 단위로 바꾸는 것이었으며, 이는 정부가 국유기업들에 보조금을 보장하고 손실을 흡수하던 '연성예산 제약'을 엄격하게 하는 조치로 시작되었다. 또한 개혁은 주요 상품들의 고정 가격, 중앙 계획 가격을 유동적인 시장 가격으로 대체하려 했다. 이윤을 만들어내야 한다는 새로운 압력 속에서 많은 국유기업은 노동자들을 위한 복지 정책을 없애고 종신 고용을 단기 계약 노동으로 대체하기 시작했다. 공업 부문 노동자들의 소득 하락과 고용 안정의 약화와 더불어 가격 개혁으로 말미암아 걷잡을 수 없는 인플레이션이 발생했고 부정부패가 만연하게 되었다. 공급 부족 상태에 있는 휘발유, 시멘트, 철강 등을 비롯한 주요 상품에서 고정된 계획 가격과 유동적인 시장 가격을 동시에 허용한 '쌍궤제雙軌制'(이중 가격 시스템)로 촉발된 가격 개혁으로 인해 정부 관료들은 정부의 유통 체계를 통해 낮은 가격에 이 상품들을 구입하여 비축해놓고는 새로 생겨난 자유시장에 치솟는 시장 가격으로 되팔았다. 이러한 지대 추구 행위를 통해 많은 간부와 그 친족들, 후견인들은 거대한 사적인 부를 축적할 수 있었고, 이들은 수년 만에 중국에서 일세대 '간부-자본계급' 혹은 '관료 자본가'가 되었다.(Sun 2002; Wen 2004: 37; So 2005) 인플레이션, 부정부패, 계급 양극화는 1988년의 위기 상황을 낳았고, 1989년의 대규모 소요로 가는 길을 닦았다.(Hartford 1990; Saich 1990; Baum 1991; Selden 1993: 206-30; Naughton 1995: 268-70; Zhao 2001: 39-52; Wang H. 2003: 46-77)

1989년 민주 운동 기간, 학생들과 자유주의 지식인들은 경제적 혼돈과 부정부패가 과감한 경제 개혁과 소심한 정치 개혁 사이의 불일치에서 비롯된 것이라 판단했다. 그들은 정치 자유화가 개혁으로 생겨난 부정부패와 권력 남용을 바로잡을 수 있을 것이라 믿었다. 그에 반해 다른 운동 참여자들의 요구는 정치적이라기보다는 사회적인 것이었다. 그들은 관료들의 이익 추구 행위 중단과 개혁 중인 국유기업에서 노동자들의 권리 보호를 요구했다. 시위 학생들이 서구의 언어와 (톈안먼 광장의 마오쩌둥 초상화 앞에 세워진 민주의 여신상 같은) 자유민주주의의 상징들을 도입하여 사회주의 체제의 완전한 종말을 요구한다고 표현한 반면에, 아이러니하게도 다수의 시위 참여 노동자는 사회주의 체제의 해체에 대한 반대를 표출하기 위해 마오쩌둥의 초상화를 손에 들었다.(Unger 1991; Calhoun 1994: 237-60; Wang H. 2003: 57-58)

시위 참여자들의 분열과는 반대로 당-국가의 단합은 가속화되었다. 시장 개혁을 혐오하여 한쪽으로 밀려났던 중국 공산당의 보수파들이 가격 개혁의 혼란 속에서 자신들의 영향력을 회복했다. 그들은 일당 통치를 유지하기 위해 중앙 계획 가격 시스템을 지켜내려 했고, 1989년 소요에 대한 가차 없는 진압을 요구했다. 덩샤오핑을 포함한 자유시장 옹호자들과 이제 막 생겨난 간부-자본 계급은 보수파들의 경제적 주장에 동의하지 못함에도 불구하고 자신들의 특권에 대한 시위 참여자들의 공격에 위협을 느껴 보수파들을 지지했다. 당-국가의 여러 파벌이 소요를 진압하는 데에는 일치단결했지만, 이후 보수파들이 복귀하면서 시장 개혁은 지체되었다. 그러나 자유시장 옹호자들은 그 권위가 약화되었음에도 누구도 도전할 수 없었던 덩샤오핑의 후원하에 곧바로 보수파들을 다시 몰아냈다. 덩샤오핑은 1992년 남순南巡을 통해 경제 자유화를 심화시키려는 지방 간부들의 노력에 힘을 불어 넣었다. 단호한 권위주의적 통치와 타협 없는 시장화의 결합에 기초한 새로운 정치적 합의가 1990년대와 그 이후 중국의 발전 경로를 규정하게 되었다.(Naughton 1995: 271-308; Wang H. 2003: 62-72)

결국, 1989년의 강력한 탄압은 정치 자유화의 길을 가로막았을 뿐만 아니라 도시 노동자들의 권리에 대한 신자유주의적 공격을 가속화시켰다. 상하이에서 기반을 닦고 덩샤오핑이 선발한 장쩌민과 주룽지 등 1989년 이후 중국 공산당 지도부는 톈안먼 학살로 비롯된 중국의 국제적 고립을 타개하기 위해 1990년대 내내 신자유주의적인 경제 정책을 공격적으로 추구했으며, 워싱턴 컨센서스와 미국 금융자본의 조언을 성실히 따랐다. 이러한 조치들로 인해 미국의 클린턴 정부는 톈안먼 이후의 중국 공산당 체제에 대한 모든 의심을 거둬들이고 미국과 중국의 경제 교류를 통해 인권을 증진시키겠다는 명목하에 중국에 대한 포용정책을 채택하게 되었다.

1990년대 들어서 경제 자유화와 또 그에 따른 사회 양극화는 1980년대보다 훨씬 더 강력하게 진행되었다. 이윤 추구 기업으로 전환되거나 노골적인 사유화가 진행된 국유기업에서 노동자들에 대한 대량 정리해고가 발생했고, 공공 기업에 남아 있던 복지체제의 완전한 해체 조치가 모든 대도시 지역을 휩쓸었다. 그 결과 도시에서 고통받는 하층계급이 생겨났다. 1990년대 국유기업의 사유화는 원로 간부들과 그 조력자들에게 "내부 거래를 통한 사유화"를 통해 그들의 부를 눈덩이처럼 불릴 수 있는 기회를 만들어줬으며, 새로운 특권 계급의 시대가 열리게 되었다.(Li and Rozelle 2000, 2003; Walder 2002b, 2003; Wang H. 2006) 톈안먼 이후 권위주의적 국가의 강력한 사회 통제 없이는 이렇게 양극화되어 있음에도 불구하고 격변이 없는 경제 자유화는 불가능했을 것이다.

이렇게 1990년대에 중국에서 자본주의는 확고히 자리잡았다. 간부-자본계급, 자수성가한 사업가, 중산층 전문직 등 신흥 부유층들은 1990년대 당의 새로운 정치적 합의의 주요 수혜자였고 당의 새로운 사회적 기반이 되었다. 마오 시기 고등교육을 받은 전문가들을 차별하던 정책에서 벗어나 1990년대에 중국 공산당은 현재 중국의 새로운 중산층의 골간을 이루는 젊은 대학 졸업자들의 입당을 강화하기 시작했다.(Walder 2004) 2001년에 공산당은 사영기업가들이 정식 당원이 될 수 있도록 당의 문호를 개방했다. 이 시장 개혁의 수혜자들은 정치 개혁에 앞서기보다는 다소 이율배반적인 태도를 보이고 있다. 최근의 대규모 조사에 따르면, 중국의 중산층 전문가 및 기업가들은 대부분 정치 자유화에 단호히 반대하는 것으로 그 결과가 일관되게 나오고 있다. 이들은 정치 자유화가 밑으로부터의 사회적 요구를 분출시켜 자신들의 사적 이익을 위협할 수 있다는 것을 두려워한다.(A. Chen 2002; Li et al. 2005; Tsai 2007) 이와 같이 중국의 당-국가는 계획경제 체제를 유지하고 국가 자본의 축적을 촉진하던 권위주의적 사회주의 국가에서 특권계층의 시장 체제에서 자본의 사적 축적을 보호하고 이 축적 과정에 대항하는 풀뿌리 저항을 저지하는 권위주의적 자본주의 국가로 변신했다.

외국인 투자를 유치하려는 지방정부 간의 치열한 경쟁과 노동 계급의 요구를 저지하려는 자본 지향의 권위주의적 국가의 노력으로 인해 초국적 자본, 특히 동아시아의 전후 도약 시기에 일본과 아시아 호랑이들을 발전시켰던 제조업 자본에게 중국은 매력적인 대상이 되었다. 1990년에서 2004년 사이에 중국에 흘러들어온 FDI 총량의 71퍼센트가 홍콩, 타이완, 한국, 일본, 싱가포르에서 투자한 것이었다.(China Profile 2011; Chinese Ministry of Commerce 2011; Chinese National Bureau of Statistics n.d.) 이 투자의 상당수는 수출 지향의 제조업이었기에 중국을 '세계의 공장'으로 만들었다. 이는 중국의 경제 기적과 기존 동아시아 국가들의 기적이 연속선상에 있으며, 중국이 동아시아의 생산 네트워크에 결속되었다는 것을 분명히 보여준다. 한편 이 제조업 자본은 중국 경제의 역동성과 이윤의 주요 원천이기도 하다. 해외 자본이 주도하는 수출 지향적인 중국 경제의 엔진을 살펴보기 전에 우선 여전히 중국 경제의 관제 고지Commanding Heights(국가경제의 주도권)를 차지하고 있는 마오 시기에 생겨난 국유기업들이 어떻게 이윤 지향적인 기업들로 전환되었는지 살펴보도록 하자.

자본주의적 국유기업과 신봉건주의

1990년대 중국의 경제 개혁이 1980년대와 확연히 다른 한 가지 측면은 바로 무수히 많은 국유기업이 이윤 지향의 기업으로 전환되었다는 것이다. 예를 들어 황야성은 많은 찬사를 받은 그의 저서 『중국 특색의 자본주의』에서 중국의 자본주의적 발전을 두 단계로 구분했다.(Huang Yasheng 2008) 첫 번째 단계는 1980년대의 기업가주의적 자본주의로, 성장의 추진 동력이 농촌의 사영기업과 실제로는 대부분 사영기업이나 다름없는 농촌의 집체기업이었다. 1980년대의 기업가주의적 자본주의에 이어서 1990년대 이후로는 국가 주도의 자본주의가 등장했는데, 대규모 도시 중심의 국유기업들이 사적 부문을 대체하고 통제하게 되었다. 국유기업들은 사영기업 못지않게 이윤 동기로 움직였으며, 당-국가가 제공하는 재정, 금융, 정책 특혜 속에서 그 규모를 키워나갔다. 표 3.1에서 볼 수 있듯이 국유기업은 중국 경제의 주요 부문을 지배하고 있다.

1980년대의 국유기업 개혁은 예산 제약의 경성화나 노동자들에게 인센티브 부여를 통한 생산성 향상을 과도하게 진행하지는 않았으며, 국유기업이 노동자들에게 제공하던 직업 안정성이나 복지 혜택을 전적으로 폐지하지는 않았다. 1990년대 들어 정부는 국유기업을 중앙과 지방정부의 재정적 부담으로 간주하여 공격적인 개혁을 시행했는데, 이는 이 기업들을 국가 소유 여부와 상관없이 수익성이 있는 자본주의적 기업으로 전환시키는 것이었다. 국유기업들을 미국 기업 모델을 따라 국제적으로 경쟁력 있는 기업으로 전환시키기 위해 중국 공산당은

표 3.1 2012년 중국의 주요 부문에서의 국유기업/사영기업의 총자산

부문	국유기업 (1000억 위안)	사영기업 (1000억 위안)
국가 총계	312.1	152.5
석탄 광업	31.4	4.7
원유 및 천연가스 채굴업	16.6	0.03
철 광업	3.9	2.6
농산품가공업	2.0	8.5
담배제조업	7.0	0.02
섬유제조업	1.0	9.0
석유 가공, 코킹 및 핵연료 가공업	11.9	4.1
화학 물질 및 화학제품 제조업	15.9	11.4
비금속 광물제품 제조업	7.0	12.5
철강 제조업	29.8	11.0
비철금속 제조업	12.1	5.4
자동차 제조업	19.3	5.3
철도장비, 선박, 항공기 및 기타 운송장비 제조업	10.6	2.8
전자 기기 및 장비 제조업	6.2	11.3
컴퓨터 및 통신, 기타 전자부품 제조업	8.4	4.3
전기 및 열 생산 공급업	83.1	1.3

(출처: 중국 국가통계국)

미국의 투자은행들에게 일부 대형 국유기업들의 구조조정을 맡겼으며, 이 기업들을 새로 만들어진 중국의 주식 시장이나 홍콩과 뉴욕의 주식 시장에 상장시켰다. 중국 국유기업의 전환 과정에 폭넓게 참여했던 베테랑 투자자들인 칼 월터와 프레이저 하위의 말을 빌리자면, "골드만삭스와 모건스탠리가 중국의 국유기업을 지금의 모습으로 만들

었다."(Walter and Howie 2011: 10) 1993년에 당시 부총리였던 주룽지는 중앙정부 연설에서 모건스탠리가 중국에 대규모 투자를 쏟아부을 계획이라고 자랑했으며, 이 소식을 당시 곤경에 빠져 있던 경제 상황에 대한 호재로 전했다.(Zhu R. 2011: 384)

중국의 몇 안 되는 "국가 챔피언" 기업으로 2014년 『포춘』지의 글로벌 500대 기업 명단에 들어간 차이나 모바일中國移動이 만들어지는 과정은 1990년대 국유기업 개혁이 어떻게 이뤄졌는지를 잘 보여준다. 1990년대 이전에 중국의 통신 서비스는 성급 정부들에 의해 운영되는 국유 시설들이 얼기설기 엮여 있는 것에 불과했다. 1990년대 초반, 골드만삭스는 국가 통신회사를 만들어야 한다고 "베이징 당국에 강하게 로비했으며" 이를 성공시켰다.(Walter and Howie 2011: 159) 국제 은행가, 회계사, 기업 변호사 등의 주도하에 차이나 모바일은 기존의 성급 정부가 소유하던 산업 자산들을 합병하여 새로운 회사로 탄생했다. 차이나 모바일은 국제적 이미지를 높이려는 미국 은행가들의 수년간의 노력 이후 1997년 아시아 금융 위기에도 불구하고 1997년 홍콩과 뉴욕 증시에 상장되었으며 그 가치가 45억 달러까지 올랐다. 월터와 하위가 지적했듯이, 차이나 모바일의 가치 평가는 "영업 확대 전략 계획과 검증된 경영진을 갖춘 기존 기업"에 근거하여 이뤄진 것이 아니라 다른 나라의 기존 국영 통신회사들의 실적과 비교하여 지방 자산들을 통합해 실현될 수 있는 미래 수익성 추정치에 근거한 것이었다.(Walter and Howie 2011: 161) 이 회사의 소규모 주주로서 국제 은행가들과 대주주로서 중국의 중앙정부는 이렇게 '페이퍼 컴퍼니'를 만들어내서 막대한 부를 쌓았다. 차이나 모바일의 사례는 정부의 자산을 이윤 지향적인 국유기업으로 전환시킨 수많은 사례 중 하나일 뿐이다. 확실히 이 페이퍼 컴퍼니들은 주식 시장에 상장되자마자 실재하는 기업이 되었으며, 곧바로 수익을 낼 것으로 전망되었다.

2014년에 차이나 모바일은 7억 7600만 가입자를 보유하고 있으며, 중국 무선 통신 시장의 60퍼센트 이상을 점유하고 있는 세계에서 가장 큰 이동통신회사가 되었다.(*Forbes* 2014) 차이나 모바일은 뉴욕증권거래소에 자본화되어 있는 기업이지만 통신 사업 부문의 독점적 지위는 정부 정책과 그 설립 과정의 결과라고 할 수 있다. 중앙정부가 각급 지방정부가 소유한 통신 자산들을 모두 합병하여 차이나 모바일을 설립하자 심각한 경쟁으로부터 보호받는 독점 기업이 만들어진 것이다. 확실히 모든 국유기업이 차이나 모바일처럼 각자의 분야에서 독점적인 지위를 누리는 자본주의적 기업으로 전환된 것은 아니다. 지방정부들이 소유하거나 운영하는 다수의 국유기업들은 같은 부문에서 다른 지방정부나 중앙정부가 소유하고 있는 국유기업들과 극심하게 경쟁해야 했다. 실례로 자동차 산업에서 상하이 자동차는 원래 상하이 시 정부가 소유하고 있던 기업이 확대된 것으로 여전히 상하이시가 75퍼센트의 지분을 소유하고 있다.(Thun 2006: 103) 상하이 자동차는 중국에서 가장 큰 세 자동차 제조사 중 하나지만, 중국 자동차 시장에서의 점유율은 2013년 기준 23퍼센트에 불과하다.(*Wall Street Journal* 2013b) 상하이 자동차는 쓰촨성 충칭의 창안 자동차, 지린성 창춘의 이치 자동차와 같은 국유기업들과 경쟁하고 있다. 상하이 자동차는 경쟁력을 갖춘 차량 생산에서는 다른 국유 자동차 제조사들과 마찬가지로 (1984년부터) 폭스바겐, (1997년부터) GM과 같은 글로벌 선도 자동차 기업들과의 합작에 과도하게 의존하고 있다.(Thun 2006; Ahrens 2013)

전체적인 수준에서 독점적인 지위 여부를 떠나 국유기업은 수익성 면에서 사영 부문에 미치지 못하며, 이는 정부의 통계에서도 일관되게 입증된다.(표 3.2 참조) 정부로부터 받는 정책적 지원뿐만 아니라 규모와 재무 상황도 고려한다면 국유기업 부문의 저조한 성과는 더욱 주목할 필요가 있다. 1990년대 이래로 대형 국유기업들은 국유 은행으로부터 사실상 무제한의 금융 지원으로 확장해왔다. 다른 국유기업 개혁과 마찬가지로 주요 국유은행들도 미국 기업의 모델을 따라서 똑같은 국제화와 재조직화 과정을 거쳤으며, 중국 공산당의 엄격한 통제는 지속되었다. 이 금융 구조의 아킬레스건은 "당이 은행에 국유기업에게 대출하라고 얘기는 하지만, 국유기업에 대출을 상환하라고 얘기할 수는 없

표 3.2 2007년과 2012년 유형에 따른 공업 기업의 수익률 비교

기업 유형	총자산 (10억 위안)		수익 (10억 위안)		수익률 (%)*	
	2007년	2012년	2007년	2012년	2007년	2012년
국가 총계	35,304	76,842	2,716	6,191	7.69	8.06
국유기업	15,819	31,209	1,080	1,518	6.83	4.86
사영기업	5,330	15,255	505	2,019	9.5	13.2
홍콩, 마카오, 타이완 등 기타 외자기업	9,637	17,232	753	1,397	7.8	8.1

* 수익률 = 연간 총수익/총자산   (출처: 중국 국가통계국)

어 보인다는 점이다."(Walter and Howie 2011: 43)

국유은행이 수익성 없는 국유기업에게 방만한 대출을 해주고 국유기업은 대출을 상환하는 데 어려움을 겪자 부실채권이 무더기로 쌓이게 되었다. 1990년대 후반 이 부실채권의 첫 번째 파도가 덮쳐왔다. 1992년 덩샤오핑의 남순강화로 지방정부와 국유기업들의 부채 기반 투지 열기에 불이 붙은 몇 년 뒤, 경제는 차갑게 식었는데, 이는 부분적으로는 중앙정부의 인플레이션을 잡으려는 노력 때문이었고, 또 한편으론 중국의 수출 부문에 심각하게 타격을 입혔던 1997~1998년 아시아 금융 위기의 결과 때문이기도 했다. 이 과열과 냉각의 사이클은 주요 국유은행의 장부에 부실채권이 폭발적으로 증가하는 결과로 이어졌다. 이 부실채권의 급증은 결국 정부의 구제금융에 의해 해결되었다. 1999년에 네 개의 국유자산관리공사가 설립되어 곤란에 빠진 은행들로부터 대부분의 악성 채권을 흡수하는 '배드 뱅크(부실채권 전담 은행)'의 역할을 했으며, 이 채권 처리 과정 이후 시중 은행들의 상황이 양호해질 수 있었다. 이 구제금융으로 인해 4대 국유은행은 살아남았으며, 결국 좋은 가격에 국제 금융 시장에 상장되었다. 그러나 국유자산관리공사들은 많은 사람이 생각했듯이 정부로부터(즉 납세자의 세금으로) 충분한 자본을 공급받지 못했다. 4대 국유자산관리공사에 대한 중국 재정부의 자본 공급이 인민폐로 400억 위안에 달했지만, 나머지 8580억 위안의 자본은 4대 국유은행을 살리기 위해 자산관리공사들이 발행한 10년 만기 채권으로 채워졌다.(Walter and Howie 2011: 54-55) 은행들이 자산관리공사 채권을 보유하고 있었기 때문에 대형 은행들이 부실채권에 지속적으로 시달렸다는 것은 이 구제금융이 부실채권으로 발생할 금융 위기를 10년간 유예시킨 장부 조작에 다름없다는 것을 의미했다.

이 구제금융의 목적은 국유기업과 국유은행이 개혁을 계속해나갈 수 있도록 시간을 버는 것이었다. 당시 계획은 부실채권들을 자산관리공사로 이전시키고 주요 국유은행들을 해외 금융시장에 상장시킨 이후, 투명성과 지배 구조를 개선시켜나가는 것이었다. 그렇게 하고 나면 이 은행들은 시장에 좀 더 책임을 지게 될 것이고 연줄 있는 국유기업들에 방만한 대출을 하던 실수를 반복하지 않게 될 것이었다. 한편, 국유기업 개혁의 목표는 개혁을 심화하여 수익성을 회복하고 자산관리공사로 이전된 채권의 대부분을 상환할 수 있게 하는 것이었다.

그러나 이 계획과는 반대로 2003년에 장쩌민-주룽지 정부에서 후진타오-원자바오의 새로운 지도부로 교체가 이뤄지면서 국유기업과 국유은행 개혁은 모멘텀을 잃어버리기 시작했다. 개혁의 추진력은 후-원 체제가 권력 장악을 완료한 2005년에 완전히 사라졌다. 불평등 완화에 대한 명시적인 강조에서 표현되듯이 후진타오와 원자바오의 좌파 지향적인 이데올로기에도 불구하고 국유기업 개혁의 중단은 완전 고용과 노동자의 복지를 보장하던 사회주의적 기업 체계를 되살리지는 못했다. 대신에 국유 부문은 "아마도 소비에트적 과거와 자본주의적 미래 사이 어딘가에 끼어 있는 듯했다." 국유기업들은 "항상 정부의 말을 잘 듣는 금융 시스템의 묻지마 지원에 더해 중국의 내수 시장을 발전시킴에 따라 더 규모가 커지고, 부유해지고 건드릴 수 없게 되었다."(Walter and Howie 2011: 21, 213) 중국의 국유기업들은 중화인민공화국을 건국했던 지도자들의 자식 혹은 손자들로 '태자당'으로 알려진 당–국가를 좌지우지하는 신봉건 엘리트들의 '현금인출기'가 되었다. 위키리크스에 따르면, 주중 미국 대사관에서 작성한 것으로 알려진 외교전문에 중국 공산당 중앙정치국 상무위원 가족들이 국유기업 통제를 통해 중국의 주요 경제 부문을 어떻게 나눠 가져 경제의 봉건화가 이뤄지고 있는지 상세하게 적혀 있었다.(*Telegraph* 2010)

2010년 말에 이 국유기업들은 중국에서 지배적인 기업이 되었고 사영기업들을 무색케 했다. 비록 총 산업 생산량에서 국유기업이 차지하는 비중은 1980년의 83.1퍼센트에서 2011년의 7.9퍼센트로 떨어졌고, 2011년 국유기업의 총 수는 전체 사영 공업기업 수의 10분의 1에도 못 미치지만, 국유기업의 총자산은 모든 사영기업의 총자산보다 2.2배 많다. 평균적으로 개별 사영 공업기업들이 인민폐 7100만 위안에 해당하는 자산 가치를 보유하고 있는 것에 반해 국유 공업기업들은 인민폐 16억 5200만 위안에 해당하는 평균 자산 가치를 보유하고 있다.(China Data Online n.d.; Chinese National Bureau of Statistics n.d.) 국유기업과 사영기업 간에는 규모 면에서 평균 20배 이상의 차이가 있다. 중국에서 국유기업들은 대부분 거대 공룡이라고 할 수 있다. 실제로 매년 매출액 기준으로 세계 각지의 기업들의 순위를 매기는 2013년 포춘 글로벌 500대 기업 리스트에 중국 기업은 85개가 포함되었는데, 그중 90퍼센트가 국유기업이다.(*Caixin* 2013) 2014년 리스트에 오른 중국 기업 중 상위 10위에서는 하나만 빼고 전부 국유기업이었

다.(표 3.3 참조)

개혁은 중단되었으며, 국유기업들은 계속해서 수익을 내기 힘들었고 자산관리공사에 오래 묶여 있는 채권들을 상환할 수 없었다. 2006년에 자산관리공사는 악성 채권 중 겨우 20퍼센트만 회수했으며, 따라서 회수한 현금은 주요 국유은행들이 보유하고 있는 자산관리공사 채권의 이자만 겨우 갚을 수 있었다. 2009년에 국유자산관리공사들이 대형 은행들에 만기 채권을 상환할 수 없다는 것이 분명해졌다.(이 채권은 4대 국유은행의 은행 자본 50퍼센트 이상을 차지했다.) (Walter and Howie 2011: 51) 이 문제를 처리하기 위해 정부는 자산관리공사의 채권

표 3.3   2014년 포춘 글로벌 500대 기업 리스트 중 상위 10순위 중국 기업

기업명	소유형태	글로벌 순위
중국석유화공 그룹中國石油化工集團	국유	3
중국석유천연가스공사中國石油天然氣集團公司	국유	4
중국국가전망공사中國國家電網公司	국유	7
중국공상은행中國工商銀行	국유	25
중국건설은행中國建設銀行	국유	38
중국농업은행中國農業銀行	국유	47
중국건축공정총공사中國建築工程總公司	국유	52
중국이동통신中國移動通信	국유	55
중국은행中國銀行	국유	59
노블 그룹Noble Group, 來寶集團	버뮤다 군도에 등록, 본부는 홍콩	76

(출처: 『포춘』 2014)

만기를 10년 더 연장했다. 그러나 이 연장은 금융 위기의 또 다른 유예에 불과했다. 향후 10년 동안 중국의 금융 시스템은 2009년에서 2010년 사이에 글로벌 금융 위기에 대응하여 이뤄진 긴급 "대약진 대출"(Walter and Howie 2011: 69)로 창출된 대규모 채권의 상당 부분이 미래의 부실채권의 쓰나미로 폭발할 수 있기에 더 취약해질 것으로 보인다.(이 임박한 위기에 대한 상세한 내용은 이 책의 6장을 참조)

정부 시설과 사회주의적 기업들이 이윤 지향적인 국가 기업들로 전환되면서 많은 수의 국유기업 노동자들이 정리해고되었다. 새롭게 변모한 기업들은 국내외 주주들에게 책임을 진다는 것을 중시했고 더 이상 완전 고용의 유지와 노동자들의 생활수준을 자신들의 임무 중 하나로 보지 않았던 것이다. 그 결과 국유기업들은 주택과 의료 서비스 제공 등 노동자들에게 사회복지를 제공하는 자신의 기능을 폐기했다. 비록 1990년대부터 호황을 누리기 시작한 수출 부문이 제조업 고용을 많이 늘리긴 했지만, 이렇게 늘어난 일자리가 국유기업 개혁으로 없어진 일자리 수에는 미치지 못했다. 그 결과로 중국은 '세계의 공장'이 되었던 1990년대에 도리어 제조업 일자리는 순손실을 겪는 모순적인 상황에 처하게 되었다.(Evans and Staveteig 2008) 국유기업 노동자들의 기존 권리와 사회보장에 대한 공격은 1990년대 노동자들의 저항의 물결로 이어졌다.(Pun 2005; C. Lee 2007; Hurst 2009) 이 저항의 흐름은 2002년 중국 동북 지방의 옛 산업기지 국유기업들의 은퇴 및 해고 노동자들이 일으킨 대규모 시위로 확대되고 절정에 이르렀다. 비록 이 저항이 국유기업들의 사실상 사유화 과정을 저지하지는 못했지만 정부로

하여금 국유기업 개혁으로 사라진 일자리에 대한 보상과 더불어 이 산업 지역에 대한 지출을 늘려 지역 경제 성장을 부양하게 만들었다. 또한 이 저항으로 인해 정부는 파괴된 국유기업 기반 복지체제를 만회하기 위해 비록 그 혜택이 불균등할지라도 사회보장과 의료보험제도를 도입하는 노력을 배가해야 했다.

주로 국가의 보조금, 금융 특혜와 보호로 번창해온 비효율적인 국유기업들은 중국 경제와 정부 금융을 지배하고 짐이 되어왔다. 하지만 이 국유 부문에 대한 투자 잔치를 벌이는 원인인 금융 시스템의 치솟는 유동성은 수출 부문에서 벌어들이는 외환 보유고에 의존하고 있다. 중국의 자본주의적 호황의 토대를 이루는 수출 부문은 사영기업이나 외자기업이 좌우하고 있는데, 전반적으로 경제의 팽창과 국제 경쟁력 제고를 견인하고 있다.

수출 기계의 부상

1990년대에 국유기업 개혁이 본격적으로 진행되고 있을 때, 수출 지향적 제조업도 도약하기 시작했다. 1980년대에 홍콩의 제조업 자본이 유입되면서 중국에 수출 부문이 형성되기 시작했지만, 농촌의 잉여 노동력 대부분이 향진기업과 농업 부문의 호황으로 인해 농촌에 머무르게 되면서 크게 발전하지는 못했다. 1994년 1월에 위안화 가치를 달러에 고정한 달러 페그제를 실시한 직후 달러 대비 위안화의 33퍼센트 평가절하 조치를 단행한 것은 1993년에서 1994년 사이 무역 적자로 인한 국제수지 위기에 대한 해결책으로, 중국의 수출 제조업을 부양시키려는 것이었다.(Wen 2013: 3장 및 4장) 클린턴 정부는 1994년에 중국에 대해 그동안 인권 문제를 고려해 매년 갱신해오던 무역 최혜국 대우MFN, Most Favored Nation의 연차 심사를 폐기하겠다고 결정했으며, 1999년에는 항구적으로 모든 중국 상품에 대한 무역 장벽을 낮추는 획기적인 무역 협정을 맺게 되었다. 게다가 (2001년에 실현되기는 하지만) 중국의 세계무역기구WTO 가입 승인 과정에서 미국과 유럽 시장을 중국 상품에 개방하는 대가로 중국 시장을 개방하게 되었는데, 이런 조치들로 인해 중국의 수출 엔진은 크게 성장하게 되었다. 하지만 중국의 수출 지향적 성공에서 빼놓을 수 없는 요소는 바로 1990년대 중반 이후 농촌에서 풀려난 장기간 저임금으로 노동해왔던 잉여 노동력이다.

많은 사람은 중국의 임금 경쟁력이 아주 예외적인 거대한 규모의 농촌 잉여 노동력을 갖게 한 인구 구조 때문이며, 이로 인해 다른 아시아 국가들보다 더 오랜 기간 저임금의 이점을 누리고 "무제한의 노동 공급"의 조건 속에서 발전해왔다고 주장한다.(그림 3.1 참조, Cai and Du 2009) 그러나 좀 더 면밀히 살펴보면, 이 조건은 단순히 중국의 인구 구조로부터 추동되는 자연적인 현상이 아니다. 이는 오히려 의도적이건 의도적이지 않건 간에 농촌을 파산시키고 지속적으로 농민의 이농을 유도한 1990년대 중국 정부 정책의 결과였다.

이러한 중국의 농촌-농업 부문 정책과 낮은 임금 수준의 관계는 중국과 마찬가지로 경제 도약 초기에 많은 농촌 인구를 보유했으며 농업 부문의 비중이 컸던 일본, 한국, 타이완과 중국의 농촌 발전을 비교함

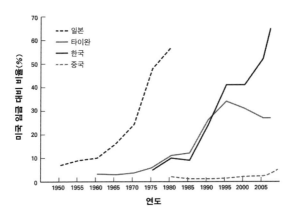

그림 3.1 1950~2009년 미국 제조업 시간당 임금 대비 동아시아
제조업 시간당 임금

(출처: 미국 노동부 해외 노동 통계 2013)

으로써 설명할 수 있다. 전후 일본에서는 집권 자민당이 농촌 기반 시설 투자, 농업 발전 자금, 농업 보조금, 외국 농산물에 대한 관세 부과를 통해 적극적으로 농촌에 자원을 유도했다.(Mulgan 2000) 한국에서는 1970년대 초반 박정희 정권이 새마을 운동에 착수해 상당한 재정 자원을 농촌 기반 시설 개선, 농업 기계화 투자, 농촌 교육기관과 협동조합 설립에 투입했다. 이 운동의 성공은 경이로운 것이었다. 이로 인해 농촌 가계 소득은 1970년에 도시 소득의 67퍼센트에서 1974년에는 95퍼센트로 증가했으며, 도시-농촌 간의 소득 격차는 사실상 사라졌다.(Lie 1991) 타이완에서는 1960년대와 1970년대에 국민당 정부가 농촌의 산업화를 진작하기 위해 의식적인 노력을 기울이며 이와 비슷한

정책을 실시했다. 그 결과 탈집중화된 타이완의 산업구조로 인해 농민들은 농업을 완전히 포기하거나 대도시로 이주하지 않고서도 농한기를 이용해 인근 공장에서 일할 수 있었다. 농촌과 농업 부문에서 생활 수준이 개선되자 수출 지향 부문의 제조업자들은 농촌에서 노동자를 구하기 위해 더 많은 임금을 지불해야 했다.(S. Ho 1979; Mellor 1995; Looney 2012) 이 나라들에서 이런 정책 아래 수출 지향 산업화의 초기 단계에서 제조업 임금이 급상승한 것은 이상할 게 없다. 이렇듯 동아시아 국가들이 농촌과 도시의 균형 잡힌 발전을 가능케 한 산업적 정책을 선택한 이유는 다양하다. 일본에서는 자민당이 선거에서 승리하기 위해서 농촌의 표가 중요했기 때문에 농촌 발전에 주의를 기울였다고 설명할 수 있다. 한국과 타이완의 우익 권위주의 정권에게는 농촌과 농업 발전을 장려하는 것이 일반적으로 산업화에 수반되는 사회적 혼란을 최소화하고 농촌 지역에서 좌파의 영향력이 커지는 것을 미연에 방지하는 길이었다. 냉전의 긴장이라는 상황 속에서 식량 안보를 확보하는 것도 중요한 사항이었다.

그에 반해서 1980년대 중반 이후 중국의 산업 발전은 일본, 한국, 타이완의 경제 도약 시기에 비해 훨씬 더 불균형적이고 도시에 편중돼 있었다. 1990년대 초반 이래로 중국 정부는 농촌과 농업 부문에 대한 관심은 뒤로 하고 주로 연해 지역 도시에 투자를 집중해서 FDI와 수출 부문을 키우려 했다. 국유은행도 도시-산업 부문의 발전에 자금 지원을 집중했고 농촌-농업 부문에 대한 자금 지원에는 소홀했다. 정부는 심지어 고의적으로 농촌의 산업 성장에 제동을 걸기도 했다. 1993년 중앙정부의 농업농촌공작회의 연설에서 당시 부총리였던 주룽지는 수출 부문의 확장을 위해 자원이 풀려나갈 수 있도록 향진기업의 성장을 제한해야 한다고 공개적으로 주장하기도 했다.(Zhu R. 2011: 392-93) 그는 또한 1993~1994년 곡물 시장 자유화에 뒤이어 곡물 가격 인상을 억제하는 정책을 밀어붙여서 농촌-농업 부문을 희생해 도시 지역의 물가 인상을 막고 생활수준을 지키려 했다.(Zhu R. 2011: 430, 432-45, 493-504)

중국의 농촌-농업 부문은 경시되었을 뿐만 아니라 도시-산업 성장을 뒷받침하기 위하여 착취당했다. 1978년에서 2000년 사이에 농업-농촌 부문과 도시-산업 부문 간의 금융 자원의 이전 방향과 규모를 측정한 한 연구 결과는 다음과 같다.(그림 3.2 참조, Huang, Rozelle, and Wang 2006; Huang P. 2000; Yu 2003; Wen 2005; Zhang 2005) (농촌 지역에서 정부 지출보다는 더 많은 세금을 거두는) 재정 정책과 (농촌 지역에서 대출보다는 더 많은 예금을 유치하는) 금융 시스템, (곡물 거래와 송금 등) 기타 수단을 통해 농촌-농업 부문에서 도시-산업 부문으로 금융 자원의 순이전이 지속해서 증가했다. 이러한 경향의 예외는 그림 3.2에서 나타나듯이 1997~1998년의 아시아 금융 위기 직후처럼 도시 경제가 일시적인 침체를 겪은 시기였다.(Knight, Li, and Song 2006; Lu and Zhao 2006; Xia Y. 2006; Huang and Peng 2007; Bezemer 2008)

이러한 중국의 발전에서 도시 편중은 적어도 부분적으로는 중국의 세계 경제와의 통합 과정에서 남부 연해 지역의 강력한 도시-산업 엘리트의 권력 장악으로 인해 발생했다. 이 엘리트들은 중국이 세

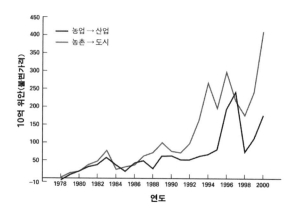

그림 3.2 1978~2001년 농촌-농업 부문에서 도시-산업 부문으로의 총 현금 이전

(출처: Hwang, Rozelle and Wang 2006)

계에 자신을 개방하기 시작하면서부터 생겨나서 수출 붐과 더불어 금융자산과 정치적 영향력을 확장했으며, 점차 중앙정부의 정책을 자신들에게 유리한 방향으로 만들어나가는 데 능숙해졌다.(Gallagher 2002; Zweig 2002; Kaplan 2006; Kennedy 2008; Shih 2008: 139–88) 이들이 중앙정부의 정책 결정 과정에 미치는 영향력이 확대되면서 중국이 농업 발전보다는 수출 경쟁력과 외국인 투자를 유치하기 위한 매력을 강화하는 데 전념할 것이 분명해졌다. 도시 지역에서 하이퍼인플레이션과 생활수준 악화 탓에 발생한 1989년의 항쟁들로 인해 결국 당-국가는 1990년대 이후에 농촌을 희생시켜 대도시 지역의 경제적 번영과 안정을 확보하기로 결정했다.(Yang and Cai 2003)

연해 지역 엘리트들의 국가 권력 장악은 1989년 이후 중국 공산당

차이나 붐

최고 지도부들의 배경으로 설명할 수 있다. 1980년대에 중국 공산당의 최고 정책 결정 기구인 중앙정치국 상무위원회에는 (전체 경력을 중앙정부에서 지낸 이들을 제외하면) 연해 지역 성보다는 내륙 지역 성에서 주요 사전 경력을 쌓은 구성원이 더 많았다. 하지만 1990년대 이후에는 2002년과 2007년의 예외를 제외하면 항상 연해 지역 경력자들이 농촌-내륙 지역 경력자들보다 그 수가 많았다.(표 3.4 참조) 특히 1989년 이후 세 명의 최고지도자에 속하는 장쩌민과 시진핑은 중요한 연해 수출 위주 지역인 상하이와 저장, 푸젠에서 오랜 기간 근무했다. 확실히 최고 엘리트들의 연해 도시 지역 배경이 이들의 연해 도시 지역 편향 성향을 보장하는 것은 아니다. 그러나 연해 도시 지역 배경을 가진 이들의 당-국가 권력 핵심으로의 진입은, 이 최고 지도자들의 이전 부하였거나 지인이었던 연해 지역 엘리트들이 자신의 지역에 우호적인 정책을 펴도록 로비하는 영향력을 절대적으로 증가시킨다.

이러한 중국의 자기강화적인 도시 편중은 결과적으로 농촌의 상대적 경제 침체와 이에 따른 지방정부와 내륙 성 정부들의 재정 압박으

표 3.4　중국 공산당 중앙정치국 상무위원회 구성원의 이전 경력에 따른 연해 지역/내륙 지역 출신 비율

연도	1982	1987	1992	1997	2002	2007	2012
내륙 지역	3	3	2	2	5	5	3
연해 지역	1	0	3	4	4	4	4

연해 지역 성과 내륙 지역 성 양쪽 모두 근무 경력이 있는 이는 더 오랜 기간 근무한 성에 따라 계산
(출처: 저자 직접 정리)

로 이어졌다. 1990년대 이후 농업 소득의 감소와 농촌 거버넌스의 쇠퇴, 1980년대 시장 개혁의 초기 단계에서 활발하게 고용을 창출했던 향진기업의 성장 둔화 등으로 농촌 지역의 젊은 노동자들은 고향을 떠나 멀리 떨어진 연해 지역 도시로 가서 수출 지향의 제조업 부문에서 보잘것없는 임금을 받으며 일해야 했다. 이는 농촌의 사회적 위기를 촉발하고 노동의 유출을 가속화하는 악순환을 야기했다.

농촌-농업 부문에서 연해 수출 부문으로 저임금 노동력의 대규모 이전을 촉발시킨 것 외에도 중국의 중앙정부와 지방정부들은 홍콩과 타이완의 완구, 의류, 전기 등 수출 지향 제조업체들이 생산라인을 중국으로 옮길 수 있도록 토지, 세금 등 기타 우대조치를 제공했다. 중국의 각급 정부는 이 기업들의 기술과 경영 노하우뿐만 아니라 해외 소비 시장과의 연결선도 이어지길 원했다. 수출 부문을 발전시키기 위한 이러한 방식으로 인해 사영기업들은 기타 부문들과 마찬가지로 독점적인 국유기업들의 지배에서 빠져나와 우위를 차지할 수 있었다.[5] 국유기업의 지배가 사라지자 국내 사영기업들이 성장할 수 있는 공간이 생겨났고 이 기업 중 다수는 하청 네트워크나 경쟁 관계를 통해 홍콩과 타이완의 수출기업들과 연결되어 있었다. 원저우의 자생적인 중소기업들이 바로 이 과정의 좋은 사례다.(Sonobe, Hu, and Otsuka 2004; Wei 2009) 표 3.2에서 볼 수 있듯이 사영기업과 홍콩, 타이완 등 기타 외자

---

5   실례로 표 3.1에서 나타나듯이 섬유 부문에서 국유기업 대비 사영기업 자산 비율은 1대 9로
     가장 높게 나타난다.

기업들은 국유기업에 비해 총자산은 작지만 수익률과 총수익 두 가지 측면에서 모두 앞선다. 이 사영기업들이 중국 경제에서 수행해온 중심적 역할은 수세기 동안 발전해온 화교 자본과 마찬가지로 동아시아 호랑이들과 중국의 자본주의적 호황 사이의 연결고리였음이 여실히 나타난다. 그리고 이는 국유기업의 지속적인 경제적 지배에도 불구하고 중국의 자본주의적 호황이 주로 자본과 무역의 자유롭고 초국가적인 흐름을 보장하는 신자유주의적 세계 질서와 가장 통합되어 있는 경제 부문에 의해 추동되어왔음을 보여준다.

일부 연구자들은 대부분 국유기업과 지방정부들의 투자로 이뤄진 고정자산 투자가 중국의 전체 GDP에서 차지하는 비중을 근거로(뒤의 그림 3.4 참조) 중국의 호황이 민간 수출 부분만큼이나 국유 부문에 의해 추동된 것이라고 주장한다. 그러나 중국 경제에서 대부분의 고정자산 투자는 국유은행의 대출을 통해 이뤄지며, 은행 시스템에서 유동성의 대부분은 '불태화不胎化' 과정에서 발생한다. 이 불태화는 사영 수출기업들이 외화 수입을 국유은행에 넘겨주고 그 대가로 중국의 중앙은행인 인민은행이 발행한 동등한 양의 인민폐를 넘겨받는 과정에서 이뤄진다. 이렇게 중국 은행 시스템에서 유동성 증가의 상당 부분은 인민폐-달러 페그제가 유지되고 중국의 자본 계정이 폐쇄되어 있는 한 수출 부문에서 발생하는 무역 흑자가 부풀어 오를 때 발생한다. 2007년 최고치였던 중국의 경상수지 흑자는 그해 중국 경제에서 M2로 측정한 통화 공급 증가분의 47퍼센트에 달했다. 마찬가지로 2000년대 내내 중국의 M2 대비 외환 보유고 비율은 국제 기준으로 높은 수준을 유지했으며, 2004년 이후 20퍼센트 아래로 떨어진 적이 없고 2007년 최고치인 29퍼센트에 도달했다.(표 3.5 참조)

무역 흑자와 외환 보유고 증가로 뒷받침되는 통화 팽창은 대부분 국유기업과 지방정부들의 고정자산 투자에 자금을 대는 은행 대출을 만들어내는 것으로 연결된다. 수출 부문의 호조로 인한 대규모 외환 보유고가 없었다면 중국의 이러한 유동성과 신용의 대량 팽창은 금융 위기를 촉발시켰을 것이다. M2 대비 외환 보유고의 비율이 작고 감소한다는 것은 1997~1998년 아시아 금융 위기의 전야에 나타난 다수의 아시아 국가의 사례와 마찬가지로 통화 가치 폭락과 자본 이탈의 전조 현상이었기 때문이다.(Sachs, Tornell, and Velasco 1996; Corsetti, Pesenti, and Roubini 1998: 36–39; IMF 2000: 14–15; Kim, Rajan, and Willett 2005) 더욱이 고정자산 투자의 확대는 항상 원자재와 기계류의 수입을 늘리기 때문에 수출 부문에서 이 수입 증가량과 속도를 따라잡지 못하면 1992~1993년과 마찬가지로 국제수지 불균형의 문제를 심화시킬 수 있다.(Wen 2013: 3~4장) 이런 측면에서 보면, 중국 수출 부문의 번영은

표 3.5 중국의 M2 대비 총 외환 보유고 비율

연도	2000	2001	2002	2003	2004	2005	2006
총 외환 보유고/ M2	10.5	11.6	13.9	16.3	21.3	24.1	24.9

	2007	2008	2009	2010	2011	2012
	29.2	28.7	27.5	27.2	24.7	22.0

(출처: 세계은행)

공격적인 투자 성장의 견고한 토대를 이루고 있으며, 사실상 중국 호황의 어머니라고 할 수 있다.

기러기 대열 모델에서 판다 중심의 원형 대형으로

초기 동아시아 호랑이들과 마찬가지로, 중국에게 있어서 미국은 처음부터 가장 중요한 단일 수출 시장이었고, 최근에서야 유럽연합 전체에 의해 추월되었다. 중국의 급격한 수출 산업 신장으로 인해 중국은 이미 다른 아시아 수출 국가들을 제치고 미국에 가장 많은 수출을 하는 국가가 되었으며, 이는 표 3.6에 잘 나타난다.

앞에서 언급했듯이 상대적으로 정체되어 있는 제조업 임금과 농촌 생활수준의 하락은 농촌 노동력의 수출 부문으로의 대규모 이동을 촉발시켰다. 수출 부문의 성장은 노동자와 농민 가구들의 소비를 억제하

표 3.6 중국과 기타 동아시아 국가들의 대미국 수출과 세계 수출(단위: 1조 달러)

연도	1985		1995		2005		2013	
	미국	세계	미국	세계	미국	세계	미국	세계
중국	2.3	27.3	24.7	149.0	163.3	762.3	369.0	2,210.6
일본	66.7	177.3	122.0	443.3	136.0	594.9	134.4	714.6
한국	10.8	30.3	24.3	131.3	41.5	284.3	62.3	559.6
타이완	14.8	30.7	26.4	112.6	29.1	198.4	32.6	305.4
홍콩	9.3	30.2	37.9	173.6	46.5	289.5	42.8	459.2
싱가포르	4.8	23.0	21.6	118.2	23.9	207.3	24.1	412.2

(출처: 1985년 IMF, 타이완 경제통계센터, 1995~2013년 타이완 경제부 산하 국제무역국)

고 부유한 국가의 소비자들에 대한 중국 제조업의 의존은 심화시켰다. 이 외부 수요에 과도하게 의존하는 성장 패턴은 확실히 위태로운 것이었으며, 이 부분에 대해서는 6장에서 더 자세히 설명할 것이다. 하지만 미국과 유럽의 소비 시장이 2000년대 내내 부채 기반의 과도한 소비주의 속에서 그랬듯이 지속적으로 확장되는 한 중국의 가공할만한 수출 엔진의 눈부신 성장은 보장된다.

이와 같은 수출 의존, 고정자산 투자 확대, 소비 억제형 저임금 노동 체제라는 중국의 자본주의적 호황의 핵심 특징들은 기존 동아시아 호랑이들의 경제 도약기에서도 마찬가지로 찾아볼 수 있다. 그러나 그림 3.3, 그림 3.4, 그림 3.5에서 볼 수 있듯이, GDP에서 총 수출 가치와 고정자본 형성이 차지하는 비중으로 계산해봤을 때 중국 경제의 수출 부문에 대한 의존과 고정자산 투자 비중은 계속 상승해서 다른 동아시아 국가들이 도달하지 못한 수준에까지 이르렀다.[6] 그러나 총 GDP 대비 가계소비 비율로 측정한 중국의 국가 경제에서 개인 소비가 차지하는 비중은 계속 감소해서 기타 아시아 수출 국가들의 경제 도약기 수준보다 한참 밑돌고 있다.

중국의 자본주의적 호황은 동아시아의 수출 지향 발전 모델을 지속시키는 것뿐만 아니라 이 지역에서 생산의 지형도를 재배치하고 있으며, 기존 동아시아 수출국들은 생산 네트워크의 지역화를 통해 중국의

6 　이 그림들에서 "기타 동아시아 국가"라고 표시한 부분은 일본, 타이완, 한국의 가중 평균치를 보여준다. 홍콩과 싱가포르는 경제에서 중계 무역이 차지하는 비중이 너무 높기에 제외했다.

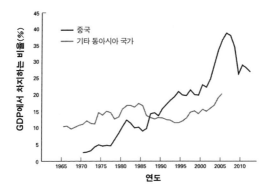

그림 3.3 1965~2012년 동아시아 국가들의 GDP에서 수출이 차지하는 비중

(출처: 세계은행, 타이완 경제통계센터)

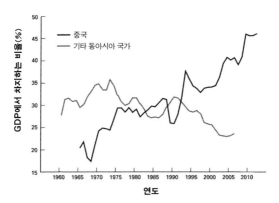

그림 3.4 1960~2012년 동아시아 국가들의 GDP에서 고정자본 형성이 차지하는 비중

(출처: 세계은행, 타이완 경제통계센터)

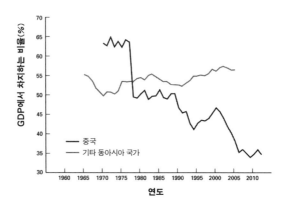

그림 3.5 1960~2012년 동아시아 국가들의 GDP에서 개인 소비
가 차지하는 비중

(출처: 세계은행, 타이완 경제통계센터)

수출 엔진에 점차 통합되고 있다. 중국은 1990년대에 점차 다양한 기
술 수준의 제품에서 아시아의 가장 경쟁력 있는 수출국으로 자리 잡았
다. 그 결과 일본, 동아시아 네 호랑이, 말레이시아와 태국 같은 동남아
시아 신흥국 그룹 등 다른 나라들은 강력한 구조조정 압력에 직면했
다. 중국의 경쟁력으로 인해 많은 수출 제조업체는 아시아의 다른 지
역에서 중국으로 이전하게 되었다. 2001년에 『이코노미스트』의 "판
다가 [기러기] 대형을 무너뜨리고 있다"는 기사는 중국이 인접국들에
게 야기한 문제를 잘 묘사하고 있다.

중국과 이웃한 국가들은 대부분 대륙의 산업 부상에 대하여 경고와 절망이
섞인 반응을 나타내고 있다. 일본, 한국, 타이완은 저비용의 중국으로 공장

이 이전하기 때문에 자국 산업의 '공동화'를 두려워하고 있다. 동남아 국가들은 무역과 투자 흐름에서의 '이탈'을 우려하고 있다. (…) 중국은 기러기가 아니다. 중국은 [기러기 대형 모델의] 전형과 일치하지 않는다. 왜냐하면 중국은 천기저귀처럼 단순한 상품을 만들어내는 동시에 소형 전자 칩과 같은 복잡한 상품도 만들어내기 때문이다. (…) 중국은 전 세계의 가격을 결정할 정도로 가치 사슬 전체에 걸쳐 상품을 생산한다. 이 때문에 동아시아의 우려가 발생한다. 만약 중국이 모든 면에서 더 효율적이 된다면 이웃 국가들에게는 할 일이 남겠는가?

(*Economist* 2001)

일부에서는 중국과의 경쟁에서 제조업 수익성이 침식된 것이 1997~1998년 아시아 금융 위기의 기저 원인이라고 주장한다.(Krause 1998) 지역 내 수출 지향의 기존 산업 질서에서 중국 제조업의 힘이 커지며 생겨난 혼란 속에서 중국의 인접국들은 중국과의 정면 경쟁을 최소화하고 중국의 부상으로부터 이익을 보기 위해서 구조조정에 애쓰고 있다. 동아시아의 기존 산업 질서의 기러기 대형 위계에 따라 각 경제체들은 서구 시장에 특정 부문의 최종 소비재를 수출해왔다. 즉, 일본은 가장 기술적으로 발달한 제품을, 한국과 타이완은 일본보다는 덜 복잡한 중간 수준의 제품을, 동남아시아는 가장 부가가치가 낮은 제품들을 수출해왔다. 중국의 부상은 새로운 중국 중심의 수출 지향 산업 질서를 형성하고 있다. 이 질서 속에서 대부분의 아시아 국가들은 대對중국 수출에서 고부가가치 부품(한국, 타이완)과 자본재(일본)의 비중을 늘리기 시작했으며, 이 자본재와 부품들은 중국에서 완제품으로 만들어져 부유한 국가들의 시장으로 수출되고 있다.(Ando 2006; Baldwin 2006; Haddad 2007)

표 3.7에 나와 있듯이 1990년대부터 2000년대에 이르면서 한국, 홍콩, 타이완, 싱가포르의 대중 수출은 대미 수출을 넘어섰으며, 일본의 대중 수출은 빠른 속도로 대미 수출을 따라잡았다. 2000년대에 일본을 중심으로 한 아시아 지역의 기러기 대형 모델은 중국 중심의 생산 네트워크로 대체되었다. 중국은 아시아의 인접국들을 대신하여 서구 시장에 최종 소비재를 수출했으며, 이 나라들은 중국에 조립에 필요한 부품과 기계를 공급했다.(그림 3.6 참조)

동아시아 수출 국가들의 지역 통합은 중국과 인접국의 수출 통계가 오르내리는 상관관계에 잘 나타나 있다. 예를 들어 아시아가 1997~1998년의 금융 위기에서 회복하고 일본이 2000년 이후 성장을

표 3.7 동아시아 국가들의 총 수출에서 대중 수출과 대미 수출이 차지하는 비중(%)

연도	1985		1995		2005		2013	
	중국	미국	중국	미국	중국	미국	중국	미국
일본	7.1	37.6	4.95	27.5	13.5	22.9	18.1	18.8
한국	0.0	35.6	7.0	18.5	21.8	14.6	26.1	11.1
타이완	0.0	48.1	0.3	23.7	22.0	14.7	26.8	10.7
홍콩	26.0	30.8	33.3	21.8	45.0	16.1	54.8	9.3
싱가포르	1.5	21.0	2.3	18.3	8.6	10.4	11.8	5.8

(출처: 1985년 IMF, 타이완 경제통계센터, 1995~2013년 타이완 경제부 산하 국제무역국)

차이나 붐

그림 3.6 1990년에서 현재까지 중국 중심의 수출 지향적 동아시아 생산 네트워크

재개할 수 있었던 것은 적어도 부분적으로 이 나라들의 제조업 부품과 자본재를 흡수한 중국의 경제 호황 덕분이다. 2008년 가을에 글로벌 금융 위기가 전개되고 미국의 소비 수요가 급격하게 위축되기 시작하자 아시아의 수출은 곧바로 급락했지만, 중국의 수출은 3개월 정도 후에야 비슷한 정도로 떨어졌다. 이렇게 시차가 발생한 것은 아시아 국가들의 수출 하락이 수개월 내에 미국과 다른 지역에서 최종 제품에 대한 주문이 급감하리라고 예측한 중국 내 제조업체로부터 부품과 자본재 주문이 감소한 것과 주로 상관이 있기 때문이다.(Setser 2009) 표 3.8에서도 알 수 있듯이 아시아 생산 네트워크의 상호연결성은 일본과 한국의 핵심 부품들을 포함하고 있으며(한국 부품이 43퍼센트로 가장 큰 비중을 차지하고 있음), 중국에서 조립되는 아이폰의 제조에서도 잘 나타난다.

판다 중심의 원형 대형으로 얘기할 수 있는 중국 중심의 생산 네트워크와 수출 성장에 있어 동아시아 국가들의 중국에 대한 의존도 증가

표 3.8 아이폰4의 부품 가격 내역 (소매가격: 600달러)

국가/기업		부품	가격(달러)
한국	LG(혹은 TMD)	액정 디스플레이	28.50
	삼성	플래시 메모리칩	27.00
	삼성	어플리케이션 프로세서	10.75
	삼성	D램 메모리	13.80
미국	브로드컴	Wi-Fi, 블루투스, GPS 칩	9.55
	미국인텔	무선 수파수 메모리	2.70
	텍사스 인스트루먼트	터치스크린 컨트롤	1.23
	시러스 로직	오디오 코덱 팩	1.15
독일	인피니언 테크놀로지스	리시버/트랜시버	14.05
	다이얼로그 반도체	전원 관리 집적회로	2.03
이탈리아/프랑스	ST마이크로일렉트로닉스	가속도계 및 자이로스코프 센서	3.25
일본	AKM	전자나침반	0.70
기타	Wintek 혹은 TPK	터치스크린	10.00
	미상	5메가픽셀 카메라	9.75
	미상	VGA 카메라	1.00
	미상	배터리	5.80
	미상	기타 부품	46.25
부품 총액			187.51
조립 비용			6.54
기타			45.95
이윤			360.00

(출처: *New York Times* 2010)

속에서 부유한 국가들의 소비 수요에 대한 과잉 의존과 상대적으로 느린 국내 시장 성장이라는 특징을 가진 중국 발전 모델의 한계와 취약성은 다른 아시아 국가들의 한계와 취약성으로 이어졌다.

이 장에서는 마오쩌둥 시기의 유산으로서 잘 교육받고 건강한 농촌의 잉여 노동력과 동아시아 호랑이들의 수출 지향적, 노동 집약적 제조업이라는 두 가지 기원에서 어떻게 중국의 자본주의적 호황이 형성될 수 있었는지를 살펴봤다. 마오 시기의 또 다른 유산인 중국의 거대한 국유 부문과 이에 대한 고정자산 투자는 중국 경제 역동성의 많은 부분을 차지하고 있지만, 이러한 부채 기반의 투자는 수출 부문에서 형성된 점차 증가하고 있는 큰 규모의 유동성과 외환 보유고에 너무 많이 의존하고 있다. 최근의 발전 단계에서 중국의 수출 제조업은 아시아 인접 국가들의 부품 및 자본재 수출업체들과의 강력한 후방 연계 속에서 서구 자본주의 국가들의 수출 시장으로의 전방 연계로 보완되고 있다. 따라서 중국의 호황은 투자와 상품의 자유로운 초국적 유동에 과도하게 의존하고 있다. 또한 1980년대 이후로 지구적 자유 무역의 부상이 없었다면 중국의 호황도 불가능했을 것이다. 중국은 동아시아 인접국들로부터의 부품 및 자본재 수입 외에도 라틴아메리카와 아프리카의 개발도상국으로부터의 에너지와 원자재 수입에서도 주요 구매자가 되기 시작했다. 또한 중국은 이 멀리 떨어진 개발도상국들로 점차 많은 양의 공업제품과 자본을 수출하기 시작했다. 다음 두 장에서는 중국이 기타 개발도상국들에 점차 무역과 투자를 늘리는 것이 세계 불평등의 패턴, 발전의 맥락, 개발도상국들의 지정학적 세력 균형을 어떻게 변화시키고 있는지에 관해 중점적으로 분석한다.

2부

지구적 효과,
임박한 종말

4장

개발도상국들의 부상

산업혁명이 시작된 이후로 세계 인구 내의 불평등은 계속 증가하고 있다. 지난 2세기 동안에 비록 개별 국가 내의 불평등은 늘었다 줄었다 했지만 부유한 서구 지역과 발전하지 못한 나머지 지역 간의 불평등은 지속적으로 증가했다. 이러한 경향은 과거 식민지였던 대부분의 국가가 정치적 독립을 쟁취하고 산업화를 시작한 이후에도 지속되었다.(Maddison 1983; Arrighi and Drangel 1986; Landes 1999; Firebaugh 2000, 2003; Bourguignon and Morrisson 2002)

많은 사람은 1980년대 이후 중국이 부상하면서 이러한 경향이 반전되기 시작한 것으로 보고 있다. 우선, 세계에서 가장 인구가 많은 국가로 "인류의 4분의 1"(Lee and Wang 2000)에 해당하는 중국의 30년 동안의 급속한 경제 성장은 세계 빈곤을 전반적으로 줄이는 데 큰 기여를 했다. 유엔은 중국이 빈곤 감소를 위한 세계의 노력을 주도하고 있다는 점에 주목한다. 2013년 발표한 유엔의 새천년개발목표 보고서에서 유엔개발계획 UNDP은 다음과 같이 중국을 칭찬한다.

중국이 빈곤 감소에서 달성한 중요한 결과는 세계적인 빈곤 완화 노력에 탁월한 기여를 했다. 세계은행의 통계에 따르면, 세계 빈곤 인구는 1990년 19억 800만에서 2005년 12억 8900만으로 감소했다.(2005년 PPP 기준으로 하루 1.25달러 이하 소득을 빈곤선으로 정의) 이 기간 중국의 빈곤 인구는 6억 8300만 명에서 2억 1200만 명으로 4억 7100만 명이 줄었다. 1990년에서 2005년 사이의 이 통계를 비교해보면, 중국은 빈곤 인구를 절반으로 줄이겠다는 목표를 예정보다 일찍 달성했으며, 중국의 빈곤 인구 감소는 같은 기간 세계 빈곤 인구 감소의 76.09퍼센트에 해당했다.(United Nations 2013 : 10)

중국의 평균 소득과 세계 평균 소득 사이의 격차가 줄어들면서 중국은 세계 소득 불평등 감소에 앞장서게 되었으며, 인구가 많은 다른 개발도상국들에서도 비슷한 과정이 이어졌다. 세계은행 수석 경제학자로 활동했던 브랑코 밀라노비치는 자신의 저서에서 다음과 같이 설명했다. "베를린 장벽의 붕괴와 2008년 글로벌 금융 위기 이후 대침체 the Great Recession 사이의 기간에 산업혁명 이후 세계 규모에서 개인 소득의 가장 근본적인 재편이 이뤄졌다. 한편에서는 중국, 인도네시아, 인도처럼 인구가 많은 기존 빈곤국과 최빈곤국에서 높은 성장률을 기록하면서, 또 한편으로는 부유한 국가들의 빈곤 계층을 비롯해 라틴아메리카와 포스트 사회주의 국가에서 소득의 정체와 감소가 일어나면서 이 재편이 이뤄졌다."(Milanovic 2014 : 78)

이러한 통찰에도 불구하고 중국의 호황이 세계 불평등에 미치는 영향에 대한 논의는 보통 세 가지 쟁점을 간과한다. 첫 번째는 종종 중국의 모든 사람이 동등한 평균 소득을 얻는다는 가정하에 측정되기 때문에 중국이 세계 불평등 감소에 기여하는 바가 중국 **내부** 불평등의 급속한 증가로 상쇄될 수 있는지 여부에 관한 것이다. 두 번째는 특히 중국의 평균 소득이 결국 세계 평균을 넘어설 경우에 지난 30여 년간의 세계 불평등 감소에 대한 중국의 기여가 지속될 것인가, 감소하고 역전될 것인가 하는 점이다. 세 번째는 중국의 급속한 경세 성상 경험이 다른 개발도상국에서도 반복될 수 있을지 여부와 중국의 호황이 다른 개발도상국의 발전을 향상시키는지 방해하고 있는지 여부다. 이 장에서는 중국의 호황이 장기적으로 세계 불평등을 어떻게 재구성하고 있는지 알아보기 위해 이 세 가지 쟁점을 다룰 것이다.

불평등 문제에서 중국의 대후퇴

비록 중국이 세계 경제 강대국으로 부상했지만, 중국 내부의 경제적 불평등은 모든 면에서 엄청나게 증가했다. 마오쩌둥 시기의 절대 평등에 대한 집념을 고려하자면 불평등의 증가는 특히 놀라운 일이다. 중국 경제 전문가인 칼 리스킨Carl Riskin과 공저자 자오런웨이趙人偉와 리스李實가 중국에서 시장 개혁이 시작되면서 중국이 "세계에서 가장 평등주의적인 사회" 중 하나에서 세계에서 가장 불평등한 사회 중 하나로 바뀌었고 "이 평등으로부터의 후퇴는 비정상적으로 빨랐다"고 평가한 것은 절대 과장이 아니다.(Riskin, Renwei Zhao and Li Shi 2001: 3; Davis and Wang 2008)

포스트 마오쩌둥 시기의 초기 단계에서 시장 개혁이 불평등을 늘리는지 줄이는지 여부는 사회학자들 사이에서 중국에 대한 주요 논쟁 주제였다. 예를 들어 빅터 니(Victor Nee 1989)는 마오 시기 사회주의 체제는 관료와 당원들이 일반 시민들보다 방대한 특권을 누리고 더 많은 자원을 독점했기에 고도로 불평등한 체제라고 주장했다. 그는 또한 1985년에 농촌에서의 조사를 바탕으로 시장 개혁으로 인해 특권을 가지지 못한 시민들이 시장 활동을 통해 더 많은 자원을 획득할 수 있다고 주장했다. 그렇기 때문에 개혁은 당-국가의 자원 독점을 깨뜨리고 불평등을 줄일 수 있다는 것이다. 반면에 앤드루 월더(Andrew Walder 1995a, 2002a)는 1986년 도시에서의 조사와 1996년 농촌에서의 조사를 통해 얻은 데이터를 바탕으로 시장 개혁은 불평등을 줄이지도 못했고 당-국가의 자원 독점을 해체하지도 못했다고 주장했다. 왜냐하면 시장화로 인해 정치적으로 연줄이 좋은 사람들이 힘 있는 간부들과의 연줄이나 자신의 권력을 경제적 이익으로 전환시킬 수 있었기 때문이다. 그래서 사실상 시장 메커니즘은 원래 사회주의 체제에서 존재하던 불평등을 재생산하고 심지어 더 악화시키기까지 했다.

비록 이 논쟁에서 양측의 의견은 좁혀지지 않았지만, 기존 사회주의 체제에서의 관료적 특권이 시장 개혁에 의해 약화되었는지 강화되었는지 여부는 중국의 개혁 과정에서 역학관계의 변화와 관련이 있다는 것이 최근의 연구에서 더 명백해졌다. 이미 3장에서 논의했듯이 1980년대 초기 단계에서의 시장 개혁은 대부분 농민 경제의 회복에 관한 것이며, 해당 시기 경제의 역동성은 주로 농촌의 소규모 사영기업과 (실제로는 사영기업의 다수가 위장하고 있었던) 집체기업에서 나왔다. 그러나 1990년대에 농업 부문과 농촌의 기업은 쇠퇴했다. 대형 국유기업들과 해외 자본에 과도하게 의존하고 있는 연해 수출 부문이 경제 성장의 새로운 엔진이 되었다. 1980년대와 1990년대 이후 성장의 두 가지 다른 동학은 사회 불평등에 각기 다른 영향을 미쳐왔다.

시장이 추동하는 불평등이 간부들의 권력에 기반한 더 경직된 불평등을 대체하고 있다는 니의 분석이 대부분 1985년경 개혁 초기 농촌 지역에서 수집한 자료들에 기초하고 있는 반면, 관료들의 권력이 소득 불평등 형성에 지속적으로 영향을 미치고 있다는 월더의 주장은 1980년대 도시의 자료와 1996년 농촌의 자료에 기반하고 있다는 사실은 주목할 만하다. 이들의 서로 다른 결론이 황야성(Huang Yasheng 2008)이 중국 경제의 특징을 분석하면서 1980년대에 기업가적 자본주의에서 1990년대에 국가 자본주의로 이행하고 있다고 한 것과 사실상 상통한다는 점은 흥미롭다. 황야성에 따르면, 1980년대 중국의 농촌은 보통 사람들이 사영기업을 성공시킬 수 있는 충분한 기회가 주어진 분산된 시장 경제였던 반면에, 1990년대에 경제적 기회는 도시와 농촌 양쪽 모두에서 정치적으로 연줄이 좋은 이들 간에, 그리고 외국 자본에 더 집중되었으며, 특히 농촌 지역에서 소형 기업에게 갈 기회는 줄어들었다. 이것이 정말 사실인지 검증하기 위해서는 좀 더 실증적이고 역사적인 연구가 필요하다.(Szelenyi and Kostello 1996)

마오쩌둥 시기에 중국 사회의 계층화는 소득 불평등보다는 권력 불평등으로 두드러지게 나타났다. 1960년대와 1970년대에 마오쩌둥의 월급은 인민폐로 404.8위안이었으며, 같은 시기 보통 노동자의 월급은 60위안 정도였던 것으로 알려져 있다. 마오의 월급은 보통 노동자의 월급보다 7배 정도 많지만 마오가 가진 권력과 권위와 일반 노동자의 권력 간의 차이는 확실히 천양지차라고 할 수 있다.(*Xinhua News* 2012c) 이 시기에 대부분의 일상 생필품은 시장에서의 구매보다는 쿠폰 제도를 통해 배급되었으며, 소득 수준의 차이는 큰 의미가 없었다. 이 상황에서, 당시의 다른 현존 사회주의 국가들과 마찬가지로 권력의 불평등은 불평등의 가장 중요한 형태였다. 왜냐하면 (예를 들어 인민공사의 대대간부나 마을의 당서기로서의) 권위는 일상생활과 복지에서의 기회를 결정짓는 가장 중요한 요소였으며, 사회주의 체제에서 '신계급'의 지위는 대부분 과도한 권위와 행사 가능한 권리로 특징지을 수 있기 때문이다.(Andreas 2009) '지주' '부르주아' '프티부르주아' '모범 노동자' '모범 농민' 등 정치 운동 시기에 당-국가가 많은 경우 임의로 부여한 정치적 지위와 꼬리표도 상당한 정도로 개인의 선택권이나 물질적 조건에 결정적인 영향을 미쳤다. '계급의 적'이라는 꼬리표가 붙은 이들은 추가 노동을 강요받고, 질 낮은 음식을 배급받았으며, 학교와 직업에 대한 할당에서 차별을 받았다. 마오의 중국은 소득 분배 면에서는 가장 평등한 국가 중 하나였지만 불평등에서 해방된 유토피아는 아니었다.

1980년대에 시장 시스템이 발전하면서 화폐 소득에서의 불평등이 점차 다른 불평등들을 표현하는 불평등의 일반적 형태가 되었다. 오늘날에도 여전히 권력 불평등이 중요하다는 것은 사실이지만, 권력 불평등은 더 많은 권한을 가지고 있는 사람들이나 권력자들에 더 쉽게 접근할 수 있는 사람들이 더 높은 소득을 얻을 수 있는 소득 불평등의 형태로 전환되기도 한다. 동시에 배급 제도의 종료와 주택, 학교, 의료, 그리고 기타 일상생활의 모든 필수적인 측면의 사유화로 인해 삶의 질과 기회를 형성하는 데 있어서 소득의 차이는 훨씬 더 중요해졌다. 이처럼 중국은 화폐 소득의 격차가 모든 형태의 불평등, 특권, 차별을 가늠할 수 있는 가장 중요한 잣대가 되었다는 점에서 다른 자본주의 사회와 큰 차이가 없어졌다.

지난 30년간 소득 불평등은 계급, 도시-농촌, 지역 등 모든 차원의 사회적 관계에서 확대되었다. 계급적 측면에서는 새로운 사영기업가들과 국유기업의 관료적 경영자들이 새로운 자본주의적 엘리트가 되었다. 당 관료들은 이 새로운 자본주의적 계급과 (자신의 국유기업에 대한 통제권이나 친족 네트워크를 통해) 중첩되고, (세금, 뇌물, 특혜 제도 등을 통해) 결탁 혹은 잉여를 전유하기도 하고, 심지어 이 계급으로 변신하기도 했으며, 이렇게 하나로 융합된 계급은 중국에서 지배 블록을 형성했다. 이 계급의 위계의 밑바닥에는 농민과 노동자가 있었다. 이 시기에 노동자들은 도시의 호구를 가지고 있는 도시 노동자들과 농촌 호구를 가지고 있어서 현재 거주하는 도시 지역에서 많은 혜택과 기회를 누릴 수 없는 이주 노동자가 되어버린 농민들로 구분된다. 이 사이에 중국에서는 고학력 전문가들로 구성된 중간 계급이 부상했다. 비록 이 중간 계급이 상하이나 베이징 같은 일부 대도시에서 확대되고 있을지 모르지만, 비율 면에선 전체 인구에서 극소수에 불과하며 소득 분배 피라미드의 최상층에 가깝게 위치하고 있다.

계급 불평등의 확대 외에도 농촌-도시간 불평등의 확대는 중국의

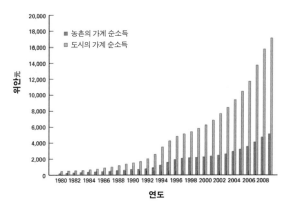

그림 4.1 1980~2009년 도시와 농촌의 가계 소득

(출처: 중국 국가통계국)

전반적인 소득 불평등을 증가시키는 가장 중요한 요소다. 1980년대 중반 이전 개혁의 초기 단계에서는 개별 농민 가구 경제 회복, 인민공사의 해체, 향진기업 장려 등과 같은 대부분의 개혁 수단이 농촌에 이득이 된 반면, 도시 지역은 국가 사회주의 체제의 구속복 속에 있었기에 농촌-도시간 불평등은 줄어들었다. 그러나 1990년대에 도시 지역에서 시장 개혁이 전면적으로 추진되면서 농촌 지역은 뒤처졌다. 3장에서 논의한 바와 같이, 농촌-농업에서 도시-산업 부문으로의 자원 이전을 확대시킨 도시 편향은 문제를 더 악화시킬 뿐이었다. 이후 도시와 농촌의 소득 격차는 1984년 1.8대 1에서 2009년 3.3대 1로 계속 확대되었다.(그림 4.1 참조)

성省 간의 불평등도 역시 증가하고 있다. 1990년대 초반 이후로 중국

의 경제 성장은 상당 부분 연해 지역에 집중된 외국인 직접투자와 수출 부문이 견인해온 반면, 내륙 지역의 성장은 침체되어왔다. 그 결과 후진 타오 시대부터 서북부와 서남부의 내륙 지역에 더 많은 투자를 지시함으로써 중앙정부가 이 문제를 다루기 전까지 각 성의 평균 소득 불평등은 증가했다. 그러나 이러한 지역간 재분배 정책으로 얻은 소득은 개혁 초기 20년 동안 발생한 불평등을 되돌릴 만큼 충분히 크지 않았다.

이러한 성간 소득 불평등은 기대 수명, 문해율 등 기타 많은 인간개발지수에서의 불평등에도 반영되며, 이는 표 4.1에 잘 나타난다. 이 성 간 불평등이 얼마나 큰지는 중국의 가장 부유한 성과 가난한 성의 1인당 GDP를 비슷한 소득 규모의 국가들의 1인당 GDP와 비교해보면 명확히 알 수 있다. 표 4.2에서 볼 수 있듯이, 생활비에 맞춰 조정한 수치를 적용한 상하이의 평균 소득은 유럽의 키프로스와 같은 중간소득 국

표 4.1 2010년 중국의 성 간 불평등

	평균기대수명(나이)	고등학교 진학률(%)	1인당 GDP(달러)
중국 전체	74.83	82.5	4,430
상하이	80.26	91.7	11,012
베이징	80.18	98.0	10,626
톈진	78.89	95.0	10,487
장쑤	76.63	96.0	7,776
저장	77.73	92.5	7,518
내몽골	74.44	88.3	6,974
광둥	76.49	86.2	6,510
랴오닝	76.38	92.6	6,232
산둥	76.46	95.0	6,035

푸젠	75.76	83.4	5,894
지린	76.18	91.9	4,661
허베이	74.97	85.0	4,188
후베이	74.87	87.2	4,118
충칭	75.70	80.0	4,058
산시陝西	74.68	85.3	4,003
헤이룽장	75.98	87.7	3,995
닝샤	73.38	84.7	3,943
산시山西	74.92	86.8	3,803
신장	72.35	69.1	3,676
허난	74.57	89.1	3,627
후난	74.70	85.0	3,606
하이난	76.30	70.0	3,511
칭하이	69.96	67.1	3,540
쓰촨	74.75	76.0	3,155
장시	74.33	76.0	3,129
광시	75.11	69.0	3,066
안후이	75.08	80.0	3,065
티베트	68.17	60.1	2,493
간쑤	72.23	70.0	2,378
윈난	69.54	65.0	2,319
구이저우	71.10	55.0	1,954

(출처: 유엔개발계획 중국 사무소, 중국과학원 도시환경연구소 2013)

표 4.2 중국의 최고소득 성급 행정구역과 최저소득 성급 행정구역 및 유사소득
국가와의 평균소득 비교

성/시	평균 소득 (2005년 달러 기준 환산)	유사소득 국가	평균 소득 (2005년 달러 기준 환산)
상하이	18,070	키프로스	18,756
구이저우	3,116	필리핀	3,194

(출처: 중국 국가통계국; Heston, Summers, and Aten 2012)

개발도상국들의 부상

가 수준에 도달한 반면, 구이저우의 평균 소득은 2010년 필리핀의 평균 소득과 같은 수준이다.

계급 불평등, 도시-농촌 간 불평등, 성 간 불평등이 모두 증가하며 중국에서는 전체적으로 빠른 속도로 불평등이 증가했다. 중국 정부는 다른 많은 나라처럼 지니계수로 측정한 국가 전체의 불평등을 거의 공개하지 않고 있으며,[7] 중국 국가통계국은 도시와 농촌 지역으로 구분해서 공식 지니계수를 발표하고 있다. 중국의 전체 지니계수 추정치는 매우 다양하지만, 이 수치를 연구한 이들은 1978년 이후로 지니계수가 급격히 상승하고 있다는 것에는 모두 동의한다. 중국의 자본주의적 도약 시기와 아시아 호랑이들의 도약 시기 간에 한 가지 대비되는 점은 후자에선 전체적인 불평등이 줄어든 반면, 전자에서는 불평등이 빠르게 증가하는 현상이 뚜렷하게 나타난다는 점이다. 이 측면에서 중국의 발전 패턴은 동아시아보다는 라틴아메리카를 닮았다.(표 4.3 참조)

많은 학자가 세계에서 가장 인구가 많은 국가인 마오쩌둥 시기의 중국을 국내의 소득 불평등을 감소시킬 수 있는 모델로 간주한다. 이러한 견해는 좌파 지식인들에 국한된 것이 아니라 국제기구나 주류 경제학자들도 가지고 있다. 예를 들어 아마르티아 센(Sen 2005)은 마오 시기 중국에서 언론의 자유가 없었기에 1959년에서 1961년에 이르는 끔찍한 기근이 발생했다고 지적하면서도 중국이 이미 개혁을 시작하기 이

---

7   지니 계수는 0에서 1의 범위에서 불평등을 측정하는 지수이며, 0은 절대적인 소득 평등을 의미하고, 1은 한 사람이 사회의 모든 소득을 차지하는 최대 불평등을 의미한다. 오늘날 전 세계 대부분 나라의 지니 계수는 대략 0.25에서 0.60 정도에 위치한다.

표 4.3 중국과 기타 국가들 간의 지니계수 비교

연도	중국	한국	타이완	브라질	멕시코
1950					0.53
1953		0.558			
1957					0.55
1960				0.53	
1961		0.440			
1963					0.56
1964		0.360			
1965		0.344			
1966		0.358			
1968		0.362			0.58
1970		0.332	0.321	0.59	
1972			0.318	0.61	
1974			0.319		
1975					0.58
1976		0.391	0.307	0.60	
1978			0.306	0.56	
1980	0.330		0.303		
1982		0.357	0.308		
1984					
1985					
1994	0.400				
1996	0.424				
1998	0.456				
1999	0.457				
2000	0.458				
2003	0.479				
2005	0.485				
2009	0.490				

주 0=절대소득평등, 1=최대가능불평등

(출처: 중국 1980-2000년은 G. Chang 2002; 중국 2003-2009년은 Xinhuanet 2013; 한국, 타이완, 브라질, 멕시코는 Haggard 1990.)

전에도 빈곤 완화와 대중의 생활수준 개선에서 인도를 비롯한 기타 개발도상국들의 기록을 훨씬 앞섰다는 것을 인정한다.

포스트 마오쩌둥 시기 중국의 급속한 불평등 증가가 세계 불평등 패턴에 뚜렷한 영향을 미쳤다는 것은 말할 필요가 없다. 그러나 중국이 세계 불평등 변화에 미친 영향이 좋은 방향이었는지 나쁜 방향이었는지는 확실치 않다. 왜냐하면 중국은 두 가지 모순된 방식으로 영향을 주었기 때문이다. 한편에서 중국 국내 불평등 증가는 전체적으로 세계 불평등을 증가시키고 있지만, 다른 한편에서 개발도상국으로서 중국의 평균 소득 급증은 1980년대 이후로 국제적 불평등 감소에 기여하고 있다. 중국의 호황의 이렇게 상반된 효과가 결합하여 세계 불평등의 패턴을 전체적으로 어떻게 바꿔나갈지는 오래된 학술적 논쟁의 주제다: 중국의 호황은 세계를 더 평등하게 만들고 있는가? 아니면 불평등하게 만들고 있는가?

중국과 세계 불평등의 감소

사회과학자들은 지구화가 전 세계의 불평등을 감소시키고 있는지 혹은 증가시키고 있는지에 대해 논쟁해왔다. '세계 불평등'이란 용어는 전 세계 인구 사이의 소득에서 발생하는 불평등을 의미한다. 전 세계 인구 표본 추출을 기반으로 한 실질 소득 조사는 불가능하기 때문에 많은 연구자는 국제 불평등, 즉 국가 간 평균 소득의 불평등을 세계 불평등의 근사치로 사용하며, 개별 국가 내 소득 수준은 국가 간 소득 차이가 큰 것에 비해 상대적으로 균일하다고 가정한다. 그러나 보다 정교한 연구에서는 이러한 가정을 하지 않고 대신에 국제 불평등과 개별 국가 내의 불평등(다수의 국내 불평등)을 결합하여 세계 인구의 순수한 세계 불평등을 추산하려 한다. 종합적인 세계 불평등은 수학적으로 인구-가중 국제 불평등과 인구-가중 국내 불평등의 세계 평균을 합한 것으로 간주할 수 있다. 이러한 연구들은 중국이 지난 30년 동안의 세계 불평등의 추세를 결정하는 데 있어 중심적 요소임을 주목하고 있다.

세계 불평등은 산업혁명이 시작된 이후로 지속적으로 증가해왔다는 것이 관련한 연구 문헌들의 일치된 견해다. 유럽/북미와 그 외 지역 간에 대분기가 시작되었는데, 이 대분기는 나머지 국가들이 따라잡으려 노력했지만 별로 소용이 없었다.(이 책의 1장 참조; Maddison 1983; Arrighi and Drangel 1986; Landes 1999; Firebaugh 2000, 2003; Bourguignon and Morrisson 2002) 1980년경부터 시작된 현재의 지구화는 세계 불평등과 관련한 수많은 연구를 촉발시켰는데, 그 연구 내용들은 서로 모순적이었다. 하나는 현재의 지구화가 세계 소득 불평등의 증가를 영속화시키고 있다는 내용이었으며(Korzeniewicz and Moran 1997; Arrighi, Silver, and Brewer 2003; Wade 2004; Milanovic 2005; Chase-Dunn 2006), 다른 하나는 세계 불평등 증가 경향의 역사적 반전이 이뤄지고 있다는 것이었다.(Firebaugh 1999; Goesling 2001; Firebaugh and Goesling 2004; Sala-i-Martin 2006) 이 연구들은 지구화에 대한 지지자들과 비판자들 사이에서 논쟁의 중심이 되었다. 전자는 지구화가 세계 인구의 대다수를 이롭게 하는 공동 번영을 창출한다고 주장하지만, 후자는 이 번영이 부유한 나라의 특권층 소수에게 집중되는 반면, 대부분 사람의 생계는 상대적으로 악화되고 있다고 주장한다.

1980년대 이후로 지구화 속에서 대부분의 국가에서 내부 불평등이 증가했다는 사실에 이의를 제기할 사람은 거의 없을 것이다. 무엇보다 중국을 비롯해 중앙계획경제에서 시장 기반의 경제 체제로 이행하는 나라들에서 급속하게 불평등이 증가했다는 것은 이러한 경향의 가장 주목할 만한 사례들이다.(Alderson and Nielsen 1999, 2002; Wang and Hu 1999; Cornia and Court 2001; Wade 2004; Gajwani, Kanbur, and Zhang 2006) 이와는 대조적으로, 각국의 인구에 가중치를 둔 국제적인 불평등은 같은 기간 감소해왔다. 부유한 나라와 가난한 나라 사이에 소득 격차가 감소하고 있는 것은 주로 세계 인구의 4분의 1을 차지하고 있으면서도 지난 30년간 세계 평균보다 4배나 많은 평균 소득 성장률을 기록한 중국 덕분이며, 이는 표 4.4에 잘 나타나 있다.(Firebaugh and Goesling 2004; Berry and Serieux 2006; Bussolo et al. 2007)

구매력평가지수PPP를 기반으로 계산한 GDP로 평균 소득을 측정하면 1980년부터 2010년까지 국제 불평등이 계속 줄어드는 추세를

표 4.4 연간 세계 평균 소득 성장률 대비 중국의 연간 평균 실질소득 성장률 비율

	1980~1985	1985~1990	1990~1995	1995~2000	2000~2005	2005~2010
중국 성장률/세계 성장률	10.73	4.20	8.63	3.90	4.30	5.90

(출처: 세계은행 데이터를 바탕으로 저자 계산)

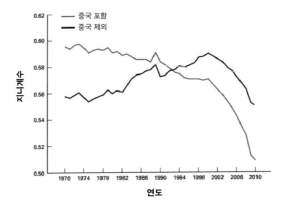

그림 4.2 1980~2010년 중국 포함 및 중국 제외 세계 불평등 변화

주 0=절대소득평등, 1=최대가능불평등
(출처: Heston, Summers and Aten 2012를 바탕으로 저자 계산)

볼 수 있다.[8] 그러나 그림 4.2에 잘 나타나듯이 중국을 제외하고 나머지 국가들 간의 국제 불평등을 측정하면 대략 2002년 이후를 제외하고 나머지 대부분의 기간은 일반적으로 국제 불평등이 증가하는 것을 알 수 있다. 이를 통해 1980년대부터 2000년대까지 국제 불평등의 감소는 대부분 인구가 많은 중국의 1인당 GDP의 급속한 성장에 의해 이뤄진 반면, 그 기간 세계의 나머지 국가들에서는 국제 불평등이 확대되어왔다는 것을 확인할 수 있다.

---

8 PPP로 측정한 1인당 국민소득은 해당 국가의 생활비와 인플레이션에 맞춰 조정된 소득으로, 환율의 편차와 변동성을 없애고 국가간의 1인당 소득 비교를 생활수준 비교에 가깝게 조정한 것이다. 여기서 쓰인 통계는 PPP로 측정한 1인당 GDP를 2005년 국제 달러 기준으로 측정한 것이다.

관련 연구들 사이에서 가장 논쟁이 되는 주제는 국내 불평등 세계 평균의 증가가 국제 불평등의 감소를 상쇄시켜서 세계 불평등의 순 증가를 유발하는 것인가 하는 문제다. 국제 불평등에 대해서는 일관되고 지속적인 데이터를 이용할 수 있지만, 세계 여러 나라의 국내 불평등에 관한 데이터는 불균등하고 오류가 많으며, 때때로 이용 불가능할 정도로 상반되기도 한다. 따라서 분석가들은 통계 시점이 몇 년 차이가 나더라도 여기저기 분산되어 있는 이용 가능한 모든 데이터를 모아 추론하여 국내 불평등의 평균을 계산해야 한다. 이 근사치에 대한 각기 다른 접근 방법들은 상반된 결과를 낳기도 한다. 일부 연구자는 세계 불평등이 감소하고 있다는 것을 발견하지만(Sala-i-Martin 2002a, 2002b; Berry and Serieux 2006), 또 다른 연구자들은 그와 반대되는 결과를 보고하기도 한다.(Korzeniewicz and Moran 1997; Milanovic 2005) 이렇게 엇갈리는 입장들에도 불구하고 대부분의 연구자는 중국의 거대한 인구, 높은 성장률, 급속한 국내 불평등 증가를 염두에 두자면, 중국이 세계 불평등을 증가시킬지 감소시킬지 여부가 전반적인 세계 불평등이 어떤 방향으로 향하는지 결정하는 데 가장 중요한 단일 요소라는 데 동의한다. 바꿔 얘기하면, 지구화 속에서 국제 불평등이 증가해왔는지 감소해왔는지에 있어서의 관건은 중국의 급속히 증가하는 국내 불평등이 중국이 국제 불평등의 감소에 미치는 영향보다 더 큰지 작은지 여부라는 것이다.

중국이 전체적인 세계 불평등에 미치는 순 기여도를 평가하기 위한 한 방법은 중국을 좀 더 작은 지역 단위로 쪼개서 이를 "개별 국가"

로 처리하여 국제 불평등을 계산하는 것이다. 이러한 연구들에 따르면, 지난 30년간 중국의 국내 불평등 증가의 90퍼센트는 도농 간 불평등과 성 산 불평등의 증가로부터 비롯되었다.[9] 중국의 국내 불평등 증가가 세계 불평등 증가에 미치는 기여도가 중국의 평균 소득 성장이 국제 불평등 감소에 미치는 기여도보다 크다면, 중국 전체로 국제 불평등을 측정하는 것보다는 중국 각 성의 농촌과 도시 부문으로 나눠서 국제 불평등을 측정하는 것이 불평등의 순 증가를 보여줄 것이다.

그러나 그림 4.3은 그 반대를 보여준다. 중국 각 성의 도시와 농촌 인구를 별개의 국가로 취급하여 국내 불평등이 크게 증가한 것을 감안하더라도, 각 시점의 불평등 수준은 더 높아졌지만, 1980년에서 2010년까지 국제 불평등은 여전히 감소했다. 세계 불평등 감소에 중국이 미치는 전반적인 기여도는 변함이 없다. 왜 이런 상황인지를 세밀히 분석하기 위해서는 이 기간 각 성의 소득 변화율을 살펴볼 수 있다. 표 4.5에 따르면, 소득 증가율의 편차에 의해 나타난 중국의 성 간 불평등 증가에도 불구하고, 모든 성의 평균 소득 증가율이 지난 30년 동안 세계 평균 소득의 증가율을 여전히 초과하고 있음을 알 수 있다.

중국의 각 성을 농촌과 도시 부문으로 세분화해도 같은 패턴을 발견

---

9 최근 급속한 경제 성장과 시장 개혁 속에서 지역 간 불평등 증가가 중국의 전반적인 불평등 증가를 견인하고 있음을 확인하는 연구들도 있다.(Wang S. and Hu 1999; Gajwani, Kanbur, and Zhang 2006; Tsui 2007; Fan and Sun 2008) 일부 연구는 이러한 관점에 이의를 제기하고 어떤 특정 시점에서도 지역 간 불평등은 중국 전체 불평등의 50퍼센트 미만이라고 주장한다.(Benjamin et al. 2008) 그러나 중국의 전반적인 불평등의 **변화**와 모든 성급 단위의 농촌과 도시 부문 사이의 불평등의 **변화**를 비교해보면, 후자가 전자의 거의 90퍼센트에 해당한다는 것을 알 수 있다. 자세한 내용은 Hung and Kucinskas 2011: 표3을 참조

할 수 있다. 모든 성의 도시 및 농촌 부문의 1인당 실질 소득은 세계 평균인 74.09퍼센트보다 훨씬 더 증가했다. 심지어 이 기간 가장 낮은 증가율을 보인 헤이룽장성의 농촌 부문도 101.8퍼센트 성장했는데, 이는 세계 평균 증가율보다도 더 높았다. 간단히 말해, 개혁개방 시기 중국 국내의 소득은 빈익빈 부익부로 양극화되었지만, 중국의 가장 가난한 지역조차도 실질 소득 증가율이 세계 평균보다도 높았기에 중국은 자국 내 거대한 인구 사이에 불평등이 엄청나게 늘어났음에도 불구하고 세계 불평등을 감소시킬 수 있었다.

대략 1980년 이후로 세계 불평등의 감소가 주로 중국의 급속한 경제 성장 덕분이었던 것과 마찬가지로 향후 세계 소득 불평등의 변화는

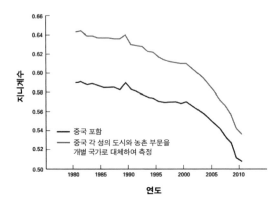

그림 4.3 1980~2010년 중국 각 성의 도시 및 농촌 인구를 개별 국가로 간주하여 측정한 국제 불평등

주　0=절대소득평등, 1=최대가능불평등
　　(출처: Heston, Summers and Aten 2012를 바탕으로 저자 계산)

표 4.5 1980~2010년 세계 평균소득 변화와 중국 각 성의 실질 평균소득 변화 비교

		1인당 실질 평균소득 변화율(%)
세계		74.09
중국 각 성급 행정구역	베이징	834.61
	톈진	951.00
	허베이	1,211.78
	산시山西	1,061.83
	내몽골	2,462.58
	랴오닝	920.41
	지린	1,287.41
	헤이룽장	662.28
	상하이	445.46
	장쑤	1,808.35
	저장	2,045.13
	안후이	1,302.48
	푸젠	2,147.21
	장시	1,114.19
	산둥	1,897.89
	허난	1,408.17
	후베이	1,173.99
	후난	1,223.21
	광둥	1,717.20
	광시	1,322.22
	하이난	1,215.32
	쓰촨	1,193.33
	구이저우	1,070.44
	윈난	1,052.70
	산시陝西	1,474.61
	간쑤	711.40
	칭하이	896.13
	닝샤	1,112.02
	신장	1,092.99

(출처: 중국 국가통계국; Heston, Summers and Aten 2012를 바탕으로 저자 계산)

중국의 경제 성장 실적에 달려 있다. 다른 모든 상황이 동일하다면, 향후 30년간 두 가지 가능한 시나리오가 있다: 첫째는 중국의 성장률이 현저하게 둔화되고 세계 평균 성장률에 근접하거나 심지어 더 낮아지는 시나리오이며, 둘째는 중국이 세계 평균 성장률보다 상대적으로 고속 성장을 유지하는 시나리오다.

첫 번째 시나리오는 (전후 일본과 1970년대와 1980년대 동아시아 호랑이들과 같은) 과거 급속한 발전을 경험한 나라들 가운데 맹렬하게 두 자릿수 경제 성장률을 영원히 기록한 나라가 없다는 점에서 꽤 가능성이 높다. 개발도상국에서 평균 소득이 더 높아질수록 이 나라가 지속적으로 높은 성장률을 유지하기란 더 어려워진다. 중국은 미래에 반드시 성장률의 둔화를 목격하게 될 것이다. 2008년 시작된 글로벌 경제 위기 뒤에 중국 경제가 회복세로 돌아섰음에도 불구하고 중국의 성장률이 위기 이전 수준으로 돌아가지 않을 것은 확실하다. 대침체가 닥치면서 지난 20년 동안 중국의 급속한 성장의 상당한 부분을 차지하고 있던 수출 부문은 더 이상 과거와 같이 질주할 수 없다. 왜냐하면 서구 시장에서 부채에 기반한 흥청망청 소비가 극적으로 둔화되었기 때문이다. 중국의 투자 붐도 체제 내의 부채 증가로 인해 시들해질 조짐이다.(이 책의 6장 참조) 따라서 중국의 성장률이 장기간 둔화될 경우 세계 불평등 감소에 미치는 중국의 순 기여도가 감소할 것이며, 심지어 중국이 세계 불평등 증가에 미치는 순 기여도가 늘어날 수 있다고 예측할 수 있다.(Winters and Yusuf 2007; Hung 2008, 2009a; Hung and Kucinskas 2011)

두 번째 시나리오, 즉 중국이 향후 수십 년간 높은 경제 성장률을 유지할 것이라는 예측에서도 다른 모든 상황이 동일하다면, 세계 소득 불평등 감소에 중국이 미치는 기여도는 감소할 것이며, 변곡점을 지나면서 상황이 역전되어 세계 불평등은 증가할 것이다. 중국의 1인당 소득이 세계 평균을 밑돌 때에만 급속한 경제 성장이 국제 불평등을 감소시킬 수 있다. 중국의 평균 소득이 세계 평균을 넘어선 이후에는 지속적이고 세계 평균보다 빠른 성장은 국제 불평등의 증가를 야기하기 시작할 것이다. 현재 중국의 1인당 소득은 세계 평균에 한참 못 미치지만 향후 30년 내 중국의 평균 소득은 세계 평균을 넘어설 전망이다. 그 시점에 도달한 후, 중국은 세계 불평등의 순 증가에 영향을 미치기 시작할 것이다.

이 두 번째 시나리오는 그림 4.4에 담겨 있는데, 지니계수로 측정한 2010년부터 2040년까지의 인구-가중 국제 불평등 변화의 궤적을 예측한 것이다. 이 그래프의 기저에 설정한 가정은 다음과 같다: (1) 2010~2040년의 중국을 포함한 모든 국가의 평균 성장률은 1980~2010년의 성장률과 동일하게 유지된다; (2) 모든 국가의 인구 비중은 동일하게 유지된다; (3) 모든 국가의 PPP 가격변동지수는 해당 기간 동일하게 유지된다.

그림 4.4는 중국이 향후 30년간 1980~2010년 사이에 기록한 탄탄한 평균 성장률을 유지한다면 2010년 이후 한동안 국제 불평등이 감소할 것이라는 것을 보여준다. 그러나 국제 불평등은 이후 다시 증가할 것이며, 중국의 호황 기간의 일시적인 세계 불평등 감소를 끝낼 것이다. 중국을 포함시킨 것과 제외시킨 것으로 2010~2040년 전망치

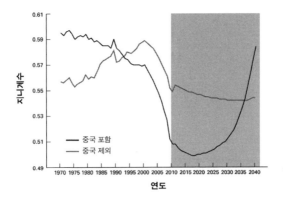

그림 4.4 2010~2040년 중국의 평균 성장률이 1980~2010년과 같다는
가정하의 2010~2040년 국제 불평등 전망(음영 부분)

주   0=절대소득평등, 1=최대가능불평등
(출처: Heston, Summers and Aten 2012를 바탕으로 저자 계산)

를 비교해보면 중국은 대략 2018년 이후로 세계 불평등에 순 기여도
를 기록할 것으로 보인다.

물론 그림 4.4의 시뮬레이션은 현실보다 훨씬 더 단순하다. 한 가
지 중요한 문제는 다른 개발도상국들이 미래에 어떻게 될 것인가
다. 이 예측에서는 2010~2040년간의 다른 모든 국가의 실적이
1980~2010년의 기간과 동일할 것이라고 가정했다. 이 가정이 사실
로 증명될지의 여부는 중국의 최근 경제 성과가 다른 국가들이 따라할
수 없는 예외적인 현상인지 아니면 그 성과가 기타 인구가 많은 개발
도상국들에서도 비슷하게 이뤄질 수 있는 급속한 성장의 전조일지 여
부에 달려 있다.

만약 중국의 부상이 성공적인 중국의 성장 모델 이식 혹은 중국의 성장으로부터 직접적인 수혜를 통해 상당한 규모의 개발도상국들의 경제 성장의 가속화로 이어진다면, 이 개발도상국들의 세계 불평등 감소에 대한 순 기여도가 2018년 후의 중국의 세계 불평등 증가에 미치는 순 기여도를 초과할 수 있을지 모른다. 이런 경우라면, 중국이 중간소득 국가의 문턱을 넘은 뒤에도 세계 불평등 감소가 유지될 수 있다. 이 문제와 관련해서는 그림 4.2의 2000~2010년 부분이 잘 보여주고 있다. 해당 부분에 따르면, 중국을 제외했을 때의 이 국제 불평등은 1980년에서 2000년까지 증가세를 유지하고 있지만 2002년 무

표 4.6   2000~2010년 국제 불평등 감소의 기여도 순에 따른 국가들의 1인당 실질 GDP 성장률과 세계 인구에서 차지하는 비중

	1인당 실질 소득 성장률(%)	세계 인구에서 차지하는 비중(%)
세계 전체	24.38	100.0
중국	152.61	19.66
인도	80.93	17.34
러시아	76.81	2.06
인도네시아	44.23	3.59
베트남	80.74	1.32
우크라이나	88.81	0.67
방글라데시	51.05	2.31
카자흐스탄	150.55	0.23
타이	42.71	0.98
아제르바이잔	275.76	0.12

주   국제 불평등 감소 기여도는 대수편차평균MLD로 측정

(출처: Heston, Summers and Aten 2012)

렵에 이 증가세는 멈추고 역전된다. 중국을 제외했을 때의 국제 불평등의 감소 규모는 크지는 않지만, 국제 불평등의 감소가 더 이상 중국에만 의존하지 않을 정도로 중국의 급속한 경제 성장이 이미 다른 개발도상국들로 확산되기 시작했을 수도 있음을 시사한다. 표 4.6은 2000~2010년 기간에 중국 외에 국제 불평등 감소에 가장 크게 기여한 10개국을 분석한 것이다.

만약 이 부상하는 신흥국들의 경제 성장이 가속화되고, 중국처럼 이 국가들 내부 불평등의 증가가 국제 불평등 감소 효과를 상쇄할 만큼 크지 않다면, 이 국가들이 중국이 남겨놓은 공백을 메워 향후 수십 년간 전반적인 세계 불평등의 감소를 지속시킬 가능성이 있다. 그러나 여전히 핵심적인 문제는 기타 개발도상국들이 중국의 장기적인 고속 성장의 전철을 밟을 수 있느냐 하는 것이다.

일반적으로 두 가지 유형의 국가가 앞서 호황을 누리고 서구와 나머지 국가 사이의 소득 격차를 해소하는 데 있어서 중국의 역할을 대신할 잠재력을 가지고 있다. 첫 번째 유형의 국가는 중국과의 무역과 투자로부터 직접적인 이익을 얻는다. 이런 나라들로는 라틴아메리카와 아프리카의 많은 천연자원 수출국이 해당되는데, 이들은 중국의 증가하는 수출 수요 속에서 왕성하게 성장해왔다. 또한 이 나라들은 일반적으로 기반시설 건설, 자원 채굴 산업, 제조업 등에서 중국의 해외 직접투자를 많이 받아왔다. 그러나 동시에 장기적으로 이 나라들의 발전에 중국의 영향이 긍정적인지 부정적인지에 관해 일부 논쟁도 진행되었다.

두 번째 유형의 국가는 인도처럼 인구가 아주 많은 국가들이다. 중국과 마찬가지로 이 나라들에서 세계 평균보다 빠른 경제 성장은 이 나라들이 세계 인구에서 차지하는 큰 비중을 고려할 때 세계 소득 분배에 큰 영향을 미칠 수 있다. 그러나 인도 등의 문제는 이 나라들이 중국 같은 지속적인 성장을 위한 적절한 조건을 갖추고 있느냐 하는 것이다. 요컨대 수년 내에 세계 불평등 감소에 미치는 중국의 기여도가 점차 줄어들고 역전될 상황인 만큼, 세계 불평등의 지속적인 감소는 중국이 무역과 투자를 통해 다른 개발도상국의 경제 성장을 향상시키는 데 도움을 줄 수 있는지, 그리고 다른 인구가 많은 개발도상국들이 중국의 장기적인 급속한 경제 성장의 경험을 재현할 수 있는지에 달려 있다.

중국의 그림자 속에 있는 개발도상 세계

지난 10년 간 중국이 다른 개발도상국, 특히 아프리카와 투자와 무역을 늘린 것은 개발도상국과 선진국 모두에서 점점 더 주목받았으며, 여러 논쟁을 촉발시켰다. 이 주제와 관련해 많은 언론과 논객의 글 중일부는 중국을 개발도상국들이 서구 강대국의 신식민주의 폭압에서 풀려나도록 도와주는 개발도상 세계의 구세주처럼 여긴다. 원조, 대출, 투자, 무역협정 등을 서구의 이익을 위한 개혁과 정책 요구와 종종 결부시키는 서구 국가나 미국과 유럽이 지배하고 있는 국제 금융 기구들과는 달리 중국은 조건 없는 무역과 투자로 이들의 대체자로 행동하면서 개발도상 세계의 더 빠른 발전을 촉진하고 있다는 것이다. 그러나 일부 저자들은 중국이 자국의 개발 필요를 위해 다른 개발도상국으로부터 천연자원을 추출하려 하지만 그 과정에서 이 국가들의 장기적 발전을 무시하는 또 다른 신식민주의 강대국에 불과하다고 비난하고 있다.(이와 관련해서 더 자세한 사항은 이 책의 5장을 참조) 더 심각한 것은 중국이 다른 개발도상국들의 제조업 부문을 희생시켜 자신의 수출 시장을 공격적으로 확장하려고 시도하는 중상주의 국가로 여겨진다는 점이다. 일부 분석가는 자원에 대한 중국의 욕구 증가와 값싼 제품 수출로 인해 많은 개발도상국들의 경제가 사실상 산업화되고 있지 않으며, 이로 인해 이들이 천연자원 수출에만 의존하게 되었다고 말한다.[10]

중국이 다른 개발도상국들에 미치는 영향에 대한 이러한 상반된 주장을 다루기 위한 보다 진지한 학술 연구가 최근 몇 년 동안 이뤄지고 있다. 실제로 이런 연구들은 정치인들이나 비평가들의 논쟁이 포착해 내지 못한 보다 복잡한 상황을 찾아냈다. 개발연구 분야에서는 개발도상국들이 천연자원 수출에서 벗어나 다변화하는 것의 장점을 제안하는 연구가 많다. 식민지 시기부터 독립 이후에 이르기까지 다수의 개발도상국들은 '단일 재배' 모델에 갇혀왔으며, 이 속에서 선진국들에 단일한 혹은 소수의 농작물이나 원자재를 수출하는 것에 의존해왔다. 세계 시장에서 상품 가격의 변동은 이러한 단일 제품 수출국들의 통제를 훨씬 벗어나 있기에 이들의 발전 경로는 불안정하게 된다.(석유 수출은 여기서 예외다) 비록 수출하는 상품들이 안정적이고 괜찮은 가격을 유지한다고 해도 이 국가들의 경제는 여전히 '네덜란드 병'이나 '자

---

10 이 논쟁의 사례로는 Council on Foreign Relations 2007; BBC Africa Debate 2012 참조

원의 저주'에 여전히 취약하다. 즉, 수출 상품에 대한 세계의 수요가 이 국가들의 통화가치를 상승시키게 되어 수출 제조업 부문의 발전을 저해하고 엘리트들 간의 사치품 수입의 과시적 소비를 불러오게 된다. 이는 개발도상국들이 안정되고 지속가능한 성장을 촉진하려면 무엇보다 제조업과 같은 기타 부문의 성장을 위한 공간을 만들기 위해 천연자원 수출 부문과 그와 연결되어 있는 기득권들을 억제해야 한다는 것을 의미한다.(Shafer 1994; Sachs and Warner 1995; Karl 1997; Gallagher and Porzecanski 2010)

전후시기에 대부분의 개발도상국은 천연자원 수출에 대한 의존을 줄이고 산업화를 촉진시키기 위해 노력해왔으며, 이는 (국내 시장에서 국내 산업의 시장 점유율을 높이기 위해 해외 제조업체들의 수입을 차단하는) 수입 대체 산업화 혹은 (세계 시장에서 팔리는 해당 산업 제품을 판촉하고 보조금을 지원하는) 수출 지향 산업화를 통해 이뤄졌다. 그러나 중국의 호황은 이런 노력들을 방해해왔다. 첫째, 석유, 원자재, 농산물 등에 대한 중국으로부터의 수요 증가가 국제 시장의 상품 가격을 상승시켜, 심지어 중국으로 직접 수출하지는 않는 경우에도 상품 수출업자들에게 막대한 수익을 안겨주었다. IMF의 보고서도 다음과 같이 인정했다. "중국은 점차 상품 시장에서 중요해지고 있다. 중국의 시장에서의 역할과 세계 무역과 물가에 미치는 영향은 상품에 따라 다르다; 특히 중국은 기초 금속과 농업 원자재에서 지배적인 수입국이 되었으며, 이보다는 작지만 식량과 에너지 시장에서도 점차 그 역할이 커지고 있다."(Roache 2012: 21)

상품 수출국들에서 이윤이 상승하게 되면서 개발도상 세계에서는 광공업과 농업 관련 산업의 호황과 확대가 이어졌고, 다수의 나라에서 상품 수출 부문의 확장을 억제하려던 개발주의적 노력을 무효로 만들어버렸다. 예를 들어 브라질에서 콩 경작에 사용되는 토지는 1990년에서 2005년 사이에 두 배로 늘었는데, 이는 브라질 콩 수출 시장의 42.7퍼센트에 달하는 중국의 수요에 맞추기 위해 환경적으로 민감한 아마존 지역 깊숙이 농경지를 대량 확장한 결과다.(Gallagher and Porzencanski 2010: 31-32; U.S. Department of Agriculture 2004) 같은 기간 칠레 등 라틴아메리카 국가들의 구리 채굴 산업도 크게 확대됐다. 라틴아메리카의 구리 총 수출액은 2000년에서 2006년 사이 237.5퍼센트 증가했으며 대부분 중국의 수요에서 비롯된 물량 증가였다.(Gallagher and Porzencanski 2010: 22) 아프리카에서도 같은 일이 벌어졌다. 수단, 나이지리아 등 산유국 외에도 금속 광석이 풍부한 나라들은 중국의 수요 증가로 혜택을 보고 있다. 잠비아가 중국으로 구리 수출을 크게 늘린 것이 대표적 사례다.

그러나 심지어 중국이 이 개발도상국들의 원자재 수출업을 부양하는 동안에도 중국의 효율적이고 저비용의 제조업 부문은 이 국가들의 제조업 부문의 경쟁 압력을 높이고 있었다. 일각에서는 중국의 1990년대 중반 수출 지향 제조업 발전의 기원이 말레이시아와 태국 같은 다른 아시아 수출 국가들의 경제난과 연결되어 있으며, 1997~1998년 아시아 금융 위기 발생에 있어 중국이 일부 원인이라고 주장하기도 한다. 1994년 일회성으로 진행된 인민폐의 33퍼센트 평가절하는 중국의 저비용 수출 지향 제조업의 호황을 이끌었다.(이 책의 3장 참조) 이 조치로 인해 이미 임금 인상과 통화 평가절상으로 어려움을 겪던 동남아시아 중국 인접국들의 제조업은 경쟁력이 떨어지게 되었다. 일부 연구자가 주장하듯이 이 국가들은 바로 뒤이은 경제 성장 둔화에 더해 이 나라들을 제조업보다는 금융 투기로 이끈 방만한 대출과 기타 원인들로 인해 위기에 빠지게 되었다.(Krause 1998)

라틴아메리카의 산업과 관련해서는 케빈 갤러거Kevin Gallagher와 로베르트 포르체칸스키Roberto Porzecanski가 중국의 제조업 수출이 얼마나 위협적인지를 지수로 만들어 집계해왔다. 그들에 따르면, 라틴아메리카 주요 국가들의 제조업 수출의 80퍼센트 이상이 중국 제조업으로부터 직접적인 혹은 부분적인 위협을 받고 있는 것으로 나타났다.(Gallagher and Porzencanski 2010: 50, 표 4.7 참조) 라틴아메리카 제조업의 국제 시장 및 국내 시장 모두 중국 상품으로 넘쳐나고 있다.[11]

원자재 수출 부문의 확대 추세와 국내 산업에 대한 경쟁 압력 증가 추세를 함께 고려하면, 개발도상 세계가 탈산업화와 천연자원 수출 의존으로 회귀하도록 중국이 여건을 조성했다고 볼 수 있다. 그러나 이러한 변화가 개별 개발도상국의 장기적인 발전 전망에 얼마나 타격이 될지 혹은 이득이 될지는 개별 국가의 내부 정치경제적 상황에 달려

---

11   이 계산에서 "직접적 위협"으로 표시된 제품은 세계 시장에서 라틴아메리카 및 카리브 지역 국가들의 시장 점유율은 떨어지는 반면 중국의 시장 점유율은 높아지는 제품을 의미한다. "부분적 위협"으로 표시된 제품은 라틴아메리카 및 카리브 지역 국가들의 시장 점유율이 중국의 시장 점유율보다 느리게 증가하고 있는 제품을 의미한다.

표 4.7 2006년 중국의 수출로 위협받는 제조업 수출 비중

	직접적 위협(%)	부분적 위협(%)	합계(%)
아르헨티나	37	59	96
브라질	20	70	91
칠레	29	53	82
콜롬비아	15	66	81
코스타리카	36	60	96
멕시코	70	28	99
라틴아메리카 및 카리브 지역 국가 전체	62	31	94

(출처: Gallagher and Porzencanski 2010: 50.)

있으며, 그에 따라 다양하게 나타날 것이다.(Kurtz 2009)

예를 들어, 대부분의 라틴아메리카 국가 정부는 광산 기업들을 통제하거나 소유하고 있기 때문에 적어도 수요 물량의 가격 책정과 생산량에 대하여 일부 영향력을 가지고 있다. 이 국가들은 중국 및 다른 고객들과 자신의 이익을 극대화하는 거래를 위해 협상할 수 있는 능력이 있다. 또한 이 정부들은 호황을 누리고 있는 천연자원 부문에서의 수익을 장기 투자, 경제 다원화 지원, 빈곤 완화 등 다른 사용처로 돌릴 수 있는 제도를 만들 수도 있으며, 실제로 성공한 사례들도 있다. 예를 들어 칠레 정부는 경제사회 안정 기금을 만들었는데, 호황 시기에 자원 수출 부문에서의 수익 일부를 비축해놓았다가 침체기에 통화 시장 개입, 투자, 경기부양책 등에 사용하고 있다. 이 방식은 칠레가 점점 더 원자재 수출에 의존하고 있음에도 불구하고 원자재 상품 가격의 변동이 경제에 미치는 충격을 전반적으로 완화시키고 있다.(Gallagher and Porzecanski 2010: 32 - 37) 그리고 브라질의 룰라 정부는 브라질 경제가 원자재 수출 호황을 누리고 있을 때 다수의 효과적인 재분배 제도를 만들었으며, 이 가운데에는 "볼사 파밀리아Bolsa Familia" 같이 잘 알려진 빈곤층 생계수당 지급 프로그램이 있다. 이러한 제도들로 인해 원자재 수출로 벌어들인 큰 부를 좀 더 고르게 분배할 수 있으며, 국가의 지속가능한 성장에 중요한 장기 투자로 유도할 수 있다.(Anderson 2011; Baiocchi, Braathen, and Teixeira 2013; Campbell and Boodoosingh 2015)

다수의 자원 채굴 부문이 지역 내의 기업이거나 국유기업인 라틴 아메리카와는 대조적으로 아프리카의 많은 나라는 경쟁력 있는 자국의 광산기업이 부족하고 자원 채굴에서 해외 기업들에 의존해오고 있다. 아프리카의 대 중국 원자재 수출 증가에는 예외 없이 중국 국유기업들의 광업 부문의 투자가 동반되고 있다. 많은 경우, 중국의 국유기업들은 다른 초국적 광산 기업들과 더불어 광산 채굴지에서 원자재를 수출하는 항구에 이르기까지 상품 사슬 전체를 소유하고 운영하고 있다. 이런 상황 속에서 아프리카 정부는 중국 파트너들과 협상할 때 상당히 불리한 위치에 있다.(Haglund 2009; C. Lee 2009; Haroz 2011; French 2014; Jiang 2009) 중국 기업들의 관행이 아프리카의 천연 자원 부문에 자리 잡은 서구 기업들의 관행보다 더 나은지 혹은 더 나쁜지는 여전히 논쟁의 여지가 있다. 하지만 한 가지 확실한 것은 중국 기업들이 해당 진출 국가의 장기적인 발전 전망보다는 자신의 이익을 우선시하는 경향이 있다는 점이다. 중국의 광산 기업들이 확장하고 있으며, 단기 이익을 극대화하기 위해 상근직 대신 임시 노동자를 고용하고 부패한 지방정부와 결탁하고 있는 잠비아의 구리 산업이 대표적인 사례다.(Haglund 2009; C. Lee 2009)

중국의 제조업 수출과의 경쟁으로부터 받는 영향도 각 특정 국가의 산업 시설들이 가치 사슬에서 차지하는 위치에 따라 국가마다 다르다. 표 4.7을 보면, 라틴아메리카 국가 대부분의 산업이 중국 제조업체들로부터 모두 경쟁 압력을 받고 있지만, 일부는 다른 국가들보다 더 힘든 상황이다. 멕시코는 중국 제조업체가 수출하는 제품군과 매우 유사한 범위에 제조 설비가 집중되어 있어 가장 큰 영향을 받은 국가로 두드러진다. 그리고 멕시코와 중국의 제조업 모두 북아메리카 시장에 크게 의존하고 있다.

중국의 제조업이 아시아와 라틴아메리카에 미치는 영향력을 보다 폭넓게 살펴보면, 좀 더 얼룩덜룩하게 다양한 그림을 볼 수 있다. 이미 3장에서 살펴봤듯이 중국의 수출 제조 강국으로의 부상이 아시아 금융 위기를 촉발시킨 이후, 중국의 아시아 인접국 다수가 자신들의 산업 구조를 조정하고 중국과 더 통합되었다. 일단 중국의 인접 국가들이 가치 사슬에서 중국이 생산하는 것보다 위로 혹은 아래로 자신들의 생산을 집중하게 되면, 이 국가들은 더 이상 중국과 정면으로 경쟁하지는 않았다. 더욱이 중국의 수출 부문의 많은 부분은 임가공업으로 구성되어 있어서 중국이 아시아의 다른 제조업체로부터 부품을 수입해서 최종 제품으로 조립한 다음 '메이드 인 차이나made in China' 물품으로 수출된다. 이와 같이 아시아에서는 지역 생산 네트워크가 발달했으며, 중국에 부품과 기계류를 공급하는 제조업체들은 중국이 제조업 강국으로 부상하면서 큰 이익을 봤다. 하지만 라틴아메리카와 아프리카 국가들은 아시아와는 상황이 매우 다르다. 왜냐하면 이 국가들은 부품 공급자로서가 아니라 천연 자원 공급자로서 중국 중심의 글로벌 생산 네트워크에 들어가 있기 때문이다.

만약에 충분한 수의 개발도상국들이 중국과의 무역과 투자 연계에서 이익을 보고 장기적인 고속 성장을 얻어낼 수 있다면, 중국이 세계 불평등에 미치는 영향이 감소에서 증가로 변화한 이후에도 최근의 세계 불평등 감소 추세는 지속될 것이다. 또한 만약 다른 인구 대국이 중국이 그랬던 것처럼 독자적으로 고속 성장을 지속한다면, 세계 불평등은 감소할 것이다. 12억 인구로 (2012년 기준) 거의 세계 인구의 17퍼센트에 육박하는 인도가 가장 유력한 후보다.

1980년대와 1990년대에 중국이 새로운 경제 강국으로 도약하기 시작했을 때에도 인도는 장기간 지속된 낮은 성장률로 일명 "힌두 성장률"이라고 종종 조롱당했으며, 많은 분석가가 보기에 이는 낮은 국가 능력과 파편화된 국가 때문이었다.(Chibber 2006) 그러나 1991년 소련 붕괴 및 러시아로부터의 원조가 끊어졌다는 부분적인 원인으로 발생한 금융 위기 이후 인도 정부가 경제 개혁에 착수하자 1990년대와 2000년대에는 경제 성장이 개선되었다.(Subramanian 2008) 이러한 지속적인 성장으로 인해 많은 사람은 인도를 중국과 대등한 신흥 대국으로 보게 되었다.(그림 4.5 참조)

중국과 인도 사이의 지정학적 경쟁의 역사로 인해 인도는 중국과의 무역과 투자 연계가 미미했으며, 인도의 경제 도약은 부상하는 중국과

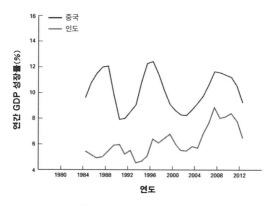

그림 4.5 1980~2012년 인도와 중국의 연간 GDP 성장률 (5년 이동 평균)

(출처: 세계은행)

는 별로 연관이 없는 독립적인 사건이었다. 비록 일부 자유시장경제 옹호자들은 이들이 중국의 경제적 성공을 단순히 시장화 때문이라고 보는 것과 마찬가지로 인도의 부상을 1990년대의 경제 자유화 덕분이라고 설명하지만, 누구나 쉽게 찾아낼 수 있듯이 두 나라의 정치경제는 큰 차이가 있다. 표 4.8에서 볼 수 있듯이 인도의 경제 구조는 중국과는 거의 거울상이다. 중국의 성장이 수출과 고정자산 투자에 의해 견인된 반면에 인도의 성장은 국내 소비가 더 주를 이뤘으며, 수출과 투자의 비중은 훨씬 더 떨어진다.

사실, 발전에 있어서 '인도 모델'의 강점과 약점은 '중국 모델'과는 정반대다. 인도는 기반시설의 저발전과 경상수지 흑자의 취약함으로 어려움을 겪고 있는 반면, 국내 소비가 강하고 도시-농촌 간 및 지역 간 불평등이 낮은 편이다. 이와는 대조적으로 중국의 특징은 부채를

표 4.8 2000년대 중반의 중국과 인도의 경제 구조

	중국	인도
GDP에서 가계소비 비중(%)	~30-40	~50-60
GDP에서 고정자본 비중(%)	~40	~30
GDP에서 수출 비중(%)	30-40	10-20
지니계수	0.43*	0.33
제조업과의 농업 교역 조건	쇠퇴	상승

* 세계은행의 계산에 따른 것으로 표 4.3의 수치보다는 작음

(출처: 위부터 4번째 항까지는 세계은행; 마지막 항은 Bardan 2020: 46)

통한 기반시설 과잉 투자, 과도한 무역 흑자, 국내 소비가 경제에서 차지하는 낮은 비중, 도시-농촌 간 및 지역 간 높은 불평등 등이다. 일부에서는 중국을 지속적인 고속 성장의 진정한 모델로 보고 인도가 장기 지속적인 고속 성장을 이루기 위해서는 중국 모델로부터 배워야만 한다고 주장하기도 한다.(Sen 2013)

하지만 또 다른 쪽에서는 인도의 성장 경로가 해외 수요와 부채 기반 투자에 덜 의존하고 있기 때문에, 비록 출발은 느렸지만 장기적으로는 더 지속가능하다고 주장하며 중국과 인도의 경쟁을 토끼와 거북이의 경주에 비유하기도 한다.(Huang Y. and Khanna 2003; Bardhan 2012 참조) 이러한 인도와 중국의 미래 성장에 대한 전망은 두 가지 다른 정치경제 모델의 강점과 약점을 평가하는 것을 포함해야 하는데, 이것은 여기에서 다루기에는 너무 복잡하다. 중국의 경로나 인도의 경로 중 어느 것이 우위를 차지할지, 혹은 중국과 인도가 자신의 정치경제를 서로의 반대 방향으로 균형을 맞춰서 이 두 경로가 결국 중간 지점에

서 만나게 될지는 시간만이 말해줄 것이다.

이 장에서는 비록 중국에서 국내 불평등이 급격히 증가했음을 고려하더라도 중국이 1980년에서 2010년에 이르기까지 세계 소득 불평등 감소에 있어 확고한 기여를 했음을 입증했다. 그러나 중국의 평균 소득 수준이 세계 평균을 넘어서게 되면 이 기여가 사라지거나 역전될 수 있다는 것 또한 보여줬다. 지난 수십 년간 세계 불평등의 역사적 감소가 지속될지 여부는 인구가 많은 빈국들이 중국의 호황으로 촉발된 새로운 국제적인 발전의 환경 속에서 빠르게 성장할 수 있을지에 달려 있다. 중국은 경쟁력을 갖춘 제조업 수출과 원자재에 대한 거대한 수요로 발전의 환경을 확실히 변화시켜왔다. 중국이 바꾸어놓은 이 발전의 환경이 개발도상국들의 발전 전망에 도움이 될지 방해가 될지는 나라마다 다르다. 따라서 200년 동안 지속되어왔던 서구와 그 외 지역들 간의 양극화 추세가 1980~2010년에 역사적으로 반전된 것이 향후 수십 년간 지속될지는 불확실하다.

경제 성장 전망은 단순히 경제적 과정만 살펴보는 것은 아니다. 경제 성장 전망은 국가 간 체계에서 여러 나라 사이의 세력 균형과 협상에서의 상대적 유불리와도 관련이 있다. 지정학의 영향력을 깊이 고려하지 않고서는 세계 불평등의 미래가 어떻게 될지 전체적으로 이해할 수 없다.

다수의 사람이 중국이 세계적으로 증가하는 경제적 영향력을 이용하여 미국을 지배적 지위에서 끌어내려 세계 정치 질서를 근본적으로 재편하고 있으며, 중국의 부상이 야기한 새로운 지정학적 환경 속에서 개발도상국들이 정치적으로 힘을 얻고 있다고 주장해왔다. 다음 장에서는 중국이 세계 정치 질서를 전복시키고 있다는 인식이 크게 과장되었음을 보여주려고 한다.

5장

미국 패권 이후의 세계?

중국의 경제적 부상에 따라 많은 사람이 세계의 정치적 무게 중심이 서에서 동으로, 선진국에서 개발도상국으로 이동하고 있다고 주장하고 있다. 서론에서 논의했듯이, 영국의 저자인 마틴 자크의 『중국이 세계를 지배하면』은 이러한 주장의 한 사례다. 베테랑 투자 은행가이자 전 미 재무부 차관이었던 로저 올트먼Roger Altman은 글로벌 금융 위기 이후인 2009년 『포린어페어스』에 「대붕괴, 2008: 서구의 지정학적 후퇴」라는 논문을 실었다. 그는 이 글에서 서구의 금융 위기와 중국의 지속적이고 탄탄한 경제 성과로 인해 미국의 세계 권력이 점차 기울고 중국의 힘은 차오르고 있다고 주장했다. 파리드 자카리아Fareed Zakaria는 자신의 2009년 베스트셀러의 제목을 『미국 패권 이후의 세계』(한국어판은 『흔들리는 세계의 축: 포스트 아메리칸 월드』, 베가북스, 2008)로 지었으며, 미국을 대신하여 중국이 부상하고 있는 것을 르네상스 시기 서구의 부상이나 20세기 미국의 부상과 버금가는 지구적 권력 이동으로 간주했다.

중국이 일반적으로는 서구, 특정하게는 미국을 대체하여 지구적 권력으로 부상하고 있다는 규정은 사실상 1970년대 이후 제기된 미국 쇠퇴론의 연속이다. 미국 쇠퇴론이라는 이 주제는 좌우를 넘어 보수, 진보, 급진적인 저자 모두 공유하는 부분이다. 예를 들어 미국의 베트남전 패배와 1970년대에 지속된 재정, 경제, 사회정치적 위기들을 일본과 서독의 경제적 도전과 겹쳐놓고 면밀히 살펴보면서 마르크스주의적 세계 체계 분석가들은 미국이 마치 영국이 20세기 초 그랬던 것처럼, 네덜란드가 18세기에 그랬던 것처럼 헤게모니 쇠퇴 국면에 진입했다고 귀납적으로 추론한다.(Wallerstein 1979; Arrighi 1994; Arrighi and Silver 1999; Chase-Dunn et al. 2005) 과거에 네덜란드에서 영국으로, 영국에서 미국으로 헤게모니가 이행했던 경험에 의거하여 세계 체계론자들은 수십 년 동안 세계 체계를 재편하고 글로벌 리더십을 가진 새로운 헤게모니 국가가 될 수 있는 잠재적 후보들을 열성을 다해 찾아왔으며, 1970년대에서 1990년대에 이르기까지 독일(혹은 통합된 유럽)과 일본을 그 후보 리스트의 상단에 올려왔다. 이들은 좀 더 최근에는 중국에게 21세기 새로운 글로벌 리더의 가능성이 있다고 간주하기 시작했으며, 안드레 군더 프랑크Andre Gunder Frank는 저서 『리오리엔트』(1998)를 통해 이러한 주장의 선두에 나섰다.

새뮤얼 헌팅턴은 이와는 다른 관점에서 정치군사적, 인구통계학적, 경제적 측면에서 미국과 서구의 권력이 장기 침체에 들어섰다고 봤다.(Huntington 1996) 헌팅턴은 20세기 중반 탈식민 운동이 시작된 이래로 서구 강대국들이 통제하는 영토가 계속 줄어들고 있다고 주장한다. 인구통계학적으로는 낮은 출생률로 인해 서구 인구는 세계에서 점차 소수가 되고 있다. 경제적으로 '중화권'은 포효하며 앞으로 나아가고 있으며, 이런 시각에서 세계의 경제 중심으로 서구 세계를 대체할 준비가 되어 있다. 헌팅턴은 중화권이 새로 획득한 경제적 힘에 의해 강대해지면서 점차 적극적으로 변하고 있으며, 서구 문명을 증오하는 경향이 있는 이슬람권과 동맹을 발전시키고 있다고 주장했다. 서구에서 동양으로의 세계 권력 이동은 결국 서구 문명과 중화·이슬람권 동맹의 대결로 귀착된다는 것이다.

서구가 쇠퇴하고 이와 동시에 중국의 권력이 부상하고 있다는 견해가 지속되어 인기를 얻게 되자 미국 정치인들은 서로 상대편이 미국의 쇠퇴와 중국이 이 나라를 곧 지배하게 될 것에 책임이 있다고 비난하는 정치 광고를 내보내기 시작했다.[12] 그러나 보다 냉철한 저자들은 미국의 세계 권력 쇠퇴와 중국의 새로운 초강대국으로의 부상이라는 인식이 과장된 것일 수 있으며, 중국은 국제 체계에서 현상 유지 권력에 불과하다고 생각한다.(Johnston 2003; Shambaugh 2013) 이 상황은 1970년대에 독일과 일본의 부상이 미국에 도전이 된다고 했던 얘기들이 과장된 것과 같다. 이 장에서는 세계 정치에서 미국 지배의 쇠퇴가 비록 사실이긴 하지만, 역설적으로 미국의 도전자로 여겨지는 중국이 지지해주기 때문에 이 쇠퇴가 지연되고 있는 것은 아닌지에 관해 논의할 것이다. 동시에 중국이 어떻게 현재 미국 중심의 지구적 신자

---

12 이와 관련한 한 사례는 2010년 미국 중간선거 전야에 방영된 '중국 교수' 광고였다.(https://www.youtube.com/watch?v=OTSQozWP-rM)

유주의 질서를 영속화하고 있으며, 이 질서의 세력 균형을 재형성하고 있는지에 관해서도 논의할 것이다. 이러한 역설의 핵심은 바로 세계 경제에서 미국 달러 헤게모니의 지속이다.

세계 권력과 세계 화폐

미국의 쇠퇴에 관한 30년간의 논쟁 이후에 일부 학자는 이 미국의 쇠퇴가 기존의 헤게모니 쇠퇴, 즉 18세기의 네덜란드와 20세기 초반 영국의 상황과 유사성을 가짐에도 불구하고 이 미국 쇠퇴 속에서의 이례적인 요소들을 찾아내기 시작했다. 예를 들어 조반니 아리기에 따르면, 미국은 1950년대와 1960년대에 절대적인 경제적 패권을 누리고 있었음에도 다른 어떤 주요 자본주의 강대국도 도전할 수 없는 군사 기구를 유지하기 위해 노력했다.(Arrighi 1994) 특히 한때 미국에게 중대한 도전장을 던졌던 두 경제 강대 세력인 유럽과 일본은 군사 능력이 미미할 뿐만 아니라 미국에 안보를 의존하고 있다. 아리기는 미국의 이러한 군사적 우위로 인해 미국 헤게모니 이후의 가능한 유일한 시나리오는 미국 중심의 세계 제국이며, 이 제국은 전 세계에 걸쳐 필적할 수 없는 미국의 강압 수단들에 의존하게 될 것이라고 상정했다.

더욱이 일본과 유럽이 한때 미국에 경제적 도전장을 내밀었지만, 이 경제적 도전은 지속가능하지 않았다. 일본은 1990년대 이후로 경제적 수렁으로 빠져들었고, 유럽 통합은 2000년대에 유럽 연합을 반대하는 민족주의 정서가 고조되었을 때, 그리고 2008년 이후 유로화 위기가 발생하면서 거대한 난관에 봉착했다. 게다가 미국이 세계 GDP에서 차지하는 비중은 1960년의 39퍼센트에서 2010년 23퍼센트로 떨어졌는데, 이는 헤게모니 쇠퇴론이 주장하는 것처럼 급격하게 감소한 것은 아니다.(그림 5.1 참조) 심지어 레오 패니치Leo Panitch와 샘 긴딘Sam Gindin은 미국의 세계 권력이 1970년대의 경제 위기와 베트남에서의 패배에서 완전히 회복해서 2000년대에 절정에 이르렀으며, 냉전 이후 세계의 모든 곳에 신자유주의적 질서를 성공적으로 도입시켰다고 주장했다.(Panitch and Gindin 2012) 미국의 생산력과 국가 능력은 경상수지 및 재정 적자 악화에서 보듯이 사실 1970년대부터 현재까지 악화되어 왔지만, 문제는 어떻게 그리고 왜 미국이 여전히 경제적 우위와 막강한 군사기구를 유지할 수 있느냐 하는 점이다.

자세히 살펴보면, 미국의 경제력과 군사력이 지속되고 있는 것은 지난 30년간 세계에서 가장 널리 사용되는 준비통화 및 국제거래통화로서의 미 달러화의 지위가 유지되고 있는 것이 주된 원인이라는 점을 알 수 있다. 많은 사람이 '달러본위제'라고 언급하는(예를 들어 Bai 2012) 국제적인 달러의 지배적 지위로 인해 미국은 낮은 이자율로 해외로부터 차입이 가능하며, 최후의 수단으로 부채를 갚기 위해 돈을 찍어낼 수도 있다. 자국 통화로 차입할 수 있는 이 능력으로 인해 미국은 다수의 국내 경제 침체 상황을 해결할 수 있었으며, 대외 부채를 통해 세계에서 가장 거대하고 활동적인 전쟁 기계를 유지할 수 있었고, 많은 개발도상국이 주로 달러화로 차입해야 했기에 막대한 피해를 입었던 부채 위기를 피할 수 있었다. 일부에서는 달러본위제로 미국이 갖는 예외적인 이점을 "과도한 특권"(Eichengreen 2011) 혹은 극단적 형태의 시

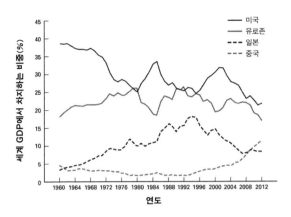

그림 5.1 1960~2012년 미국 달러 기준 세계 GDP에서 주요 국가가 차지하는 비중

(출처: 세계은행)

뇨리지seigniorage(화폐 발권 차익)로 언급하고 있는데, 모든 해외의 개인과 공공기관이 경제활동의 매개로 달러에 의존하게 되면서 사실상 미국에 조공을 바치고 있는 것이다. 모순적이게도 이 미국의 '과도한 특권'은 현재 중국이 주로 미국 재무부 채권 형태로 달러 표시 자산을 가장 많이 소유하고 있기 때문에 유지되고 있다. 이러한 동학을 이해하기 위해서는 우선 달러가 어떻게 헤게모니 통화의 지위에 오르게 되었는지에 관한 역사적 궤적을 살펴봐야 하며, 이 헤게모니 지위가 어떠한 이유로 독일과 일본의 잇따른 미국에 대한 경제적 도전에도 불안정해지지 않았는지를 알아봐야 한다.

제2차 세계대전 이후 달러의 지구적 헤게모니 역할은 1944년 브레턴우즈 회의에서 결정되었다. 또한 브레턴우즈 회의에서는 금 1온스에 35달러로 달러의 금태환을 정했으며, 자본주의 세계의 주요 통화들을 달러화에 고정시켰다. 달러본위제는 전후 마셜플랜을 통해 더 확산되었고, 세계 경제에서 달러의 유동성을 크게 높였다. 이러한 조치들로 인해 달러는 세계적으로 외환 보유고와 국제무역의 지배적 통화로 영국의 스털링화를 완전히 대체하게 되었다. 1950년대와 1960년대의 세계 통화 질서가 안정적이었던 것은 미국의 막대한 금 보유(세계 총량의 3분의 2), 경상수지 흑자, 세계 경제에서 미증유의 경쟁력 때문이었으며, 또 한편으로 소비에트 진영 국가들이 보유하고 있던 달러를 포함해 세계 경제의 풍부한 역외 달러가 거래되고 투자되기 시작한 런던의 유로달러 시장이 부상했기 때문이다. 달러본위제는 미국의 탁월한 능력의 반영이었을 뿐만 아니라 미국이 자본주의 세계에 지도력을 발휘하여 성장에 필요한 안정적인 통화 환경을 확보하는 수단이기도 했다.

1971년 브레턴우즈 체제의 붕괴는 유럽, 특히 서독과 일본이 제2차 세계대전에서 완전히 회복하고 생산성이 상승한 데서 그 원인을 추적해볼 수 있다. 국제 경쟁의 심화와 더불어 국내 노동 조직의 임금 인상 요구, 미국의 베트남 개입으로 인한 재정수지와 경상수지 적자 증가 등으로 인해 달러 투매와 미국의 금보유고 유출이 발생했다. 당시 미국 대통령이던 닉슨에겐 1971년 달러의 금태환을 중지시키는 것 외에는 선택지가 없었고, 이로 인해 다른 주요 자본주의 경제체들은 자국의 통화를 달러에 고정시켜놓았던 페그peg제를 해제할 수밖에 없었다. 달러의 금태환 폐지 조치로 미국은 달러의 평가절하를 통해 경상수지 적자를 줄이고 경제적 경쟁력을 회복하려 했다.

브레턴우즈 체제가 무너지자 많은 사람이 달러 헤게모니의 종식과 더불어 일본의 엔화와 독일의 마르크화 같은 복수의 주요 통화가 다소 균형을 이뤄 지배하는 다극적 세계경제 질서가 부상할 것으로 예측했다. 20세기 초반 영국의 스털링화의 쇠퇴와 유사점을 추출해 달러화 쇠퇴의 궤적을 예측하려는 시도들이 많아졌다.(Strange 1971) 하지만 혼란스럽게도 이렇게 예측한 다극적인 순간은 결코 도래하지 않았고 달러 헤게모니는 오늘날까지 40년이 넘게 지속되었다. 유로화가 경쟁 상대로 형성된 상황에서도 달러는 세계에서 가장 널리 통용되는 준비 통화였다.(그림 5.2 참조)

국제 거래에서 달러의 사용과 관련해서도 마찬가지라고 말할 수 있다.(표 5.1 참조) 유로화는 출범 전 유럽 국가 통화들을 합친 전 세계적인 사용량에 비해 사실상 더 많이 확장하지 못했다. 브레턴우즈 체제하에서 달러 헤게모니는 압도적인 미국의 경제적 힘의 발현이었지만, 브레턴우즈 체제의 붕괴 이후 지속되는 달러 헤게모니는 미국이 경제적 쇠퇴를 지체시키기 위해 의지하는 가장 중요한 생명선이었다. 1971년 이래 명목화폐로서 달러의 헤게모니는 브레턴우즈 체제에서보다 브레턴우즈 이후 더 오래 지속되었다. 냉전 시기 미국은 동맹국들이 무역과 외환 보유에 달러 사용을 지지하는 대가로 안보우산과 무기를 제공했는데, 달러의 지속적인 위력은 바로 미국과 군사 동맹국들 간의 이 교환에 의해 처음으로 가능해졌다. 달러본위제를 보장하는 데 있어 미국의 세계적 군사 지배의 역할은 냉전이 한창일 때의 많은 사

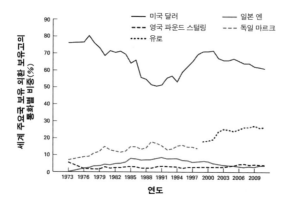

그림 5.2 1976~2012년 세계 주요 국가들이 보유하고 있던 외환 보유고의
통화별 비중

(출처: IMF)

표 5.1 세계 외환시장 거래 총액의 통화별 비중(**이백분율 기준 %**)

	1998년	2001년	2004년	2007년	2010년	2013년
미국 달러	86.8	89.9	88.0	85.6	84.9	87.0
영국 파운드 스털링	11.0	13.0	16.5	14.9	12.9	11.8
독일 마르크	30.5					
프랑스 프랑	5.0					
일본 엔	21.7	23.5	20.8	17.2	19.0	23.0
유로		37.9	37.4	37.0	39.1	33.4
멕시코 페소	0.5	0.8	1.1	1.3	1.3	2.5
중국 위안	0.0	0.0	0.1	0.5	0.9	2.2

(출처: 국제결제은행Bank for International Settlements, 2014)

례 속에서 잘 나타난다. 유럽의 미국 동맹국 정부들은 자국 주둔 미군의 감축이라는 노골적인 위협 아래 달러화 상품과 달러로 지불된 미군 물자의 구매를 늘려 달러화를 지탱하라는 요구를 받았다. 미군 감축은 곧바로 안보 위기를 발생시킬 수 있었기에 유럽의 미국 동맹국 정부들은 그 공백을 메우기 위해 군비 지출을 늘릴 수밖에 없었다.(Gavin 2004; Eichengreen 2011: 71) 수전 스트레인지 Susan Strange는 서독이 1971년 미국 달러의 금태환을 중지한 이후에도 달러본위제 유지에 중대한 기여를 하는 "순종적인 동맹국" 역할을 항상 해왔다고 지적했다.(Strange 1980; Eichengreen 2011: 71) 미국의 군사 보호에 의존하고 있는 국가들에 대해 일부 분석가는 심지어 그 나라에 배치된 미군의 수와 그 나라의 달러 사용 간의 양의 상관관계를 발견하기도 하며, 이는 탈냉전 시기에도 지속된다고 본다.(Posen 2008) 표 5.2의 첫 항목에서 보듯이 1990년대 이전에는 외환 보유고 구성에 있어 미 재무부 채권을 가장 많이 보유한 국가들에 가장 큰 미군 기지가 있다는 경향이 나타난다.

이러한 달러-안보 연계로 인해 서유럽과 일본에서는 달러가 외환 보유고의 지배적인 통화로 유지되었다. 또한 미국의 보호가 더욱 필요했던 왕정 체제와 권위주의 체제의 산유국들도 달러로 석유 수출을 거래했다. 주요 자본주의 강대국들의 달러화 상품에 대한 대규모 정부 구매와 석유와 무기 거래에서 달러의 사용으로 인해 달러의 거대한 시장 유동성이 발생했으며, 이에 민간 기업과 다른 정부들도 외환 보유와 무역 결제에 달러를 사용하게 되었다.

표 5.2 미 재무부 채권 보유 상위 5개국에서의 미군 기지 규모 순위

1988년		2000년		2009년	
미 재무부 채권 보유 상위 5개국	군사 기지 규모 순위	미 재무부 채권 보유 상위 5개국	군사 기지 규모 순위	미 재무부 채권 보유 상위 5개국	군사 기지 규모 순위
일본	3위	일본	2위	중국	없음
독일	1위	영국	5위	일본	3위
영국	4위	중국	없음	브라질	없음
캐나다	없음	독일	1위	러시아	없음
벨기에	16위	타이완	없음	타이완	없음

주 미군 기지 규모는 해당 국가에 주둔하는 군사 인력의 총 인원수로 측정

(출처: 미 국방부 및 미 재무부 자료를 바탕으로 저자 정리)

이러한 달러 헤게모니에 대한 지정학적 지원은 1990년대 초반 냉전의 종식 때까지도 확고히 유지되었다. 소비에트 진영이라는 공통의 안보 위협이 사라지자 미국의 안보 우산에 인질로 잡혀 있던 지역 강대국들은 미국의 달러-안보 연계로부터 벗어나려고 시도했다. 유로화의 등장을 예고한 1992년 마스트리히트 조약은 달러에 필적하는 새로운 통화를 만들어내려는 명백한 시도였다. 그러나 1999년 코소보 전쟁에서 잘 나타나듯이 유럽이 지정학적 이익을 지키기 위해 계속해서 미국에 의존하고 있는 데다가 유로존에서 중앙집권적인 통화기구와 재정적 통합이 부재했기에 달러에 대한 진정한 대안으로서 유로화의 지배력은 그다지 강력하지 않았다.(Gowan 1999, 2004; Krugman 2012; Hung 2013) 심지어 일각에서는 2003년 미국의 이라크 침공의 이유 중 하나가 유럽이 유엔의 이라크 제재 해제를 지원하는 대가로 이라크가

향후 석유 수출시 유로화로 결제한다는 이라크-유럽 협약이 실현되는 것을 미리 막기 위해서였다고 추측하기도 한다. 만약 이 합의가 실현되었다면, 석유 시장에서의 달러의 장악력이 흔들리고 달러를 대체하는 국제통화로서의 유로화의 위상이 높아졌을 것이다.(Gulick 2005)

미국의 지구적 전쟁 기계가 큰 도전 없이 유지되고 유로화가 달러를 대체하지 못하는 상황이었기에 달러는 냉전 이후에도 세계적인 지배력을 이어갈 수 있었다. 냉전 시기 및 그 이후에도 유지된 이 지배력으로 인해 미국은 국내 경제의 필요에 따라 일방적인 방식으로 혹은 지정학적 종속국들의 팔을 비틀어서 달러의 가치를 조정하는 데 있어서 막대한 자유를 누렸다.

그림 5.3에서 보면 알 수 있듯이 비록 달러 가치의 단기적 변동은

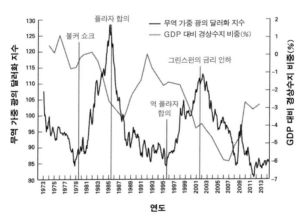

그림 5.3 1973~2014년 미국의 무역 가중 달러화 지수 및 GDP 대비 경상수지 비중
(출처: 미국 연방준비은행; 세계은행)

(1979년 이란 인질 사태처럼) 워싱턴의 통제 범위를 넘어선 상황에서 발생할 수도 있지만, 달러 가치의 장기적인 방향을 움직이는 데 있어서는 미국의 정책들이 여전히 막대한 영향력을 가지고 있다. 미국의 이러한 정책들은 그 목표가 주로 통화 문제가 아니라 인플레이션 같은 특정한 국내 경제 문제들을 해결하기 위해 고안되었다 하더라도(Krippner 2011), 달러의 평가설상이나 평가절하로 번갈아 이어졌다. 그러한 행동의 자유로 인해 워싱턴은 달러 가치를 결정할 수 있었는데, (레이건 정부 출범시의 금리 인상이나 클린턴 정부가 채택한 강한 달러 정책처럼) 경상수지 적자의 악화를 대가로 달러의 가치를 상승시키거나 (미국이 일본과 서독에게 달러 대비 자국 통화의 평가절상을 강요했던 1985년의 플라자 합의처럼) 달러의 평가절하를 대가로 경상수지를 개선시키기도 했다. 이렇게 미국은 경상수지 개선이나 안정적이고 강한 달러 가치로 뒷받침하는 방식으로 달러화를 건전한 통화로 유지하여 달러 가치의 순환과 경상수지의 순환을 정반대 방향으로 움직이게 만들었다. 만약 미국이 세계에서의 지속되는 정치-군사적 우위를 수단으로 잠재적인 경쟁 통화의 부상을 막지 않았다면 이러한 행동의 자유는 불가능했을 것이다.(Hung 2014)

그러나 2000년에서 2008년 사이 전례 없이 달러 가치 하락과 경상수지 적자가 동시에 발생하면서 달러의 신뢰성은 위협받는 것으로 보였다.(Milesi-Ferretti 2008) 이와 같이 달러 가치와 경상수지가 동시에 악화된 것은 주로 중국이 자국의 통화를 달러에 고정시켜 미국에 막대한 저비용 수출국으로 부상한 것이 주요 원인이었다.

중국의 미국 국채 중독

3장에서는 중국의 수출 부문의 부상이 저임금 농민공의 확대를 촉발시킨 1990년대 중반 일련의 정책 변화로 가능했다는 점에 주목했다. 또한 이러한 수출 지향적인 성장 경로는 중국의 달러 페그제로 촉발된 것으로 그로 인해 중국의 수출품은 경쟁 속에서 값싸게 유지될 수 있었다. 이러한 경로는 그 규모 면에서는 더 크지만 일본과 기타 동아시아 경제체들의 기존 수출 지향적 성장의 복제와 확장이라고 할 수 있다. 일본과 아시아 호랑이들은 냉전 기간 미국의 충실한 동맹국들이었다. 왜냐하면 이 나라들의 경제적 호황은 미국이 공산주의 중국을 포위하는 자본주의적 보루로서 이 나라들에 유리하게 의식적으로 정책을 실행했기 때문이다. 1980년대부터 동아시아 수출국들의 중국과의 긴장 관계가 사라지고 신자유주의적 감세 조치와 냉전의 마지막 단계에서의 군사비 지출 증대의 결과로 미국의 재정 적자가 크게 확대되었다. 하지만 이 동아시아 수출국들은 미국 헤게모니의 범위에서 벗어나기는커녕 치솟는 재정 적자에 자금을 조달하여 미국과의 결속을 굳건히 했다.(Murphy 1997)

이 아시아 수출국들은 수출 부문에서의 무역 흑자와 높은 저축률 덕분에 대량의 외환 보유고를 축적할 수 있었다. 이 나라들은 이 외환 보유고의 대부분을 미국 재무부 채권을 매입하는 데 쏟아 부었으며, 이로 인해 미국의 주요 채권자가 되었다. 이 나라들의 미국 재정 적자에 대한 자금조달로 인해 미국 정부는 세금을 줄이면서도 지출을 늘릴 수 있었으며, 또한 아시아 통화와 아시아 수출품이 미국 시장에서 가격이 상승할 길도 막혔다. 그리고 이로 인해 아시아 수입품에 대한 미국의 구매욕을 부채질했으며, 아시아 경제체들의 무역 혹자가 늘어날수록 미 재무부 채권 구입도 늘어났다. 아시아의 대 미국 수출 증가와 아시아의 미국 국채 보유 증가라는 이 두 상호보완 과정은 미국에 대한 동아시아의 시장과 금융 의존을 지속적으로 심화시켰다. 수익률이 낮은 미 재무부 채권을 아시아가 대량 구입하는 것은 아시아의 저축을 미국의 소비력으로 전환시키는 조공과 다름없으며, 이로 인해 미국의 번영은 연장되었지만 1980년대와 그 이후 금융 버블을 만들어냈다.

중국의 수출 지향적인 호황은 이러한 미국에 대한 시장과 금융 의존을 지속시키고 확대시켰다. 중국의 인민폐는 수출 증대 조치로 1994년 평가절하된 이후 계속해서 달러 환율에 고정되어왔다. 2001년 이후 앨런 그린스펀 연방준비제도이사회 의장의 공격적인 금리 인하 정책으로 달러가 약화되자 중국은 달러 대비 위안화의 평가절상을 막기 위해 미 재무부 채권 구입을 늘리기 시작했다.(Hung 2009c) 2008년 중국은 일본을 제치고 미 재무부 채권의 최대 보유국이 되었다.(그림 5.4 참조)

비록 부분적으로는 달러의 평가절하와 중국의 석유 수요 급증으로 인한 것이기는 하지만 인민폐의 대 달러 고정환율과 국제유가 급등 속에서 중국의 대 미국 수출 호황은 2001~2008년 사이 달러 약화 추세에도 불구하고 미국의 경상수지 적자 악화로 이어졌다. 미국의 경상수지는 2008년 글로벌 경제 위기 이후에야 미국 내에서 수입 소비재 수요가 줄어들면서 개선되었다. 한 추정에 따르면, 미국 경상수지 적자는 2006년에 최고치에 이르러 GDP의 6퍼센트에 달했으며, 그중 3분

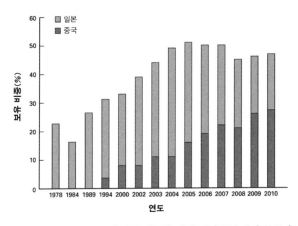

그림 5.4 1978~2010년 미국 재무부 채권 해외 보유에서 중국과
일본이 차지하는 비중

(출처: 미 재무부)

의 1은 중국 제품 수입으로 인한 것이었고 또 다른 3분의 1은 석유 수
입 때문이었다.(Desai 2007) 2012년에 미국의 대 중국 무역 적자는 총
무역 적자의 43퍼센트로 늘어났다.(U.S. Census Bureau n.d.) 석유 수입
으로 인한 미국의 무역 적자 부분도 중국이 세계적으로 유가를 인상시
키고 있기 때문이기도 하며, 간접적으로 중국의 호황과 관련되어 있기
도 하다. 1970년대 오일쇼크에 이어 미국의 석유 수입 가격의 급등에
도 불구하고 미국의 산유국과의 무역 적자는 악화되지 않았는데 그 이
유는 무기 수출을 포함해 많은 산유국에 대한 미국의 수출이 석유 수
입과 균형을 이뤘기 때문이다. 이런 상황은 2000년대에 들어 멈췄는
데, 산유국들이 미국 제품 대신 중국의 수출품을 구입하게 되면서 산

유국들의 대미 수출 증가가 더 이상 미국 제품 수입과 균형을 이루지 못했기 때문이다.(Blumenthal 2005; *Economist* 2012b; Fardoust 2012)

미국의 대중 무역적자 수준은 기존 동아시아 수출국들이 기록했던 수준을 모두 합친 것보다 훨씬 더 많은 상황이다. 많은 분석가는 기존 미국의 아시아 동맹국들의 수출이나 신용 공급과는 달리 중국의 대량의 대미 수출과 신용 공급이 달러본위제와 미국의 경제 활력의 지속가능성에 위협이 되고 있다고 경고해왔다.[13] 이들은 인민폐의 달러페그제와 미국 경상수지 적자에서 차지하는 중국 비중이 대규모로 확대됨에 따라 미국이 달러를 강화하고 경상수지를 개선할 여지가 줄어들고 있으며, 그로 인해 달러화에 대한 국제적 신뢰가 침식될 것을 우려한다. 그리고 이들은 무엇보다도 중국의 미 재무부 채권 사재기로 미국이 점차 중국에 취약해지는 것을 두려워한다. 왜냐하면 중국은 기존에 미국 국채 매입을 주도하던 아시아 국가들과는 달리 미국의 군사적 보호에 의존하지 않으며 지정학적 자율성을 누리고 있기 때문이다.(이 장의 표 5.2 참조) 이론상으로 중국은 언제든 달러 자산을 투매하여 미국의 통화 위기, 금융 붕괴, 하이퍼인플레이션, 재정 위기를 초래할 수 있다. 만약에 이런 일이 벌어진다면, 그것은 바로 지구적 달러본위제의 최종 붕괴를 의미하는 것이다.[14]

그러나 자세히 살펴보면, 중국의 대규모 채권 매입은 미국에 위협이

---

13 예를 들어 BBC News 2001. 참조

14 예를 들어 많이 인용되었던 "중국이 달러 투매라는 '핵옵션'으로 위협하다"라는 기사를 참조할 수 있다. "China Threatens 'Nuclear Option' of Dollar Sales"(*Telegraph* 2007)

되지 않으며, 기존 동아시아 수출국들의 미 채권 구입과 마찬가지로 미국에 이득이 된다는 것을 알 수 있다. 중국의 매입은 특히 이라크와 아프가니스탄에서 계속되는 전쟁 동안 미국이 계속해서 증가하는 재정 적자를 감당하는 데 도움이 되었다. 또 이를 통해 달러화 급락의 장도 만들어졌다. 미국의 전前 연준 의장 벤 버냉키Ben Bernanke의 "과잉 저축" 가설과 니얼 퍼거슨Niall Ferguson의 "차이메리카" 테제에 따르면, 중국과 기타 신흥국들의 대규모 미 재무부 채권 매입은 채권 수익률 저하와 그에 따른 금리 억제 효과를 통해 미국의 금융과 부동산 시장의 번영을 촉진했다.(Bernanke 2005; Ferguson and Schularick 2007) 그리고 이전 시기 일본과 아시아 호랑이들과 마찬가지로 중국의 저가 수출품들로 인해 미국은 금리 인하에도 불구하고 인플레이션을 낮게 유지할 수 있었다. 이렇게 중국으로부터 얻는 이득이 동시에 중국으로 인해 발생한 미국 달러 가치 하락과 경상수지 적자로 보는 피해보다 더 크다. 바로 이것이 미국이 2008년 글로벌 금융 위기 직전에 가끔 위안화 환율과 중국의 수출 강박에 대해 불만을 토로하면서도 미국과 중국의 경제 공생의 현상 변화를 진지하게 시도하지 않았던 이유다.

중국의 미 재무부 채권 매입은 수출 주도 발전모델로 인해 생겨난 강박이 되었다. 중국이 미국과의 지정학적 경쟁으로 이 채권들을 투매한다는 것은 상상할 수 없는 일이다. 상무부 관료, 연해 지역 성省 정부, 수출 제조업자와 로비스트 등 1990년대 수출 지향적 성장을 만들어낸 기득권 세력은 중국을 미국에 덜 의존하면서도 국내 소비로 추동되는 보다 균형 잡힌 발전모델로 전환시키려는 시도를 막고 수출 지향적 발전 모델을 영속화하는 데 열중하고 있다.(이 책의 6장 참조) 중국의 견고한 수출 지향적 성장으로 인해 중국 경제는 미국과 유럽의 소비 수요 위축에 많이 취약해졌다. 중국 정부가 미국 국채를 매입하는 데 외환 보유고를 사용하려는 큰 동기는 미 재무부 채권의 안정적인 기대 수익과 거대한 유동성 때문일 뿐만 아니라 미국에서 달러화의 급락, 통제 불능의 인플레이션, 금리 인상을 방지하여 중국 수출품에 대한 미국의 수요를 지속적으로 증가시키기 위한 노력의 결과이기도 하다. 심지어 일각에서는 미국이 중국에 국채를 팔아야 할 필요보다 중국이 미국 국채를 매입할 필요가 더 크다고 주장하기도 한다.(Morrison and Labonte 2013)

한편, 중국의 미 재무부 채권에 대한 중독은 그 무역 구조 때문이기도 하다. 3장에서 논의한 아시아의 중국 중심 생산 네트워크와 4장에서 논의한 남반구 원자재에 대한 중국의 갈망이 결합되어 중국은 아시아와 기타 개발도상국들로부터 원자재, 기계, 부품들을 결합해 최종소비재로 만들어서 미국과 유럽에 수출하는 결절점이 되었다. 비록 중국의 전체 무역 흑자는 계속 늘어나고 있지만, 방정식에서 미국과 유럽을 빼면 전체 세계에 대한 중국의 무역 적자는 계속 늘어나는 중이다.(표 5.3 참조) 이는 중국의 아시아, 라틴아메리카, 아프리카 및 기타 지역에 대한 수출 증가가 이 지역으로부터의 원자재, 부품, 기계류 수입 증가를 따라잡지 못하고 있다는 것을 의미한다. 미국과 유럽은 중국 무역 흑자의 유이한 원천이다.

말할 필요도 없이 중국의 대미 수출은 달러화로 결제된다. 심지어 중국의 대유럽 수출도 유로화가 아니라 달러화로 결제된다. 2008년

표 5.3 중국(홍콩 포함)의 기타 국가 및 지역과의 무역수지(단위: 10억 달러)

	2005년	2010년
세계	92.0	143.3
미국	145.4	201.2
유럽	91.1	154.9
브라질	-5.1	-13.7
일본	-34.1	-79.3
한국	-48.8	-79.5
중동	-8.3	-23.2
아프리카	-3.3	-5.5
오스트레일리아	-3.4	-29.6

(출처: IMF)

월가의 대붕괴 직후에 일부 중국 수출업체는 유럽과의 무역에서 결제 통화를 유로화로 전환하기 시작했다. 그러나 곧이어 유로화 위기가 심화되자 이 수출업체들은 다시 결제 통화를 달러화로 전환시켰다.(*Reuters* 2010) 예를 들어 연간 150만 달러 규모의 옥외용 직물을 유럽에 수출하는 네이처텍스Naturtex Apparel Corp는 미국 금융 위기로 달러화의 전망이 어두워지자 2009년에 결제액의 50퍼센트를 유로화로 전환시켰다. 그러나 2010년에 유로화가 더 큰 위기 속에 있다는 것이 명확해지자 이 회사는 유로화 결제량을 수출액의 5퍼센트로 줄였다. 수출 지향적인 지역인 장쑤성의 무역 담당 관료는 이 지역의 수출업자들에게 다음과 같은 내용을 명시적으로 주문했다. "유로화의 불확실한 미래를 고려할 때 유럽 국가로의 수출은 가능한 위안화로 결제하라, 만약 바이어가 위안화 결제에 동의하지 않으면 달러로 결제하라."

결국 중국 수출의 80퍼센트 이상이 달러로 결제된다.(*Reuters* 2010) 중국의 무역 흑자 증가가 대부분 달러로 이뤄지는 한 중국의 중앙은행은 이렇게 벌어들인 달러들을 가장 유동성이 풍부하고 상대적으로 안전한 달러 표시 자산인 미 재무부 채권에 투자하는 것 외에는 선택지가 별로 없다.

최근에는 중국이 해외 직접투자를 통해 "세계를 사들이는" 방식으로 외환 보유고를 사용하고 있다는 보도들이 있었다. 중국 기업들이 포드Ford로부터 볼보Volvo를 인수하고 중국 국유기업들이 잠비아나 캐나다 등 선진국에서 개발도상국에 이르기까지 광업과 에너지 부문에 진출한 것은 많은 언론의 주목을 받았다. 그러나 피터 놀런Peter Nolan이 이미 지적했듯이, 이러한 주목받는 사례들에도 불구하고 중국의 해외 직접투자는 세계의 다른 주요 해외 직접투자 규모에 비하면 그 규모 면에서 무시할 수 있는 수준이다. 중국의 공식 통계에서 알 수 있듯이(표 5.4 참조), 2010년 말까지 중국의 비금융 부문의 해외 직접투자 총액은 2980억 달러다.(금융 투자까지 포함하면 3170억 달러) 이 규모는 중국보다 훨씬 더 작은 경제체로 도시국가인 싱가포르의 해외 직접투자보다도 작다.

중국의 해외 직접투자 중 홍콩에 대한 투자가 63퍼센트라는 점을 고려하면 이 규모는 훨씬 더 약소해 보인다.(표 5.5 참조) 홍콩을 제외한 기타 지역에 대한 중국의 해외 직접투자액은 1190억 달러인데, 이는 중국이 보유한 1조 2000억 달러에 달하는 미 재무부 채권 규모의 10분의 1에도 못 미친다. 결국 미국 국채 시장 외에는 중국의 거대한

표 5.4 중국의 비금융 부문 해외 직접투자 규모(단위: 10억 달러)

국가	1990년	2000년	2010년
중국	4	28	298
러시아	없음	20	434
싱가포르	8	57	300
브라질	41	52	181
인도	0	2	92

(출처: Davies 2012: 표 1.1)

표 5.5 2010년 중국의 해외 직접투자 대상 지역 분포

지역	비중(%)
홍콩	62.8
홍콩을 제외한 아시아 지역	9.1
케이먼 군도 및 영국령 버진아일랜드	12.8
아프리카	4.1
유럽	5.0
오스트레일리아	2.5
미국	1.5
라틴아메리카 및 카리브해 지역 (케이먼 군도 및 영국령 버진아일랜드 제외)	1.1
캐나다	0.8

(출처: 중국 상무부 2011.)

외환 보유고를 흡수할 만한 유동성을 가진 시장이 없다. 폴 크루그먼 Paul Krugman이 중국이 계속해서 미 재무부 채권을 매입해서 달러의 헤게모니 역할을 영속화하는 데 일조하는 것 외에는 선택지가 없는 "달러 트랩"에 걸려 있다고 한 것은 과장이 아니었다.(Krugman 2009; Prasad 2014)

미국의 경상수지 적자 악화에 대한 중국의 책임과 인민폐 평가절하에 대해 가끔 벌어지는 말다툼에도 불구하고 중국과 미국 사이의 이러한 공생관계는 2008년 글로벌 금융 위기 이후에 더 강화되었다. 이러한 상황은 중국이 잦은 불만 표시에도 불구하고 2008년과 2013년 사이에 미 재무부 채권 보유를 두 배로 늘린 것에서 잘 나타난다.(표 5.6 참조) 중국은 미국 연준이 재무부 채권을 사들이는 공격적인 "양적완화"를 단행했던 2011년을 빼고는 재무부 채권의 최대 보유자였다. 중국의 중앙은행과 미국의 연준은 현재 달러본위제 지지를 통해 미국의 정치적, 경제적 지배를 지속시키는 가장 중요한 요인이 되고 있다.

중국은 이론적으로는 달러에 대한 의존, 심지어 달러본위제를 끝낼 수 있는 지정학적 자율성을 가지고 있지만, 실제로는 수출 주도 성장 모델에서 생겨난 새로운 아편인 미 재무부 채권에 대한 심각한 중독에 빠져 달러본위제, 즉 미국의 지정학적 지배를 영속화하는 데 일조하고 있다. 중국이 이러한 미국 국채에 대한 중독을 끊어낼 수 있는 유일한

표 5.6 2008년 글로벌 금융 위기 전후 중국과 홍콩의 미 재무부 채권 보유 규모

	중국 (10억 달러)	홍콩 (10억 달러)	총 해외 보유 중 중국과 홍콩의 보유 비중 (%)	총 채권 발행 잔액 중 중국과 홍콩의 보유 비중 (%)	총 채권 발행 잔액 중 연준 보유 비중 (%)
2008년 9월 말	618.2	65.5	24.5	11.8	8.3
2013년 2월 말	1,222.9	143.2	24.1	12.0	15.5

(출처: 미국 재무부)

방법은 수출 지향 모델에서 벗어나는 것뿐인데 지금 당장 가능하지는 않을 것이다.(이 책의 6장 참조)

중국 정부는 최근 달러 보유를 줄여서 미국 국채에 대한 중독을 억제하면서도 수출 지향적인 모델을 유지하는 방법으로 인민폐를 주요 준비금과 국제거래통화로 국제화하려는 야심을 강조해왔다. 그러나 실제로 중국 인민폐는 아직 완전한 태환통화가 아니기에 주요 국제통화로 자리 잡기에는 갈 길이 멀다. 국제통화 사용에서 인민폐 비중은 미미해서 영국 파운드화, 일본 엔화, 심지어 멕시코 페소화에도 한참 못 미친다.(표 5.1 참조) 인민폐가 중요한 국제통화의 지위에 오르기 위해서는 위안화의 완전태환성이 필요하며, 이어서 중국의 금융 자유화가 요구된다. 이 과정은 중국 공산당이 최종적으로 중국의 은행 부문을 세계 경제에 완전히 개방하는 아주 리스크가 큰 조치를 취하는 데 마지못해 동의하더라도 많은 시간이 걸릴 것이다.(Ma and Xu 2012) 이 조치는 당-국가가 쉽게 선택할 수 있는 것이 아니다. 그 이유는 이러한 개방은 신용 통제를 통한 당-국가의 경제 장악력에 타격이 되기 때문이다. 이러한 급진적인 변화가 일어나기 전에는 지구적 달러본위제와 미국의 세계 지배가 종식될 것이라는 모든 논의는 허풍에 지나지 않을 것이다.

중국에 대한 아시아의 두 마음

중국은 미국의 주요 채권자로서 자신의 역할을 통해 미국의 세계 권력 지속을 전복시키려 하지 않고 도리어 이를 지탱하고 있지만, 지역적 지배를 확립하기 위해서는 다수 주변국의 가장 거대한 무역 대상국으로서 증가하고 있는 자신의 경제적 영향력을 활용해왔다. 아시아의 지역 정치에서 '중국의 부상'은 실제로는 '부흥'이라고 할 수 있다. 역사를 통틀어 중국은 전 세계적으로 영향력을 끼치는 정치적 강대국이었던 적은 없다. 하지만 중화제국은 서구 제국주의 열강들이 등장해 전근대적인 아시아의 국제 질서를 무너뜨리기 전까지는 아시아에서 헤게모니를 행사했다. 일부 연구자는 냉전 이후 아시아에서 중국의 권력 상승 궤적을 적어도 부분적으로는 중국 중심의 지역적 질서의 부활로 간주하고 있으며, 이는 국가 간 세력 균형에 근거한 유럽의 베스트팔렌 국제 체제와는 매우 다른 논리를 따른다고 본다. 중국의 정치적 부상이 아시아의 정치적 질서를 어떻게 재편하고 있는지에 관해 이해하기 위해서는 중화제국 시대부터 중국의 아시아 인접국들과의 관계를 살펴볼 필요가 있다.

일본의 역사학자 하마시타 다케시浜下武志에 따르면, 전근대시기에 중국의 세계관은 제국 '내부'와 제국 '외부' 사이의 구별이 명확치 않은 보편주의가 지배적이었다고 할 수 있다.(Takeshi Hamashita 2008) 중화제국의 세계관은 동심원으로 구성되어 있는데, 가장 중심에 황제가 있으며, 직접 통치하는 지방들이 그 바로 다음의 원에 위치해 있고, 조공국들이 그 다음 원에 배치되어 있다. 이 세계 질서는 로마 시대에 생겨난 서구의 제국 모델과는 다르며, 중심부가 속국을 착취한다는 논리에 근거한 것도 아니었다. 그와는 달리 이 세계 질서는 중심부의 자애와 그에 상응하는 주변부의 충성 원칙에 의해 작동되었다. 중화제국의 조공국들은 조공사절단을 통해 제국의 수도로 사신과 공물을 보냈으며, 그 보답으로 이 사신단은 황제로부터 더 가치가 높은 선물을 받았다. 이 체계 속에서 조공국의 통치자는 중국 황제의 승인을 통해 통치 정당성을 획득했고, 조공국들의 충성은 제국의 변경 안보에 중요한 수단이 되었다. 때때로 중국은 충성 맹세를 거부하는 조공국의 통치자를 권좌에서 끌어내리기 위해 군대를 보내서 제국에 더 복종하는 통치자로 갈아치우기도 했다.(Kang 2010)

이 중국 중심의 조공 체계는 중앙아시아 조공사절단이 제국의 수도였던 시안西安에 정기적으로 방문하던 당나라(618~906)의 전성기에 공고화되었다. 송나라 시기에 북방에서 유목민족의 침입으로 제국의 중심이 남쪽으로 밀려나자 아시아의 바다에서 중국의 공식적, 비공식적 활동이 늘어나기 시작했으며 명나라(1368~1644) 때 최고조에 이르렀다. 이러한 해상 팽창으로 중국 중심의 조공 체계는 동남아시아와 일본까지 확장되었다. 아시아에서 민간 해상 무역의 성장과 맞물려 조공 행위를 통해 중국 황제의 답례품뿐만 아니라 조공사절단에 동행한 상인들의 무역활동에서도 이득을 보게 되었다. 조공 행위와 함께 상업도 성장하면서 중국 중심의 조공 체계는 사실상 조공-무역 체계가 되었다.(Hamashita 2008; Kang 2010)

이 조공-무역 체계가 항상 평화로웠던 것은 아니다. 때때로 지역의 신흥 강대국들은 중국과의 정치경제적 연계를 끊어버리거나 혹은 자신들만의 조공-무역 네트워크를 구축하여 중국의 헤게모니에 도전했다. 예를 들어 도요토미 히데요시는 일본을 통일하고 센코쿠戰國 시대를 끝내면서 아시아의 중심으로서 중국의 자리를 빼앗고자 1592년 조선을 침략했다. 그의 노력은 명나라 군대가 일본군을 조선에서 몰아내면서 실패했다. 그의 뒤를 이은 도쿠가와 막부는 쇄국정책을 채택했으며, 1635년 이후로 중국과의 무역을 금지시켰다.(Howe 1996) 또한 일본은 중국의 조공국이었던 류큐 왕국과도 조공 관계를 맺었다. 류큐 왕국은 결국 1870년대에 일본에 병합되었으며 오늘날 오키나와 현이 되었다.

하마시타에 따르면 아시아의 현대 국제 관계의 발전은 고유한 조공-무역 체계의 전환에 비추어 파악할 필요가 있다. 18세기 후반 베트남의 반反중국운동이나 19세기 버마와 베트남 등 중국의 조공국들의 서구 식민지화에서 볼 수 있듯이 체계 내부에서 민족주의가 부상했으며, 중국 중심의 조공-무역 체계는 해체되기 시작했다. 이로 인해 1868년 이후 메이지 유신으로 중앙집권적인 근대 국가를 건설하고 산업화에 성공한 일본에게 공간이 열렸으며, 일본은 아시아에서 중국의 중심적인 역할을 빼앗으려는 야심을 나타냈다. 일본은 대동아공영권 건설을 목표로 1895년에 타이완을, 1905년에는 조선을 식민지로 삼았고 1931년에는 괴뢰국가인 만주국을 세웠으며, 1937년에는 중국 본토를 직접 침공했고, 제2차 세계대전 기간에는 비록 단기간이었지만 동남아시아 여러 국가를 식민지로 삼았다. 이러한 일본의 노력은 어떤 면에서는 도요토미 히데요시가 일본 중심의 아시아 질서를 꿈꾸었던 것의 연장선이라고 볼 수도 있다.

제2차 세계대전의 끝 무렵 일본 제국이 붕괴한 이후에 동아시아 국제 질서는 냉전 질서로 대체되었다. 미국은 전시에 아시아의 바다를 지배했던 일본을 대체하고 일본, 한국, 타이완, 홍콩, 싱가포르 및 동남아시아의 다수 국가에 경제적, 군사적 안보를 제공하는 헤게모니 국가가 되었다.(Arrighi 1994: 에필로그) 중국은 1949년에 공산주의 국가가 되었으며 처음에는 소비에트 블록의 일부였다. 그러나 이 아시아의 냉전 질서는 중국이 소련과 점차 분열하면서 복잡해졌다. 1950년대에 비록 형식상으로는 여전히 소련과 친밀한 동맹국이었지만, 중국은 아시아의 신흥독립국과 개발도상국의 자율적인 정치적 공간을 개척하려는 비동맹 운동의 핵심 주도자가 되었다. 1960년대 초 중소 분열 이후 중국은 혁명 외교를 추진하며 북한, 캄보디아와 기타 동남아시아 국가들의 혁명 체제와 운동에 재정적, 군사적 지원을 제공했다. 중국의 이러한 혁명 체제와 운동의 관계는 중화제국과 인근 조공국 소 왕조들 사이의 후원 관계와 유사하다. 냉전 시기 중국 중심의 조공 질서 부활은 아주 부분적인 것이었다. 이 인접국들에 대한 중국의 영향력은 제한적이었는데, 그 이유는 북한처럼 이 국가들 중 다수가 소련에도 복종적이었기 때문이다. 중국은 또한 1975년에서 1979년 사이 캄보디아에서 잠시 권력을 장악했던 크메르 루주를 비롯해 비록 권력은 장악하지 못했지만 필리핀과 말레이시아 공산당의 게릴라 운동을 후원하기도 했다.(Brautigam 2011: 29–40)

냉전이 종식되고 중국의 경제 부흥이 도래하면서 중국 중심의 조공 무역 질서의 부활이 좀 더 뚜렷해졌다. 이미 이 책의 3장에서 설명했듯이 중국은 아시아에서 최종 제품의 가장 거대한 수출국이 되었으며,

인접국들이 중국에 자본재와 부품 수출에 특화되면서 지역적 노동 분업이 생겨나 중국 중심의 생산 네트워크가 형성되었다. 이러한 지역적 노동 분업으로 인해 중국은 대부분의 아시아 국가의 가장 큰 무역 파트너가 되었다. 무역을 통한 인접국들의 대 중국 경제 의존도가 증가하면서 중국은 주변 빈곤국들에게 투자, 대출, 경제 원조를 더 적극적으로 제공해왔다.(Lum et al. 2009; Bower 2010, 표 5.7 참조) 캄보디아와 미얀마의 많은 인프라 건설 프로젝트가 중국의 국유기업이 시행하거나 혹은 중국 국유은행의 대출을 통해 이뤄진다는 것이 이러한 활동의 좋은 사례다.(O'Conner 2011; Grimsditch 2012)

부유하건 가난하건 간에 중국에 대한 이 아시아 국가들의 경제 의존이 심화되면 중국은 이 국가들에 영향력을 미칠 수 있는 레버리지를 더 많이 얻게 된다. 중국 정부가 항상 그 연관관계를 부인하고 있음에도 불구하고 해당 국가와 경제 관계를 단절하겠다는 위협은 중국이 이용 가능한 외교적 무기가 되었다고 여겨진다. 중국은 동남아시아 국가나 일본과의 영토 분쟁과 관련해 자신의 주권 주장을 침해하는 국가는 누구이든 경제 제재를 가하거나 그것을 사용하는 데 조금도 주저함이 없었다.(Reilly 2012) 예를 들어 2012년 일본 정부가 댜오위다오/센카쿠 열도를 국유화하자 이를 둘러싸고 중국과 일본의 영토 분쟁이 격화되었을 때, 중국의 관영언론인 『차이나데일리』는 "중국은 WTO의 '안보 예외' 조항을 활용해 일본에 경제 제재 조치를 부과해야 한다"고 노골적으로 위협했다.(*China Daily* 2012) 남중국해의 스프래틀리 군도를 둘러싸고 필리핀이나 베트남처럼 자신보다 약한 주변 국가와의 영

표 5.7 중국, 미국, 세계은행의 동남아시아 국가에 대한 경제 원조(단위: 백만 달러)

	중국*	미국**	세계은행***
2002년	36		
2003년	644		
2004년	1,200		
2005년	4,200		
2006년	2,000	411	
2007년	6,700	452	4,000
2008년			4,500
2009년			8,200
2010년			7,500

* 모든 형태의 원조, 대출, 국가 후원의 투자 포함
** 대외 원조만 포함
*** 대출만 포함

(출처: Weston, Campbell, and Loleski 2011:12.)

토 분쟁에서도 중국은 이와 비슷한 위협을 간헐적으로 시도하거나 제기하고 있다. 하지만 중국 경제는 아시아 내부의 생산 네트워크에 의존하고 있고 중국 정부도 이러한 제재로 인한 경제적 비용에 민감하기 때문에 이러한 일방적인 제재의 효과는 제한적이었던 것으로 알려졌다.(Reilly 2012: 130 - 31)

중국이 아시아에서 그 비중과 중심성이 늘어나고 있는 것은 근대 이전 중국 중심의 조공 무역 질서의 단순한 복제와는 거리가 멀다. 우선, 근대 이전 중국 중심의 조공 무역 질서는 문화적으로 유가 사상에 기반하고 있다. 유가 사상 속에서 중심과 주변 간의 상호성의 실천은 중심이 주변에 행하는 자애와 주변이 중심에게 바치는 충성심으로 정당

화되었다. 이러한 문화적 토대로 인해 대부분의 아시아 국가는 중국을 행정, 경제, 학문의 모델로 우러러보게 되었다. 이와는 좀 달리 오늘날 아시아 권내에서 늘어나고 있는 중국의 중심성은 문화적 토대에 기인하고 있는 것이 아니라 노골적인 경제적 이익과 현실 정치에 기반하고 있다. 또 다른 면에서 근대 이전 중국 중심 체계에서는 중국이 유일한 지배적 권력이었던 반면에 오늘날 중국의 늘어나는 중심성은 지역 내에서 지속적인 미국의 영향력에 의해 저지되고 있다. 문화적 토대의 부족과 미국과의 경쟁은 중국이 지역 패권으로 부상하는 데 커다란 장애물이 되고 있다.

중국에 대한 아시아 국가들의 충성은 경제적 이익만이 그 동기이거나 문화적 동경이 부족하기에 기껏해야 실용적이거나 일시적이다. 또한 이 지역에서 오래된 미국의 존재로 인해 아시아 국가들은 중국과 미국 사이에서 서로를 경쟁시키며 자신의 몸값을 높이고 있다. 예를 들어 미얀마의 군사 정부는 1990년대부터 시작된 서구 국가들의 제재 조치로 인해 중국으로부터 지원을 받고 중국과의 경제 유대로 커다란 이득을 보고 있었지만, 중국 투자에 대한 일방적 의존으로 인해 점차 불안감을 느끼게 되었다. 이러한 불안에 더해 중국의 국유 광산 투자 프로젝트와 관련해 대중의 불만이 높아지자 미얀마 군사정부는 2011년경부터 미국과 서방세계와의 관계 정상화를 대가로 정치 개혁을 시도한다. 미얀마 정부는 2013년 미얀마를 거쳐 벵골만과 중국의 서남부 윈난성을 잇는 중국석유천연가스공사가 건설한 가스관 개통으로 중국과의 우호관계를 지속해나갔지만, 한편에서 2013년 초 미국과 타이의 군사 훈련에 옵서버로 초대될 정도로 미국과의 관계를 개선했다.(Haacke 2012) 미얀마 외에도 싱가포르, 타이완, 한국, 필리핀을 비롯해 많은 아시아 국가가 중국과의 경제적 유대 관계가 긴밀해지는 것을 누리면서도 미국과의 경제 관계 및 정치군사적 관계를 강화해왔다.

중국이 아시아에서 정치적인 중심국가로 부상하는 데 맞닥뜨린 어려움들은 전반적으로 중국의 지정학적 통제력에서 나타난 모순이라고 할 수 있다. 다시 얘기해 인접국들에 대한 중국의 정치적 영향력이 늘어난 것은 경제적 중요성이 증대한 직접적인 결과이지만, 그 정치적 영향력은 역설적으로 중국이 미국의 재정 적자에 자금을 지원함으로써 지탱되고 있는 미국 지배의 지속으로 인해 저지되고 있다. 일본, 베트남, 필리핀 등과 같은 많은 아시아 국가는 중국의 지정학적 야심에 위협을 느끼고 영토 분쟁을 겪고 있기에 미국이 지속적으로 지역에 존재하기를 바라고 있다. 이러한 모순은 단순히 아시아의 지정학에만 국한된 것이 아니라 중국의 영향력 증대와 관련해 다른 개발도상 세계에서도 표면화되고 있다.

오래된 세계 질서 속에서의 새로운 권력

중국이 자신에 대한 충성을 대가로 다른 개발도상국에 경제 원조를 확대하는 관행은 동아시아에 국한되지 않는다. 적어도 1960년대 이후로 중국은 다른 개발도상 지역, 특히 아프리카의 혁명 운동과 혁명 정부들에 재정을 지원하고 전문가를 파견하는 등 적극적으로 지원해왔다. 1960년대에 중국의 이러한 노력은 중소 분열 이후 제3세계에서 주도권을 놓고 중국과 소련이 경쟁한 것과 관련이 있다. 그리고 이 노력은 중국이 타이완의 중화민국을 대신해 유엔에 가입하려고 아프리카 국가들의 표와 지지를 받기 위한 것이기도 했다.(Brautigam 2011: 67-70) 1980년대에 경제 개혁을 시작한 이후 중국은 아프리카에 대한 관심을 줄여나갔지만, 2000년대에 경제가 빠르게 성장하자 석유와 기타 원자재의 안정적인 공급 전략으로 '아프리카로의 회귀'를 통해 더 강하게 관심을 기울이기 시작했다. 중국 관점에서는 아프리카에 중국 소유의 광산 기업을 설립하여 서구 업체들이 지배하고 있는 천연자원 채굴 산업에 의존하지 않는 것이 중요하다.

아프리카의 천연자원 수출에 대한 중국의 일반적인 접근은 대출, 원조, 인프라 투자 프로젝트의 수단으로 권력이 있는 누구라도 우호관계를 맺는 것이다. 중국은 거래를 하는 국가의 체제 성격에 차별을 두지 않아왔으며, 지역의 민주주의적 정부와 권위주의적 정부 모두에게 환심을 사려 했다. 미국의 투자와 비교하면, 아프리카에 대한 중국의 투자는 다양한 나라에 걸쳐 더 고르게 분산되어 있으며, 그 조건이 투자자의 입장에서는 더 관대한 편이다.(Brautigam 2011) 이 책의 4장에서 언급했듯이 중국이 다른 개발도상국들과의 투자와 무역이 늘어나는 것은 해당 국가의 정치나 지방의 제도에 따라 각기 다른 사회경제적 효과를 낳는다. 비록 중국의 경제 원조 규모가 주로 대부분이 미국의 원조인 전통적 서구 강대국들이 제공하는 원조 규모에 못 미치지만(표 5.8 참조), 중국의 원조는 일반적으로 아프리카 국가들을 상대하는 데 있어서 더 나은 조건을 제시하도록 다른 개발도상국과 선진국에 경쟁적

표 5.8 중국의 연간 대아프리카 원조(단위: 백만 달러)

	국가 재정 원조 예산	수출입은행 대출	채무 면제	중국 총계	미국 원조*
2001년	250	64	375	689	
2002년	266	86	375	727	
2003년	278	117	375	770	
2004년	242	158	375	775	
2005년	273	213	375	861	
2006년	309	347	375	1,031	
2007년	440	565	375	1,380	4,700
2008년	515	921	375	1,811	5,200
2009년	600	1,501	375	2,476	

* 미국 통계는 경제협력개발기구 정의에 따라 사하라이남 아프리카에 대한 공식적인 개발 지원을 나타내며, 개략적인 비교만을 위해 제공된다.

(출처: 중국 통계는 Brautigam 2011:170; 미국 통계는 Lum et al. 2009:9.)

인 압력을 가하고 있기에 아프리카 대륙에 새롭고 긍정적인 결과를 가져오고 있다.

아프리카 대륙에 재정적 지원과 기회를 제공하는 새로운 원천으로서 중국의 존재감이 커지면서 아프리카 국가들이 미국과 기타 서구 강대국의 정치적 요구에 저항할 수 있는 자율성도 커지고 있다. 동시에 다수의 아프리카 국가가 타이완과 달라이 라마 같은 정치적 이슈에서 중국을 지지함으로써 이에 보답하고 있다. 2011년에 노벨평화상 수상자인 데즈먼드 투투 대주교가 자신의 80세 생일 축하로 달라이 라마를 남아공으로 초청했을 때, 남아공 정부는 달라이 라마에게 비자를 내주지 않았다. 달라이 라마는 2009년에도 남아공 입국이 거부된 적이 있다. 야당은 정부의 조치가 중국의 압력으로 이뤄진 것이라며 불법이라고 비판했다.(*Guardian* 2011)

그러나 중국 의존이 늘어나고 있는 것을 불안하게 여기는 많은 동남아 인접국과 마찬가지로 아프리카의 일부 지도자는 '중국 식민주의'에 관해 우려의 목소리를 내기 시작했다. 2000년대 들어 서구 비평가들 사이에서 아프리카에서의 중국 식민주의 문제에 관해 처음 논의가 시작되었을 때, 이는 자연스레 아프리카 대륙에 대한 영향력을 중국에 빼앗길 것이라는 서구의 불안감에서 비롯된 위선적인 논의라고 비판받았다. 그러나 2010년대 들어서는 중국 식민주의에 관한 논의가 아프리카 내부에서 나왔으며, 대륙 전체에 걸친 이 반대 운동들은 자국 정부가 중국의 이익에 종속되어 있다고 공격함으로써 대중의 반중 감정 확대를 활용하기 시작했다. 예를 들어 2011년 잠비아 선거에서는 야당이 반중 캠페인을 정책으로 사용해서 성공적으로 집권당에 승리했다. 2013년 3월 남아공 더반에서 브라질, 러시아, 인도, 중국과 남아공 지도자들이 참석한 BRICS 정상회담에 앞서 아프리카의 NGO 조직과 활동가들은 반대 회의를 조직했으며, "아類제국주의"의 개념으로 중국을 비롯한 BRICS 국가들의 아프리카 대륙 지배를 표현했다. BRICS 국가들의 아프리카 진출에서의 열광이 1885년 베를린 회의 이후 유럽 제국주의 열강 사이의 '아프리카 쟁탈전'을 닮아 있다고 주장하는 이들까지 있다.(Bond 2013) 중국이 아프리카에 미치는 영향력이 늘어나는 것에 대한 이러한 우려는 강력하고 널리 퍼져 있어서 중국과 가까운 관계를 맺고 있는 해당 국가의 정부들조차 중국에 대한 불안을 공개적으로 표명하고 있을 정도다. 2013년 3월 BRICS 정상 회담 직전에 자국의 발전을 위해 중국 자금에 과도하게 의존하고 있는 아프리카 국가 중 하나인 나이지리아의 중앙은행 총재는 『파이낸셜타임스』에서 아프리카는 중국을 수용하면서 "자신을 새로운 형태의 제국주의에 개방했으며" "중국이 아프리카에서 원료나 소재를 가져가서 제품을 만들어 다시 아프리카로 팔고 있다"고 경고했다.(Sanusi 2013)[15]

중국의 지배력 강화는 아시아와 아프리카에서 발생한 역풍으로 저지당했다. 이러한 상황은 아프리카보다 부유하고 정치적으로 강하며, 지리적으로 아시아보다 중국에서 훨씬 멀리 떨어져 있는 라틴아메리카에서도 마찬가지다. 예를 들어 WTO에서 중국의 수요로 인해 생겨난 자원 대박의 수혜자인 미국과 브라질은 중국의 무역 및 통화 정책이 중상주의적이라고 비난하는 것에서 서로 연합했다.(*Wall Street Journal* 2011)

중국이 다른 나라에 미치는 정치적 영향력의 한계는 궁극적으로 중국의 경제적 영향력의 확장도 제약한다. 과거 유럽의 제국주의 강대국들이 그랬듯 중국이 자신의 정치군사적 하드파워를 투사해 이러한 역풍에 맞설 의지나 능력이 부족한 한, 중국이 지역이나 세계 범위에서 새로운 지배 권력이나 헤게모니라고 간주하는 논의들은 전반적으로 과장된 것이라 할 수 있다. 그러나 중국이 해외에 하드파워를 투사하

---

15 마찬가지로 중앙아시아의 인프라 투자와 베이징의 실크로드 기금Silk Road Fund 및 중국이 지배하는 아시아 인프라 투자 은행AIIB을 통한 새로운 이니셔티브에 대한 투자 등 중국의 새로운 열광은 아마도 아프리카에서와 유사한 정치적 역풍을 맞을 것으로 예상된다.(Hung 2015)

는 데 있어서의 무관심은 끝나고 있다. 중국은 2013년 국방백서에서 해외에서의 경제적 이익을 보호하는 것이 현재 인민해방군의 핵심 목표라고 처음으로 명시했다: "중국 경제가 세계 경제 체제에 점진적으로 통합되면서 해외에서의 이익은 중국 국가 이익의 필수적인 요소가 되었다. 해외 에너지 및 자원, 전략적 해상 통신선, 재외 중국 국민 및 법인 등 안보 문제가 점차 중요해지고 있다."(Chinese Information Office of the State Council 2013) 또한 중국은 해외에서의 자국 이익을 보호하기 위해 국제 용병을 고용하기 시작했다. 이라크 전쟁에 깊숙이 관여했던 미국 안보업체인 블랙워터Blackwater의 설립자이자 전前 CEO인 에릭 프린스Erik Prince는 중국 최대 국유기업인 중신그룹CITIC과 밀접한 관계가 있는 홍콩에 거점을 둔 물류 및 리스크 관리 회사의 회장이 되었으며, 이 회사는 아프리카에 투자한 중국 회사들에 보안 및 운송 서비스를 제공하고 있다.(South China Morning Post 2014)

중국이 조만간 세계의 새로운 헤게모니나 지배 권력이 되지는 않겠지만, 개발도상 세계에서 점차 영향력이 증가하면서 다른 개발도상국들에게 힘을 실어줌으로써 세계 정치의 동학을 이미 변화시키고 있다. 이미 다수의 연구가 지적하고 있듯이(Kentor and Boswell 2003), 서구 선진국에 대한 개발도상국의 정치적 예속은 선진국의 투자나 무역 그 자체가 원인이 아니라 주요 무역 대상과 투자 원천으로서 서구 국가들의 독점적인 역할로 인해 생겨난 것이다. 선진국의 투자나 시장은 제한적인데 투자를 필요로 하고 유사한 저부가가치 제품을 수출하는 개발도상국은 많아서 경쟁이 발생하기 때문에, 개발도상국들은 협상력이 부족하고 이에 WTO 같은 다자간 기구나 양자 간 협상에서 선진국들의 요구에 점차 저항할 수 없게 되었다. 중국이 미국과 유럽을 대신해 새로운 주요 무역 파트너나 투자 원천으로 떠오르게 되면서 다수의 개발도상국이 투자와 시장에 있어서 서구에 대한 일방적인 의존을 줄일 수 있게 되었다. 이로 인해 개발도상국들이 양자 간 혹은 다자간 협상에서 협상력을 키울 수 있게 되었다.

G20이 WTO에서 협상 블록으로 부상한 것은 이를 잘 보여준다. 이 그룹은 2003년 칸쿤에서 WTO 각료회의가 열렸을 때, 다양한 핵심 의제에 관해 선진국들과 협상에서 집단적인 지위를 조성하기 위해 의도로 발족되었다. 이 그룹은 금융 시장을 더 개방하라는 선진국들의 요구에 저항하고 선진국들에게 자국의 농민들에게 주는 농업 보조금을 폐지할 것을 요구했다.(Hopewell 2012) 세계 총 GDP에서 중국의 비중이 10퍼센트를 넘고 계속 그 비중이 상승하고 있기 때문에 중국이 이 그룹에 포함된 것은 이 그룹이 세계 시장에서 차지하는 비중을 크게 늘려주고 있다. 현재 중국은 이 그룹에서 가장 규모가 큰 단일 경제체다. 중국이 브라질과 같은 다른 구성원처럼 전략과 조직화에 적극적이지는 않지만 중국의 참여로 이 그룹의 협상력은 크게 올라갔다.(Hopewell 2014) 가장 마지막으로 열렸던 도하 라운드에서 이 그룹이 개발도상국들의 추가 개방을 대가로 부국에서 농업 보조금을 대폭 삭감해야 한다고 요구하면서 이 무역 협상은 답보 상태에 빠졌다. 도하 라운드는 2008년 협상이 결렬된 이후로 교착상태에 있다. 이 사건은 WTO가 더 이상 미국과 다른 부국들이 자신들의 시장을 보호하면

서 개발도상국들의 시장을 마음대로 개방하기 위해 사용할 수 있는 도구가 아니라는 것을 보여준다. 이러한 상황은 중국이 비록 미국에 경제적으로 복종하는 역할을 유지하고 있고 세계 정치에서 주요 서구 강대국들에 정면 도전할 능력을 갖추지 못했음에도 불구하고, 중국의 부상이 부국과 개발도상국들 사이의 세력 균형에서 이렇게 후자 쪽으로 힘이 더 실리도록 했는지를 보여준다.

중국이 비록 세계의 세력 균형을 자신과 다른 개발도상국들에게 유리한 쪽으로 바꿔내고는 있지만, 중국이 근본적으로 세계 질서를 변화시키고 있다고 주장하는 것은 여전히 과장이다. 중국의 호황은 대부분 1980년대 이후로 미국이 촉진시키고 보장하는 지구적 자유시장과 긴밀하게 통합된 민간 수출 부문에 의해 주로 추동되고 있다.(이 책의 3장 참조) 중국은 지구의 북반구 및 남반구와의 무역과 투자 연결을 확장하여 자신의 경제를 발전시키기 위해 지구적 신자유주의 질서의 영속화를 필요로 한다. 만약 중국이 이 지구적 신자유주의 질서, 이 질서와 연관된 제도들 혹은 이 질서 기저의 미국 권력을 전복시키려 한다면, 이는 자기 발등을 찍는 꼴이 될 것이다.

2008년 시작된 글로벌 금융 위기의 여파와 개발도상 세계의 많은 경제 파트너에게 최악의 위기 상황을 피할 수 있게 했던 2009년에서 2010년 사이 중국의 강력한 경제 반등 속에서 많은 사람이 위기의 원천인 미국에서 위기의 해결사인 중국으로 권력의 이동이 가속화되고 있다고 주장했다. 이들은 미국의 권력을 대신해 개발도상 세계에서 중국의 영향력이 더 커질 것으로 예측한다. 그러나 다음 장에서는 중국의 수출 주도, 과잉 투자, 가계 소비 억제형 성장 모델을 감안할 때, 중국이 위기의 해결책과는 거리가 멀고 미국과 마찬가지로 위기를 촉발시키는 세계 경제 불균형 기저의 원인임을 보여줄 것이다. 위기로부터의 반등은 지속되지 않을 것이며, 중국의 호황은 사라질 것이다. 중국이 경제의 활력을 유지하기 위해서 필요한 것은 경제의 방향 전환인데 이는 매우 어려운 일이며, 불가피하게 성장 둔화를 야기할 수밖에 없다. 이 방향 전환은 세계 경제의 균형 조정과 지구적 위기의 장기적 해결 추구에 있어서 필수적인 부분이 될 것이다.

6장

지구적 위기

호황과 불황의 순환은 지구적 자본주의 속에서 계속 반복되어 나타났다. 글로벌정치경제 분야의 많은 비판적 연구가 당대의 지구화 과정은 1970년대 세계 경제 위기에 대한 대응으로 나타난 것이라고 본다.(Wallerstein 1979; Arrighi 1994, 2007; Arrighi and Silver 1999; Brenner 2003, 2004; Harvey 2003, 2005) 자본주의 체제의 반복되는 위기는 항상 과잉 생산능력과 수요 부족으로 일어나며, 이러한 위기들은 기업의 파산, 실업, 금융시장의 혼란을 통해 경제의 과잉을 일소하는 '창조적 파괴'의 격렬한 과정을 야기할 수 있다는 것이다. 이 과정은 바로 1970년대에 많은 선진 자본주의 경제체가 맞닥뜨린 것이며, 이 시기는 이전보다 더 파괴적인 불황과 금융 위기, 고질적인 국가의 재정 위기로 특징지어진다. 이 위기는 1960년대 후반 시작된 자본간 경쟁이 심화되고 있는 가운데 일어났다. 이 시기에 일본과 유럽은 전쟁의 파괴에서 회복하여 효율적인 산업 체계를 구축했으며, 이들의 공산품 과잉 공급이 일어나 세계 제조업 시장에서 미국의 독점이 침식되기 시작했다. 조직 노동의 힘이 세지는 가운데 경쟁이 격화되자 거의 모든 중심부 국가의 제조업 부문에서 이윤율이 하락하게 되었다.(Brenner 2002, 2004; Arrighi 2007: 2장)

선진 자본주의 국가의 기업들이 이윤을 회복하기 위해 선택한 한 가지 해결책은 자본을 제조업 부문에서 금융과 부동산 부분으로 재배치하면서 투기 거품을 부채질하는 것이었다. 또 다른 해결책은 자기 지역보다 임금이 낮고 이윤율은 높은 새로운 지역을 세계 시장에 개방 및 통합시키고 잉여 자본을 그 지역으로 수출하는 것이었다. 자본주의 체제를 재조정하려는 이러한 시도들은 1980년대와 1990년대의 신자유주의와 지구화 프로젝트의 기원이었으며, 전 세계에 걸친 자본 시장 규제 철폐와 초국적 무역과 투자의 장벽 해체를 의미하는 것이었다.(Harvey 1982, 2003, 2005; Arrighi 1994, 2005) 미국과 유럽에서 금융과 부동산 거품의 팽창과 1970년대 이후 제조업 자본 대부분을 흡수해 역동적인 성장의 중심이 된 (특히 중국을 포함한) 동아시아의 개방은 지구적 자본주의 위기에 대한 이 해결책의 핵심 구성요소였다.

동아시아와 중국이 지구적 자본 축적의 새로운 중심으로 떠오른 것은 이 위기를 해결한 것이 아니라 일시적으로 개선했을 뿐이었다. 이 책의 3장과 5장에서 상술했듯이 중국의 수출 지향적 발전 모델은 미국(과 유럽)의 과잉 소비에 의존했으며, 이 과잉 소비는 중국(과 다른 동아시아 국가들)의 미 재무부 채권 구입을 통해 자금을 조달한 것이었다. 미국과 기타 부국에서 부채 주도 소비의 확장은 세계 체계에서 일시적인 번영을 창출했지만, 이 번영은 한편에서 미국과 유럽의 과잉 소비, 과도한 부채, 금융 과잉이라는, 또 다른 한편에서 중국의 과소 소비와 과잉 투자라는 특징을 갖는 세계 불균형을 악화시켰다. 이 세계 불균형은 2008년 글로벌 금융 위기의 원인이 되었다.

많은 분석가는 미국에서 시작된 글로벌 금융 위기와 이어진 유로존에서의 심각한 부채 위기, 그리고 2009~2010년 사이 중국의 강력한 경제 회복을 중국이 세계 경제의 중심으로 부상하고 서구가 최종적으로 쇠퇴하는 신호로 보기도 한다. 그러나 이 장에서는 중국이 이 위기의 해법의 일부라기보다는 애초에 이 위기를 야기했던 문제의 일부라는 것을 보여줄 것이다. 중국이 위기에서 즉시 회복한 것은 인상적이었고 중국의 많은 경제 파트너에게 이익을 주었지만, 이는 근시안적인 경기부양책과 부채로 조달한 투자에 기반한 것이었다. 장기적으로 이런 경기부양책의 후유증은 중국의 호황이 결국, 그리고 예상한대로 사라졌을 때, 중국의 고통을 증가시킬 뿐이다. 중국 경제는 시급한 균형 조정이 필요하다. 이러한 중국의 국내 경제 재조정은 세계 경제의 재조정을 필요로 하며, 그 반대도 마찬가지다.

세계 경제 불균형을 야기한 중국의 원인

(2013년에 인도 중앙은행 총재로 취임한) 당시 IMF 수석 경제학자였던 라구람 라잔Raghuram Rajan은 2008년 글로벌 금융 위기 3년 전에 작성된 세계 경제 상태에 관한 한 보고서에서 중국의 수출 의존 경제의 급속한 성장과 미국의 부채 기반 소비 급증과 부동산 거품이 서로 맞물리며 세계 경제 성장의 거의 절반을 차지하는 상황이라고 규정했다. 그 보고서는 "미국, 그리고 그보다는 좀 덜할지라도 중국에서의

지속불가능한 경제 성장 과정에 세계 경제가 과도하게 의존하는 것"은 세계 경제에 불안한 불균형을 만들어내고 있다고 경고했다. 그리고 미국의 경상수지 적자와 부동산 거품은 확실히 지속불가능하며 중국 경제는 점차 "과잉 투자"와 "다른 나라의 수요에 대한 과잉 의존"으로 점차 위험해지고 있기 때문에 이 "불균형을 해소하기 위해 필요한 전환들"이 순조롭게 생겨날 가능성이 점점 더 줄어들고 있으며, "리스크가 불리한 쪽으로 기울고 있다"고 음울하게 전망했다.(Rajan 2005) 2008년에 벌어진 일들은 이 보고서의 전망이 맞았다는 것을 증명했다.

2008년 글로벌 금융 위기 이후, 이 붕괴를 초래한 세계 불균형이 미국의 금융 과잉과 마찬가지로 중국의 국내 불균형 때문이라는 라잔의 진단을 뒷받침하는 많은 연구 작업이 이뤄졌다. 월스트리트의 베테랑 트레이더였으며, 현재 베이징대학의 교수인 마이클 페티스Michael Pettis는 중국의 불균형과 세계 불균형 사이의 연관 관계를 철저하게 파헤친 자신의 연구에서 중국과 같이 지속적인 무역 흑자를 내고 있는 나라들은 미국과 같은 적자국들과 마찬가지로 세계 경제 위기에 책임이 있다고 주장했다.(Pettis 2013; Rajan 2010) 페티스는 금융 위기로 인해 무역 흑자국들의 경제 기적이 끝날 수 있으며, 마치 일본이 1990년대 초 이후로 경험하고 있는 것처럼 "잃어버린 20년"으로 이어질 수 있다고 주장했다. 이 위기에서 벗어나는 유일한 방법은 적자국(예를 들어 미국)과 흑자국(예를 들어 중국)의 근본적인 균형 조정이다. 그는 흑자와 저축을 적자와 대출보다 더 바람직한 것으로 여기는 보통 사람들의 지혜는 세계 거시경제에는 적용되지 않으며, 여기에는 과도한 저축이 과도한 대출만큼이나 유해하다는 매우 다른 논리가 적용된다는 것을 보여줬다.

페티스는 2008년 금융 위기 기저의 세계 경제 불균형이 주로 흑자 국들, 무엇보다도 중국과 같은(독일은 또 다른 사례) 나라들이 채택한 소비 억제형 성장 모델의 산물이라고 본다. 이론적 원리에 따라 소비 억제는 항상 저축의 증가를 가져온다. 만약 저축이 투자보다 크다면, 초과 저축은 순 자본 수출의 형태로 다른 나라로 흘러간다. 반면에 자본이 순 유입된 나라는 저축보다 투자가 더 크게 나타난다. 중국은 미 재무부 채권 구입이 주된 자본 수출의 통로인 반면, 미국의 대외 채권 판매는 자본 유입의 주요 통로다. 거시경제학의 기본 법칙에 따르면, 저축에서 투자를 뺀 것은 무역 흑자와 같다.[16] 이를 공식으로 표현하면 다음과 같다.

저축 - 투자 = 자본 유출(혹은 유입) = 무역 흑자(혹은 적자)

이 공식은 자본을 수출하는 나라는 무역 흑자가 발생하는 반면, 자본을 수입하는 나라는 무역 적자가 발생한다는 것을 의미한다. 개방 경제는 무역과 자본 이동을 통해 서로 연결되어 있기 때문에 한 나라의 과소 소비와 고저축에서 비롯된 자본 수출과 무역 흑자는 다른 나

---

16 만약 Y가 국민총생산, C는 총소비, G는 정부 지출, I는 총투자, (X-M)은 무역 수지, S는 저축이라고 한다면, Y = C+G+I+(X-M)이며, Y-C-G = S로 정의할 수 있기에, Y-C-G-I = S-I = X-M이 된다. 그래서 저축에서 투자를 뺀 것은 무역 수지와 같다.

라의 과잉 소비와 저저축으로 인한 자본 수입과 무역 적자로 이어질 수밖에 없다. 무역 상대국의 국내 불균형은 마치 거울과 같이 서로를 반영해 세계 불균형을 발생시킨다. 다시 말해, 미국의 불균형과 중국의 불균형은 상호구성적이다.

페티스는 중국의 소비 억제형 성장 모델이 중국 인민들의 문화나 관습과는 관련이 없다고 지적한다. 중국의 높은 저축률과 저조한 소비는 임금 억압, 저평가된 통화, 금융 억압이라는 세 가지 정책의 결과이며, 이를 통해 일반 가계 소득이 수출과 국유 부문으로 재분배되었다. 첫째, 3장에서 기술한 바와 같이 1990년대 이후 호구 제도로 인해 도시에서의 권리와 복지를 누리지 못하는 농민공들이 대량 공급되면서 임금은 생산성보다 훨씬 더 느리게 증가했으며, 이로 인해 생산성 증가에 비해 상대적으로 노동자들의 소득과 소비의 성장은 억압되었다. 둘째, 중국 중앙은행은 무역 흑자의 증가에 따라 인민폐가 절상되는 것을 막기 위해 통화 시장에 개입해왔다. 결과적으로 저평가된 통화는 수출업자에는 이득이 되었지만 국내 소비 물품은 더 비싸지게 했다. 따라서 이 통화 정책은 일반 소비자들에게 부과된 숨겨진 세금으로 이는 수출업자들에게 이전된다. 셋째, 예금자와 대출자 모두에게 국유은행들이 낮은 이자율을 유지하는 것은 일반 가구에 부과된 또 다른 숨겨진 세금이다. 일반 예금자들이 아주 미미한, 심지어 마이너스 실질 금리를 감수해야 하는 반면, 국유기업이나 정부 단위는 낮은 금리로 대출이 가능해 부동산과 인프라 건설 프로젝트에 흥청망청 돈을 쓸 수 있었다. 이는 일반 가계 예금자들이 국유 부문의 과잉 투자에 지불하는 보조금이나 다름없다.

비록 이 모델이 높은 투자, 인프라 개선, 국제적으로 경쟁력을 갖춘 제조업 부문을 수반하지만, 관련한 금융 억압은 (기업이나 정부가 아닌 대부분 가계 저축이라고 할 수 있는) 저축을 더 높은 수준으로 끌어올린다. 따라서 중국에서의 투자 초과 저축은 중국 제품에 대한 대외 수요와 교환되어 해외로 수출되어야 한다. 5장에서 언급했듯이 특히 재무부 채권 같은 미국 자산의 거대한 유동성과 미국 시장의 규모를 감안할 때, 중국의 과잉 저축의 대부분은 미 재무부 채권으로 그리고 중국의 제품은 미국의 소매 시장으로 귀속된다. 페티스가 볼 때, 중국의 미국 채권 구입은 "무역 흑자와 국내 고용 증대를 위한 무역 정책"이다.(Pettis 2013: 155) 그리고 미국에게 이러한 "중국의 재무부 채권 구입으로 인한 대규모 자본 유입은 해롭다."(Pettis 2013: 179) 왜냐하면 미국은 더 높은 투자와 더 많은 소비로 증가하는 자본 순유입에 대응하는 수밖에 없기 때문이다. 자본 유입이 달러 가치를 상승시키고, 수입 제품의 가격을 떨어뜨리며, 미국 제조업체를 불리하게 만들기 때문에 "미국 기업이 대출을 받아 국내에서 생산을 확장할 인센티브가 거의 없다."(Pettis 2013: 157) 중국 자본의 대량 유입으로 인한 신용 팽창은 부동산 투자와 부채 기반의 소비를 늘릴 뿐이다. 페티스는 "미국의 소비 과잉과 무역 적자는 미국의 공공부채에 대한 중국의 과도한 투자에 기인하는 것이며, 이는 미국인들에게 분수에 넘친 소비를 **강요**하고 있다"고 결론 내린다.(Pettis 2013: 154, 강조는 원문에서)

잉여 자본을 다른 경제체에 수출하는 저소비 국가들 때문에 야기된 세계 불균형은 페티스가 볼 때 자본주의의 발전에서 새로운 것이 아니다. 페티스는 홉슨John A. Hobson과 레닌Vladimir Lenin의 통찰을 가져와 19세기 후반과 20세기 초반에 산업화된 국가들에서 부와 소득이 부자들에게 집중되고 노동자들의 요구는 억압당해 생겨난 과소 소비로 인해 이 나라들은 자신들의 공식적, 비공식적 식민지로 자본을 수출할 수밖에 없었고, 이 식민지들은 식민 모국에 부채를 지고 무역 적자를 감당하게 되었다고 지적한다. 현재와 당시의 주요한 차이는 20세기 초반 자본을 수출하던 열강들은 "식민지의 경제와 세금 체계를 관리하여 자신의 부채를 모두 상환할 수 있었다는 것이다."(Pettis 2013: 146; Austin 2011) "식민지가 징발당하거나 무역을 할 수 있는 자산이 있는 한 대규모 경상수지 불균형이 지속될 수 있었기에" 세계 불균형은 제국주의 시대에 더 오래 지속될 수 있었다.(Pettis 2013: 146) 한 세기 전 지배 국가로부터 자본을 수입하는 많은 식민지가 저개발 경제체들이었으며, 유입된 자본은 대부분 금융시장이 아니라 추출산업으로 흘러들어갔다. 이렇게 자본 수출의 고도로 영토화된 형태는 오늘날 적자국들이 안고 있는 금융 투자의 변동성을 발생시키지는 않았지만 그럼에도 자본을 수출하는 제국주의 열강이 영토를 놓고 서로 공격적으로 다투게 만들었으며, 이 제국주의 간 경쟁이 격화되며 제1차 세계대전을 격발시켰다.

오늘날 중국과 같이 거대한 무역 흑자로 자본을 수출하는 국가들은 자신의 자본과 제품을 수입하는 미국과 같은 주요 수입 국가들에 대해 식민주의 통치를 하려 하지 않는다. 이들의 자본 수출 상당수는 자본 수입국의 금융과 부동산 거품으로 흘러들어갔다. 이런 상황의 불균형은 더 이상 지속가능하지 않다. 일단 적자국들의 불안정한 거품이 꺼지거나 이들의 대출 능력이 고갈되면 그 나라들에서의 소비는 붕괴할 것이다. 이것이 바로 2008년 이후로 미국에서 발생한 상황이다. 이 경우, 무역 적자국들은 고통스러운 재조정을 겪을 수밖에 없는데, 이는 소비를 억제하고 저축을 늘리는 소매 판매와 부유층들에 대한 세금 인상을 통해서 이뤄질 수 있다. 그러나 무역 흑자국들이 계속 소비를 억제하고 잉여 저축을 수출하며 적자국들에 무역 흑자를 계속 유지한다면 이러한 재조정의 노력들은 헛수고가 될 것이다. 만약 자본 수출국들이 흑자를 줄이고 소비를 진작시키지 않는다면 미국이 무역 흑자와 소비 억제를 달성하기란 수학적으로 불가능하다. 세계 경제에서 누군가의 흑자는 반드시 누군가의 적자를 동반하게 되어 있다. 세계 경제의 진정한 재균형은 적자국과 흑자국이 서로 상응하는 정책을 통해 동시에 국내 경제를 재조정해야만 가능하다. 소비를 억제하고 저축을 늘리는 미국의 정책은 소비를 진작하고 저축을 줄이며 무역 수지를 역전시키는 중국의 정책과 같이 이뤄져야 한다. 중국의 과소 소비는 주로 수출 제조업자와 국유 부문을 보조하기 위해 가계 소득을 압박하는 데에서 비롯되기 때문에 소비를 끌어올리기 위해서는 가계 부문에 유리한 "분배 투쟁"(Pettis 2013: 74)이 수반되어야 한다.

페티스가 보여줬듯이 중국의 재조정은 미국과 세계 경제의 재조정에도 중요할 뿐만 아니라 중국 경제의 붕괴를 방지하기 위해서도 필수적이다. 중국 호황의 두 엔진인 투자와 수출은 취약한 상황이다. 페티스에 따르면, 중국의 인프라는 발전 단계에 비해 과도해지고 있으며, 새로 건설한 인프라의 수익률이 하락하면서 기존의 악성 채권에 이미 과부하가 걸린 국유 부문의 대출 능력을 고갈시키고 있다. 한편, 미국의 소비는 감소하고 있으며, 그에 따라 중국에 무역 흑자를 줄이라는 정치적 압력이 가중되고 있다. 투자와 수출 엔진이 동시에 위협받고 있는 상황에서 가계 소득과 소비의 증가는 점점 더 중요해지고 있다.

중국 모델의 한계

미미한 가계 소비, 국유 부문의 과잉 투자, 수출 부문에 대한 의존으로 특징지어지는 중국 경제의 불균형은 중국 발전 모델의 결과다. 중국 경제의 재조정은 이 모델의 변화와 이와 연관된 기득권층과 정치 제도를 혁파하는 것을 필요로 한다. 이는 쉽지 않은 일이다. 제3장에서 지적했듯이 중국의 과잉 투자와 수출 지향의 호황을 가능케 했던 것은 첫째, 저임금을 유지하기 위해 노동자와 농민의 요구를 억압하는 권위주의적 당-국가의 능력이었고, 둘째, 외곬으로 지방의 경제 성장을 추구하고 투자 유치 경쟁을 하는 지방 발전국가의 자율성이었다. 중국 호황의 이러한 정치사회적 기원은 양날의 검이다. 노동자와 농민들의 요구를 억압하는 것은 국내 소비력의 성장을 제약하며, 경제 거버넌스의 분산은 불균형적이고 불안정하며 수익성이 낮은 생산 능력의 확장을 부추긴다.

이 불균형은 현재 중국의 성장 패턴을 저임금, 고투자, 수출 의존으로 잘 알려진 다른 아시아 호랑이들의 비슷한 발전 단계와 비교해보면 특히 더 두드러진다. 중국의 가계 소비에 대한 억압은 기존 동아시아 수출 국가들의 발전 국면과 비교해보면 훨씬 더 심각하다.(그림 3.5 참조) 산업 도약 초기 단계에서 동아시아 호랑이들의 모든 정부는 권위주의 체제였다. 그러나 이 체제들은 냉전 지정학의 통제를 받았다. 공산주의 중국이 바로 옆에 있었기에 이 체제들은 하층 계급 사이에 사회주의적 영향을 남김없이 뿌리 뽑기 위해 노력했다. 이들은 독립 노조나 농민 조직을 탄압하면서도 토지 개혁이나 무상교육 등과 같은 선제적인 재분배 정책을 통해 이 목표를 달성했다. 이 권위주의적 체제들은 경제 성장의 결실을 하층 계급, 특히 농민들에게 흘려보냄으로써 정치적인 면에서는 고도로 배타적이지만 경제적으로는 포용적인 성격을 지니고 있었다.(Deyo 1987; Haggard 1990: 223 – 53; 표 4.3도 참조) 소득 격차의 감소와 하층 계급의 소득 증가로 이 신흥 산업 경제체들은 상당한 국내 시장을 창출할 수 있었으며, 이로 인해 세계 시장의 예측할 수 없는 변동에 대한 완충장치를 가질 수 있었고 국제적인 경쟁에 나서기 전에 충분한 국내 수요로 유치산업을 보호할 수 있었다.(Grabowski 1994)

반면, 중국의 당-국가는 1990년대에 노동 계급의 임금 인상 요구를 억압하면서 급속한 경제 성장을 추구했으며, 이는 급격한 사회 양극화를 야기했다.(이 책의 3장과 4장 참조) 소득 불평등의 증가는 대량 소비 시장의 확장을 제약했다. 중국의 GDP에서 임금이 차지하는 비중은 1998년의 53퍼센트에서 2005년에 41.4퍼센트로 떨어졌으며, 세계은행의 한 연구는 "경제에서 임금과 가계 소득 역할이 감소하는 것은 GDP에서 소비 비중이 감소하는 핵심 동인이다"라고 규정했다.(He and Kuijs

2008: 12) 중국의 소비 성장은 정체한 것은 아니지만, 전반적으로 경제 성장과 활기찬 투자 성장을 따라가고 있지 못하다.(Hung 2008: 164) 그림 6.1은 중국의 평균 가계 소득과 가계 소비가 1인당 GDP 증가에 비해 한참 밑이라는 것을 보여준다. 1인당 GDP와 1인당 가계 소득의 격차 확대는 기업 이윤의 증가를 의미한다. 확실히 중국의 과소 소비에 대한 진단은 지난 30년간 주요 도시에서 소비가 급속하게 성장했다는 것을 모두가 목도했기에 직관에 어긋나는 것처럼 보인다. 그러나 여기서 중요한 것은 소비 절대량의 성장이 아니라 생산 능력과 인프라의 훨씬 더 급속한 성장에 비해 더딘 소비 성장이다.

임금 상승이 전반적으로 경제 성장에 비해 크게 뒤처지는 상황에서 기업 이윤은 이에 비교해 급증하고 (국유기업의 직접 수입과 법인세를 통해) 기업의 유보금과 정부 저축으로 전환된다. 그리고 국가 총저축에서

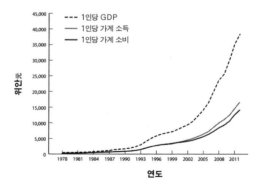

그림 6.1 1978~2012년 중국 경제 성장 대비 가계 소득과 가계 소비 성장

(출처: 중국 국가통계국)

가계 저축이 아니라 기업과 정부 저축이 더 큰 비중을 차지하고 있으며, 그 비중이 점차 늘어나고 있다.(그림 6.2 참조) 2000년대 내내 가계 저축은 중국의 총저축에서 절반에도 못 미쳤으며, GDP에서 차지하는 비중면에서 인도보다도 낮은 수준이었다. 그 사이 중국의 기업 유보금은 일본을 앞질렀으며, 정부 저축은 한국을 앞질렀다.(Ma and Yi 2010: 5-6) 이렇게 은행에 예치된 저축은 신용 붐을 부채질하여 과잉 투자 문제를 더악화시킨다.(National Development and Reform Commission of China 2005)

중국에서 과소 소비의 악화에 따른 과잉 투자의 문제는 중국 발전국가의 분권적 속성으로 인해 기존 동아시아 호랑이들의 상황보다 더심각하다. 일본, 한국, 타이완의 초기 경제 부상 기간에 중앙정부는 전략적 산업 부문의 성장을 지원하기 위해 귀중한 재정과 기타 자원을

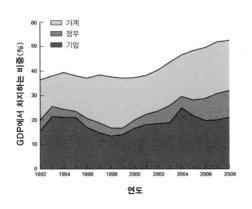

그림 6.2 1992~2008년 부문별 중국의 총저축 구성

(출처: Ma and Yi 2010)

동원하고 배분하는 데 핵심적인 역할을 했다. 이러한 '승자 선발' 과정은 초기 산업 도약 단계에서의 성공뿐만 아니라 이후의 산업 개선에서도 매우 중요했다.(Haggard 1990; Wade 1990; Evans 1995) 오늘날 중국에서 분권화된 경제 성장은 동아시아의 중앙집중적인 발전국가 모델에서 많이 벗어나 있다.(So 2003) 중국의 많은 지방정부는 선별된 산업 부문의 성장을 사전에 촉진할 때 '발전주의적으로' 행동하며, 이러한 발전주의적인 노력들은 종종 지방 수준에서 잘 계획되고 실행되었다. 그러나 이러한 노력들이 결합되면서 전체적으로는 지방들 사이의 무정부적인 경쟁을 일으켰으며, 조정되지 않은 과도한 생산 능력과 인프라 건설이라는 결과를 낳게 되었다. 중국 제품을 위한 중국 시장과 세계 시장이 끊임없이 성장할 것이라는 기대를 가진 외국인 투자자들도 중국에서 자신들의 산업 생산 능력을 확대하기 위해 서로 경주를 벌이고 있다. 수출 지향적인 외국인 투자는 세계시장에서 꾸준히 적당한 이윤을 산출해냈지만, 다수의 내수시장 지향적인 기업, 특히 국유기업에 대한 투자는 점차 이윤을 남기지 못했다.

철강, 자동차, 시멘트, 알루미늄, 부동산과 같은 주요 부문의 유휴 생산 능력은 1990년대 중반 이래로 줄곧 급상승해왔다.(Rawski 2002) 2006년에 중국 산업의 75퍼센트 이상이 과잉 생산 능력으로 시달리는 것으로 추산되며, 산업 부문에서 고정자산 투자는 이미 2005년에 중국 GDP성장의 40~50퍼센트에 달하는 과잉 투자를 경험한 것으로 추산된다.(Huang Y. 2002; Rawski 2002: 364-65; Rajan 2006; Xie 2006) 과잉 생산 능력의 증대는 국내 기업의 지리적 유동성과 부문 간 유동성의 부족으로 인해 더욱 격화되며, 이 유동성의 부족은 이미 포화 상태인 지방과 부문에서 국내 기업들의 투자 성향을 확대시킨다. 한편으로 많은 성 정부와 시 정부는 다른 성이나 도시가 투자하지 못하도록 보호주의 장벽을 세워두고 있다. 이러한 행위는 "한 국가에 32개의 경제체가 존재하는" 침체를 만들어낸다.(Huang Y. 2003: 140-48) 한 조사에 따르면 85.8퍼센트의 국유기업이 해당 도시에만 투자하며, 91.1퍼센트의 국유기업이 해당 성에만 투자한다.(Keister and Lu 2001: 26) 이러한 제한적 투자는 부분적으로는 금융 시장의 저발전 때문이며, 이로 인해 기업들이 자신들의 유보금을 전환하여 다른 부문이나 지역에 투자하기 어렵다.(Rajan 2006, 2010)

주요 국유은행은 기업들에 규제를 가하고 과도하고 수익이 낮은 투자를 하지 않도록 유도하기보다는 느슨한 대출 관행을 통해 이런 투자를 장려했다. 중앙정부와 지방정부의 재정적 무기인 이 은행들은 부실하고 방만한 국유 공업 기업에 용이한 조건으로 신용을 제공했으며, 정부의 통계에 따르면 2006년에는 이 기업들의 대략 40퍼센트가 손실을 입었다.(Bank for International Settlement 2007: 56) 이와는 대조적으로 사영기업은 매우 성공적인 기업조차도 주요 국유은행에서 금융 지원을 받는 데 불리한 위치에 있다. 이러한 두 가지 요소를 볼 때, 중국은 자신의 재정적 무기를 "패자를 먹여 살리기"보다는 "승자를 선발"하는 데 사용했던 동아시아 발전국가들의 발전 경험과는 구별된다.(Tsai 2002: 29-35; Shih 2004)

국유은행이 수익을 내지 못하는 국유기업들에 대출을 연장해주려는 동기는 무엇보다도 은행 관리자와 국유기업 관리자 사이의 대인관계, 결탁 등과 관련이 있다. 이 대출은 종종 지방 당 실권자들의 명령에 따른 것인데, 이들은 국유은행의 지방 지점들에 압도적인 영향력을 행사하고 있고, 지방에 대한 투자 붐을 부채질하여 지방의 성장 수치와 정부의 단기 세입을 끌어올리려는 경향이 있다. 2006년에 중국은행은 글로벌 기업공개 설명회에서 지방 지점에서의 무절제한 대출은 피하기 어렵다는 것을 인정하기도 했다. 중국은행은 "다른 많은 중국의 은행과 마찬가지로 당사의 지점과 자회사들은 역사적으로 운영과 관리 면에서 상당한 자율성을 가지고 있고, 본사는 조직 전체에 걸쳐 다양한 정책들이 효과적이고 일관성 있게 시행되는 것을 보장하지 못할 수도 있으며, 당사 정보 시스템의 한계로 인해 항상 지방의 지점 및 자회사의 운영 혹은 관리 문제를 적시에 효과적으로 예방하거나 탐지할 수 없다"는 것을 그 이유로 들었다.(Bank of China 2006: 30~31) 또한 중앙정부도 국유기업 개혁 과정에서 발생한 대량 정리해고의 사회적 충격을 완화시켜 정치사회적 안정을 유지하기 위해 이러한 대출을 막지 않았다. 그러나 이러한 관행은 금융 시스템에서 부실 채권이 누적됨으로써 부문 단위의 과잉 투자가 전반적인 경제 위기로 확대되게 한다.(Lardy 1998; Rawski 2002: 364~65; *Economist* 2005) 국제결제은행이 언급한 바에 따르면, "잘못 배분된 자본이 결국에는 이윤 하락으로 나타나고, 더 일반적으로는 이것이 은행 체계와 재정 당국, 성장 전망으로 되돌아올 것이라는 점이 분명 중국에 대한 가장 주된 우려다. 신용 팽창을 통한 장기간의 성장 이후에, 이는 고전적인 결말이 될 것이다. 사실이는 바로 [1990년대 장기 위기 이전의] 일본에서 나타났던 경로다."(The Bank for International Settlement 2006)

이론적으로 1990년대 이후 중국의 과잉 생산능력의 지속적인 확대와 이 생산능력을 소화할 수 있는 상대적인 소비력의 쇠퇴는 궁극적으로 이윤과 성장의 붕괴로 이어지는 과잉 생산 위기를 촉발시킬 것이다. 하지만 실제로 이 위기는 아직 발생하지 않았고 중국 경제는 지난 20년 이상 끊임없이 크게 발전해왔다. 이 역설은 1990년대 중반 이후로 자신의 과잉 생산능력을 수출하는 중국의 능력 측면에서 이해할 필요가 있다.

중국의 위기에서 세계의 위기로

1990년대 후반으로 돌아가면, 과잉 생산 능력의 축적과 공급 과잉, 상대적으로 부진한 소비 성장은 주요 산업 부문의 최종 제품 가격 하락과 주요 산업의 이윤 감소로 이어졌다.(Fan and Felipe 2005; Islam, Erbiao, and Sakamoto 2006: 149-54; Shan 2006a, 2006b; Hung 2008: 166) 경제 불균형의 점증과 이윤 없는 성장에 대한 우려로 인해, 많은 학자는 이 호황이 지속가능한지에 대해 의문을 던지고 경제 위기가 다가올 것으로 예상했다. 이러한 우려는 이미 1997~1998년 아시아 금융 위기 직후에 고조되었다.(Fernald and Babson 1999; G. Lin 2000) 당시 중국 호황의 피로 징후는 악성 디플레이션은 물론이고 금융 시스템의 안정성을 위협하기 시작한 국유은행의 부실 채권 급증으로 나타났다.(Hung 2008: 165-67)

심각한 경제 위기에 대한 공포는 2000년 이후 해외 직접투자 유입과 수출 성장으로 추동된 활발한 경제 팽창이 새로 시작되면서 곧 가라앉았다. 이러한 상승 경향은 2001년 WTO 가입과 2008년 성공적인 올림픽 개최로 나라 안팎에서 고무된 중국 경제에 대한 과도한 낙관주의와 중국 수출 시장의 번영을 지탱했던 미국과 유럽의 부동산 거품과 부채 기반의 소비 급증과 무관하지 않다. 1999년 정부가 만든 4대 국유자산관리공사의 사례에서 보듯이 수출 주도의 경제 호황으로 창출된 국가 세수 증가로 인해 국가는 국유은행과 국유기업들을 구제할 수 있었다.(이 책의 3장 참조) 국유자산관리공사들은 1999년에서 2004년 사이에 정부의 금융 지원 속에서 4대 국유은행으로부터 2조 위안 상당의 부실 채권을 흡수했다.(*Economist* 2013b) 은행 구제를 국가 세입에 의존하게 되면서 세율을 낮추거나 사회 복지 프로그램에 투자하려는 정부 능력이 제약되었기 때문에 국내 소비 성장은 더 지체되었다.

경제 위기가 이연移延될 때마다 중국은 국내 경제의 과잉 생산능력 문제를 우회하기 위해 수출 부문에 더욱 의존하게 된다. 이러한 과잉 의존은 철강 부문의 과잉 생산능력에 대한 해결책으로 수출 진흥책을 사용하는 것에서 드러난다. 2013년 중반에 『이코노미스트』는 다음과 같은 기사를 썼다:

10년간의 급속한 팽창 끝에 현재 중국 기업들이 세계 철강 생산의 절반을 책임지고 있다. 비록 정부가 성장을 추진하면서 전국을 철강과 콘크리트로 뒤덮을 작정인 것처럼 보이지만, 철강 생산업체들은 너무나 빠르게 확장해서 현재 과잉 생산능력으로 고통 받는 중이다. 그러나 상황은 더욱 가중되고 있다. (…) 1억 5000만 톤을 더 생산할 수 있는 설비가 현재 건설 중이거나 계획 중이다.

중국이 철강 생산업체들을 통제하고 국영 회사들을 통합하려는 명시적인 목표는 "대부분 서류상"으로만 달성되었다. (…) 중앙정부는 값싼 철강을 원하기 때문에 과잉 생산능력을 줄이기 위해 급진적인 조치를 취하길 꺼린다. 한편, 지방정부들은 더 많은 제철소를 건설하도록 권장하고 있다. 이 제철소들은 지방정부에게는 직간접적인 고용과 세수의 중요한 원천이다. 이 기업들에게 이윤은 별로 중요하지 않다.

중국 스스로가 이 수익성 없는 철강을 별로 필요로 하지 않기 때문에 불가피하게 수출을 늘려야 하고 세계 철강 가격은 더 떨어지게 될 것이다. 중국의 수출은 향후 몇 년 간 3000만 톤에서 5000만 톤이 될 것으로 보이는데, 이는 거의 7억 5000만 톤에 달하는 중국의 철강 총생산에서는 작은 비중이지만 일본, 한국, 우크라이나 및 러시아 같은 기존 수출국의 해외 판매 톤수를 초과하는 양이다.(*Economist* 2013a)

3장의 표 3.2를 살펴보면 정책적 특혜, 보조금, 국유은행의 저금리 대출에도 불구하고 대형 국유 공업기업들의 이윤율이 전국 평균보다 낮은 반면, 다수가 외자기업이거나 수출 지향적인 사영기업들은 전국 평균보다 이윤율이 높다는 것을 알 수 있다. 또한 급속한 수출 증가로 인한 외환 보유고 폭증도 은행 부문의 유동성 확장을 부채질했다. 왜냐하면 중앙은행은 정부가 관리하는 환율에 따라 수출업체가 양도한 외환에 해당하는 양의 자국 통화를 발행해야 하기 때문이다.(*Washington Post* 2006) 그 결과로 생겨난 신용 붐은 부채에 의한 투자를 더욱 늘렸으며, 이는 과잉 생산능력 증가 문제를 더 악화시켰고, 추가적인 수출 성장으로 상쇄되어야 했다. 이렇게 더 많은 수출과 더 비효율적인 투자의 악순환이 이어졌다. 이러한 중국 호황의 동학은 그림 6.3으로 나타낼 수 있다.

1990년대 후반부터 지금까지는 가장 많은 이윤을 내는 유일한 경제 요소이면서 경제 위기라는 위험을 상쇄하고 있는 중국의 강력한 수출 엔진이 무기한 지속될지에 대해서는 많은 사람이 의문을 가지고 있다. 동아시아 호랑이들의 수출 주도 발전 전략의 성공은 경제 도약기에 이 전략을 추구하는 소형 개발 도상 경제체들이 아주 적었기 때문이

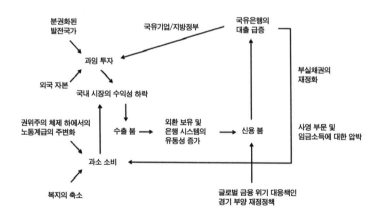

그림 6.3   중국의 과잉 투자, 과소 소비, 수출 급증의 순환

다. 이 경제체들의 수출은 수월하게 세계시장에서 흡수되었다. 그러나 1980년대와 1990년대에 더 많은 개발도상국이 이 전략을 채택하면서 세계시장은 값싼 제조업 수출품으로 넘쳐나 점점 더 변덕스러워졌다. 경제 규모와 수출량이 엄청나다는 점을 감안하면, 중국은 특히 취약하다.(Mead 1999; Palley 2006) 중국의 수출 무역은 소비를 위해 지속불가능한 차입에 의존하고 있는 미국과 유럽에 너무 과도하게 쏠려 있다. 대서양을 가로질러 소비 시장의 붕괴를 가져온 2008년의 대침체로 중국의 수출 증가율은 2007년에 20퍼센트에서 2009년에 -11퍼센트로 추락했다.(World Bank 2010) 이렇게 최악의 악몽은 현실이 되었다.

2009년 전환기에 중국의 수출 엔진이 붕괴된 이후, 중앙정부는 성장을 되살리기 위해 5700억 달러에 달하는 거대한 경기부양책을 도입하여 경제의 추락을 막으려고 했다. 2008년 11월에 발표된 이 경기부양 재정정책은 국유은행의 대출 완화를 수반했다. 지방정부와 지방정부의 직접 관할은 아니지만 연계되어 있는 지방의 투자기관들이 이 신규 대출을 대부분 흡수했으며, 2조 달러에 달하는 경기부양책의 세 배 이상의 부채가 누적되었다.(Huang Y. 2011; Shih 2010) 처음에는 많은 사람이 이 대규모 부양책을 내수 지향으로 중국 경제의 재조정을 가속화할 소중한 기회로 여겨 환영했으며, 이 경기부양책이 주로 의료보험과 사회보장 기금에 대한 자금 지원 같은 사회 지출로 이뤄지기를 기대했다. 하지만 중국 경제를 재조정하기 위해 이 경기부양책을 지지했던 사람들에게는 실망스럽게도 이 경기부양책에서 사회 지출에 할당된 비율은 겨우 20퍼센트에 불과했으며, 대부분은 강철, 시멘트처럼 이미 과잉 생산설비로 시달리는 부문이나 고속철도 건설 같은 고정자산 투자에 할당되었다.(*Caijing* 2009b, 2009c) 사회복지 제도와 노동 집약적인 중소기업에 대한 지원이 별로 없었기 때문에 이 경기부양책으로는 가처분소득 향상과 고용 개선, 국내 소비 증가 등이 이뤄질 수 없었다.

그러나 대규모 경기부양책으로 인해 단기적으로 국가 주도의 투자가 급증하면서 경제의 활기는 유지되었다. 2009년 여름 무렵에 경기부양책은 중국 경제의 자유낙하를 성공적으로 멈추었으며, 완만한 경제 회복을 이끌었다. 그러나 동시에 2009년 GDP 성장의 90퍼센트 이상이 고정자산 투자로만 이뤄졌다.(*Xinhua News* 2012b) 2010년에 고정자산 투자 증가율은 23퍼센트를 넘었지만, 전체 GDP는 10.3퍼센트 성장에 그쳤다. 이러한 투자는 대부분 수익성이 의심스러웠으며, 그 질이 낮거나 중복투자였기 때문에(Pettis 2009), 한 저명한 중국 경제학자는 이 거대한 경기부양책은 "갈증을 해소하기 위해 독약을 마시는" 격이라며 비판했다. [17]

많은 지방정부는 국유은행으로부터 값싼 신용이 밀려들자 이렇게 받은 새로운 대출을 대부분 초현실적으로 사치스러운 지방정부 건물, 중복되는 지하철 노선, 불필요한 공항, 수요가 없는 고급 아파트 등 쓸모없는 건축물이나 시설을 짓는 데 써버렸다. 이는 단기적으로 지역의 GDP 성장을 높이기는 했지만 장기적으로는 수익성이 없는 일이었

---

17 이는 상하이에 있는 중국 유럽 국제 비즈니스 스쿨 교수인 쉬샤오녠許小年의 표현이다. *China Post* 2009.

다.(Kaiman 2012) 지방정부와 관련 단위의 건설 열풍은 건설 후 수년이 지났어도 대부분 비어 있고 허허벌판 한가운데 있는 악명 높은 '유령 도시'나 '유령 쇼핑몰'로 이어졌다. 고속철도 프로젝트는 2008년 위기 이후 경제 회복에 상당히 기여했고 요금 보조로 중국 내 장거리 교통을 크게 개선시켰지만, 철도부와 열차 제조업체들을 국민의 세금으로 구제해야 하는 파산 직전까지 내몰았다.(Forbes 2011; Wall Street Journal 2013a)

2008년 글로벌 금융 위기 이후 경기부양책은 수출 부진을 만회하기 위해 고정자산 투자를 늘린 것이라고 할 수 있다. 그림 6.4에서 볼 수 있듯이 이 경기부양책으로 중국 경제가 좀 더 국내 가계 소비로 움직이게 된 것은 아니며, 그림 6.5에서 나타나듯이 고정자산 투자 단위 당 발생한 새로운 소득은 투자 급증 속에서 더 감소했다.

투자 위주의 경기부양책으로 생겨난 재정 부담, 악성채권, 과잉 생산능력 악화는 향후 중국의 더 깊은 경기침체를 불러올 가능성이 있다. 그리고 은행과 국유기업을 구제하는 데 필요한 재정 자원을 얻기 위해 정부는 더 무거운 세금 부과에 의존할 수밖에 없을 것이며, 이는 민간 소비 성장을 더 축소시킬 것이다. 이 시나리오는 2008년 위기 이후 미국 경제의 고용 없는 회복과 유로존의 계속되는 위기를 감안할 때 중국 수출 부문의 완전한 회복이 어려워진다는 점에서 점점 더 가능성이 높아지고 있다. 2008년 이후의 경기부양책으로 중국이 직면한 재정 및 금융 문제에 더해 3장에서 설명한 1990년대 후반에 생겨난 부실채권의 문제가 아직 완전히 해결되지 않았다는 부담이 추가될 수 있다. 중국의 GDP 성장률은 2012년의 7.8퍼센트와 2014년의 7.4

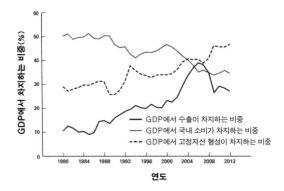

그림 6.4 1980~2012년 중국 GDP에서 수출, 투자, 국내 소비가 차지하는 비중

(출처: 세계은행)

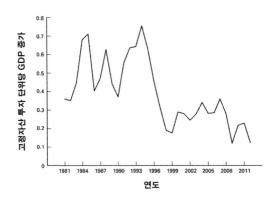

그림 6.5 1981~2012년 고정자산 투자 단위당 중국 GDP 증가

(출처: 중국 국가통계국)

퍼센트로 떨어졌는데, 이는 1991년 이후로 가장 낮은 수치다. 중국의
지도자와 전문가들은 이러한 완만한 성장률이 중국에 긴요한 재조정
에 실제로 도움이 된다고 주장하고 있지만, 투자 수준이 떨어지고 지

방정부들의 부실채권과 채무불이행이 새롭게 생겨나고 있는 상황에서 중국 경제가 안정화될지 아니면 계속 하락할 것인지에 대해서는 아무도 확실히 말할 수 없다. 스탠더드차타드 은행은 중국 경제의 총 미지불 부채가 2008년 GDP의 147퍼센트에서 2014년 GDP의 251퍼센트로 급격하게 증가했다고 평가했다.(*Financial Times* 2014) 맥킨지 글로벌 연구소의 추정에 따르면 이 수치는 2015년 초반에는 282퍼센트로 치솟았다.(McKinsey Global Institute 2015) 이 수치는 부채가 과중한 미국과 여타 대부분의 개발도상국보다 높으며, 만약 경제가 계속 둔화한다면 더 올라갈 것이다.

중국은 2008년 대침체 이후 다수의 아시아, 라틴아메리카, 아프리카 국가들의 성장의 원동력이 되어왔다. 그 이유는 중국의 대규모 투자로 인한 회복이 개발도상 세계의 상품 수요를 끌어올렸기 때문이다. 글로벌 위기에 대한 현재 중국의 대응 기조가 지속된다면, 중국은 위기를 기회로 살리지 못하고 고정자산 투자의 열기가 식었을 때 더 심각한 경제 둔화를 모면할 수 없을 것이다. 연착륙이든 경착륙이든 간에 중국의 고공 행진 경제는 착륙이 불가피한데, 이는 여태까지 글로벌 위기에 피해를 입지 않았던 중국으로 다수의 상품과 자본재 수출 국가들을 끌어들이면서 새로운 지구적 경제 혼돈을 촉발시킬지도 모른다. 중국의 지속가능한 성장과 세계 경제의 재균형을 위해서는 중국에서 국내 소비가 더 많은 비중을 차지하는 좀 더 균형 잡힌 성장으로의 전환이 필요하다.

재조정을 향한 대장정

중국의 많은 정책자문가와 학자는 중국의 수출 및 투자 의존형 경제를 재조정하는 핵심이 기업에서 일반 가계로 더 많은 수입을 재분배하여 노동 계급의 구매력을 증가시키는 것에 동의하고 있다. 연해 수출 위주 지방에서 내륙 농업 위주의 지방으로 재분배하는 것도 마찬가지로 중요하다. 그러나 1990년대부터 중국 공산당의 통치 집단은 연해 지역 성籍의 배경을 가진 엘리트 위주였다.(3장의 표 3.4 참조) 1993년부터 2003년까지 국가주석이었고 1989년부터 2002년까지 공산당 총서기였던 장쩌민과 1993년부터 1998년까지 부총리, 1998년부터 2004년까지 총리를 지낸 주룽지는 그들이 국가 지도자가 되기 전에 대부분의 경력을 상하이에서 쌓았다. 1990년대 중국 정치권력의 정점인 중국 공산당 중앙정치국 상무위원회는 연해 지역 성 배경을 가진 구성원들이 압도적으로 많은 수를 차지했다. 연해 도시 지역과 수출 지향적 부문에 우호적인 대부분의 정책이 이 시기에 이뤄졌다.

이러한 상황은 구이저우, 간쑤, 티베트와 같은 빈곤한 내륙 지역의 지도자였던 후진타오가 장쩌민의 뒤를 이어 2002년 당-국가의 지도자가 되며 변화하기 시작했다. 후진타오의 재임 기간(2002~2012)에 중앙정치국 상무위원회에서 농촌 내륙 지역 배경을 가진 구성원이 늘어났으며, 2002년에서 2007년 사이에는 농촌 내륙 지역 배경을 가진 구성원의 숫자가 연해 도시 지역 배경을 가진 구성원보다 많았다.(표 3.4 참조) 후진타오 시기에 정부가 농촌 내륙 지역의 목소리와 이익을 점차 더 대표하게 된 것은 도시-농촌 간, 연해 지역-내륙 지역 간 불평등 감소의 노력을 배가한 것과 일치했다.

중국의 발전을 재조정하기 위한 추동력으로서 후진타오 정부는 2005년 이후 중국의 수출 경쟁력에 좀 손해가 되더라도 농민과 도시 노동자의 가처분 소득을 올려서 국내 소비를 증가시키기 위해 노력했다. 이러한 정책의 첫 물결은 농업세의 폐지, 정부의 농산물 수매가 인상, 농촌 지역 인프라 투자 증가였다. 농촌의 생활 수준을 높이려는 이러한 조치들은 올바른 방향으로 가는 작은 한걸음에 불과했지만, 효과는 즉각적으로 나타났다. 후진타오 시기 농촌의 평균 가계 소득에서 농민공의 송금액에 비해 (농업과 비농업 모두에서) 농촌의 지역 소득이 차지하는 비중이 늘어난 것에서 알 수 있듯이 농촌, 농업 부문에서 경제적 조건과 고용 기회가 약간 개선되자 도시로의 인구 유입 속도가 둔화되었다.(그림 6.6)

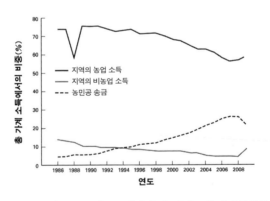

그림 6.6　1986~2009년 중국의 총 농촌 가계 소득의 수입원별 비중

(출처: 중국 농업부)

이에 연해 수출 가공 지역에서 갑작스런 노동력 부족과 임금 인상이 뒤이어 발생했다. 이러한 노동시장에서의 노동력 부족은 2005년 이후 미국 제조업 임금 대비 중국 제조업 임금 비중이 상대적으로 크게 늘어난 것에서 나타나듯이 임금 인상으로 인한 것이다.(그림 3.1 참조) 노동자들의 삶은 2008년 새로운 노동계약법의 시행으로 좀 더 보호받게 되었다. 비록 많은 지방정부가 철저히 효력을 발휘하도록 새로운 노동계약법을 시행한 것은 아니었음에도 불구하고 이 법은 고용주들의 양보를 이끌어내기 위한 싸움에서 노동자들이 쓸 수 있는 새로운 무기가 되었다.(V. Ho 2008)

이 노동력 부족 현상을 보고 많은 사회과학자는 중국 경제가 결국 농촌의 잉여 노동력이 고갈되는 시점인 "루이스 전환점Lewis turning point"에 도달했다고 선언하게 되었다.(Cai and Du 2009) 하지만 한 IMF 보고서에 따르면, 중국의 청년 노동 공급은 아직 고갈된 것이 아니라 거의 소진 단계에 가까워진 것이며, 루이스 전환점은 빠르면 2020~2025년에 도달한다고 예측했다.(Das and N'Diaya 2013) 이 전망은 농촌 지역에 여전히 많은 젊은 노동자가 있다는 것을 보여주는 최근의 인류학적 연구들과 일치한다. 후진타오의 개혁으로 농촌 내륙 지역의 취업 기회가 개선되었기 때문에 이들은 고향 가까이에 머무르려는 경향이 있다는 것이다.(Zhan and Huang 2013) 연해 수출 가공 지역에서 '노동력 부족' 현상과 임금 인상은 중국 경제의 문제를 나타내는 지표가 아니라 중국 정부의 경제 재조정 시도가 약간의 작은 성공을 거두었다는 신호였다.

이렇게 경제를 재조정하려는 초기의 노력에도 불구하고 2008년 글로벌 금융 위기 이후 중국 정부가 채택한 경기부양책은 이러한 재조정 노력과는 모순되는 것이었다. 그 이유는 이 경기부양책이 부채 기반의 고정자산 투자에 중점을 두었기에 소비를 더욱 억압했기 때문이다. 설상가상으로 중앙정부는 2009년 초 수출 부문의 갑작스런 붕괴를 두려워하여 재조정 노력에서 손을 떼고 수출 부문의 부가가치세 환급 같은 기존에 축소시켰던 수출 진작 조치를 확대했다.(*Bloomberg* 2012) 심지어 수출 부문의 기득권층은 경제 위기를 틈타 수출 제조업체의 생존을 위한다는 구실로 새로운 노동계약법의 유예를 요구했다.(*Caijing* 2009a) 노동 단체들은 외국인 투자자들이 노동계약법 하에 쟁의 노동자들과 맺은 협약의 상당수가 서류상으로만 존재하고 지켜지지 않는다는 증거를 찾아냈다. 이 투자자들은 협약을 지키는 대신에 더 혹독한 노동 관행이 있는 내륙 지역으로 생산지를 옮기고 협약으로 인한 손실을 메우기 위해 명목상 오른 노동자들의 임금에서 새롭게 공제 항목을 만들어냈다. 그리고 노동 비용을 줄이기 위해 직업학교의 무급 인턴을 더 많이 사용했다.(*Financial Times* 2013; Pun, Chan, and Selden forthcoming)

후진타오의 뒤를 이어 2012년 당-국가의 최고지도자 자리를 계승한 시진핑이 후진타오 시기에 고안된 재조정 정책을 지속하고 심화시킬지는 여전히 불확실하다. 시진핑은 자신의 경력에서 가장 중요한 시기를 주로 연해 지역인 저장성과 푸젠성에서 보냈다. 시진핑 집권으로 구성된 상무위원회도 내륙 농촌 지역의 이익에 비해서 연해 도시 지역의 이익을 대표하는 구성원이 다시 많아졌다.(표 3.4 참조) 시진핑 정부는 경제 재조정의 필요성이 긴박하기에 후진타오 정부에서 시작한 재조정 정책들을 이어나갈 것으로 보인다. 하지만 시진핑 정부는 내륙보다는 연해 지역의 이익과 더 연계가 있기에 농촌 내륙 지역과 노동 쪽을 우선시했던 후진타오 시기의 정책과 결별할 가능성도 있다.[18] 어쨌든 자발적이건 마지못해서 하는 것이건 간에 재조정 속에서 중국 경제는 상당히 둔화하고 있다. 왜냐하면 재조정 정책은 2008년 이후 중국의 지속적인 고도성장을 책임져온 부채 기반의 투자를 반드시 줄여야 하기 때문이다. 부채로 가득 찬 금융 체계가 이러한 경제 둔화를 견딜 수 있을지는 의문이다. 만약에 금융 체계가 부실채권의 무게로 무너진다면, 채무불이행과 파산의 악순환과 경기 둔화의 심화로 현재의 침체가 붕괴로 이어질지도 모른다. 만약 중앙정부가 대대적인 구제 금융으로 파국을 헤쳐 나가게 된다면, 중국 경제는 마치 1990년대 이후 일본과 마찬가지로 무수히 많은 '좀비' 기업에 시달리게 될 것이다. 당-국가는 심각한 딜레마에 직면할 운명이다.

요약하자면, 전반적으로 미국 경제와 세계 경제 불균형의 주요 원천 중 하나인 중국의 경제 불균형은 중국의 과도한 수출과 투자 의존의 결과이며, 이 의존으로 인해 상대적으로 저조한 가계 소비가 이어지고 있다. 이미 살펴봤듯이 이 발전 모델은 노동 계급의 이익을 억압하고 당-국가 엘리트들의 과두정치에 편향된 일련의 정부 정책에서 생겨났

---

18 시진핑이 2012년 당 총서기 자리를 물려받은 직후, 정부가 농촌 주민들의 도시민으로의 전환을 가속화하고 도시화를 통해 경제 성장을 진작시키겠다는 계획을 발표한 것도 주목할 필요가 있다.(*Xinhua News* 2012a)

다. 이 엘리트들은 수출 부문의 지대를 편취하는 연해 지역 관료들과 국유기업을 통제하고 국유은행의 방만한 대출로 수익성 없는 투자 프로젝트를 벌여 이익을 빨아들이는 중국 공산당의 신봉건주의적 가문들로 구성되어 있다. 이러한 불균형을 유도하는 정책에는 낮은 이자율과 위안화 평가절상 억제가 있는데, 이는 일반 가계 저축자들이 국유회사와 수출 제조업자들을 보조하게 만든다. 그리고 여기에는 농촌에서 대규모 노동예비군을 창출해 전반적인 경제 성장에 비해 제조업 임금 증가가 뒤떨어지게 만든 농촌-농업 부문의 파괴도 포함된다. 1989년 항쟁을 진압해 자본주의적 권위주의 국가가 공고화되지 않았다면, 1990년대에 이러한 정책이 유지되기란 불가능했을 것이다.

따라서 중국 경제와 세계 경제의 재조정이 이뤄지려면 경제 성장에서 노동 계급에 대한 분배 몫의 대폭 증가, 도시-농촌 간 불평등 감소, 국유 부문의 특권 축소 등의 재분배 개혁이 필요하다. 그러나 당-국가의 과두정치 엘리트들의 특권을 견제하기 위해 일반 시민들의 제도적 권력을 강화하기 위한 민주화와 자유화 개혁 없이 이런 재분배 개혁 정책이 도입되고 장기적으로 지속되기를 상상하기란 불가능하다. 세계 경제의 재조정 전망은 현재 중국의 사회정치적 개혁 전망에 크게 좌우된다.

결론

호황 이후

이 책의 1부에서는 19세기에서 21세기 초까지 이윤 극대화와 자본 축적의 명령에 따라 움직이는 경제 체제인 자본주의가 어떻게 중국에서 험난한 길을 따라 발전해왔는지 살펴봤다. 20세기 후반 미국과 유럽이 금융 팽창, 부채 주도 소비, 저임금 국가로부터 공산품 수입 의존의 방향으로 전환하면서 지구적 신자유주의가 부상하는 가운데, 중국은 중앙 경제계획을 탈피하고 아시아 이웃 국가들이 산업 도약 시기에 축적한 외국 자본, 특히 그 가운데 화교 출신의 외자를 상당 부분 흡수하면서 스스로 수출 주도 자본주의의 역동적인 중심이 되었다.

중국은 냉전 시기에 미국과 소련의 경쟁을 이용해 지정학적으로 중량감 있는 국가가 되었다. 현재 자본주의적 호황으로 방출된 에너지를 흡수하면서 세계 문제에 대한 중국의 영향력은 더 커졌다. 이 책의 2부에서는 중국이 다른 개발도상국의 발전 전망에 미치는 불균등한 영향력에 대해 살펴봤다. 중국의 호황이 초국적인 자유 무역과 투자 흐름에 과도하게 의존하고 있기 때문에 중국이 지구적 신자유주의 질서를 변화시킬 의지나 능력이 없다는 것은 명백하다. 또한 중국은 미국 국채에 중독되어서 미국의 지구적 지배의 영속화에 상당히 기여하고 있다. 그러나 중국의 호황이 지구적 신자유주의 질서 속의 세력 균형을 개발도상국에게 유리하게 변화시키고 있는 것도 분명하다. 그리고 마지막으로 중국은 2008년 글로벌 금융 위기 기저의 세계 경제 불균형의 주요한 원천이기 때문에 세계 경제 회복 지속이 성공하려면 중국 자신의 경제 재조정이 필요하며, 근본적인 정치사회적 개혁이 요구된다.

중국 자본주의에 관한 두 가지 신화

이 책은 중국에서 자본주의 발전의 역사적 기원과 지구적 효과에 관한 두 가지 대중적인 신화에 도전한다. 하나는 오늘날 중국의 자본주의 발전이 마오주의적 과거와의 급진적인 단절이라는 것이며, 또 다른 하나는 중국의 자본주의적 호황으로 중국이 미국 중심의 지구적 신자유주의 질서를 전복시킬 수 있는 힘을 가지게 되었다는 것이다.

첫 번째 신화와 관련해서 1949년 중국 공산당의 중화인민공화국 건국과 1980년대 덩샤오핑이 시작한 시장 개혁을 현대 중국의 세 시기 구분, 즉, 1850~1949년의 초창기 자본주의 발전, 1949~1978년의 사회주의적 방향 전환, 1978년 이후의 자본주의의 부활이라는 시기 구분에 있어서 두 급진적 단절점으로 보는 시각이 많다. 확실히 공산당의 권력 장악과 덩샤오핑의 개혁은 사회경제적 구조, 정치 질서, 정부 정책에서 상당한 변화를 촉발한 중요한 사건이다. 그러나 우리는 이 변화들에 시야를 뺏겨 이 분수령이 되는 사건들을 초월하는 중국에서 자본의 장기적인 부상을 무시해서는 안 된다. 이 책의 1장과 2장에서는 중국이 세계에서 가장 선진적인 시장 경제를 발전시켜왔음에도 불구하고 18세기에 청나라가 이윤 추구 행위가 가져올 사회적 분열과 혼란을 두려워하여 어떻게 상인 계급의 자본 축적을 제약해왔는지에 대해서 설명했다. 대를 이은 자본 축적을 지속하는 대신 관료가 되려는 상인 계급의 성향은 청나라 당시 중국이 근대 초기 영국에서처럼 상업화된 농업 부문에서 발생한 풍부한 잉여를 집중시켜 자본주의적 산업 도약에 불을 붙일 능력을 가진 기업가 계급이 없었다는 것을 의미한다. 하지만 일부 기업가 가문들은 동남아시아의 유럽 식민지로 이주하여 화교 자본 네트워크를 구성했으며, 이는 20세기까지 이어져서 21세기 전환기에 중국의 자본주의적 호황에 연료를 공급했다.

1839년에서 1842년 사이 청 제국이 영국과의 아편전쟁에서 패배한 이후, 중국의 국가 엘리트들은 19세기에 모든 다른 산업혁명에서 뒤처진 국가들과 마찬가지로 어떻게 자본 축적과 산업화를 촉진해서 유럽을 경제적, 군사적 측면에서 따라잡을 수 있는가라는 문제에 직면했다. 독일, 일본, 러시아의 근대화 엘리트들은 중앙집중적인 국가권력을 이용해서 농촌의 잉여를 쥐어짜서 자본주의적 산업 발전의 시동을 걸었다. 청나라 말기 개혁가들은 국가 후원의 산업화 프로그램을 시작하여 같은 경로를 따라갔다. 그러나 청나라는 이미 아편전쟁 이전부터 쇠퇴 일로에 있었고 풍부한 농촌의 잉여를 효과적으로 동원하고 집중시킬 능력이 부족했다. 20세기로의 전환기의 두 신흥 산업 강국인 러시아와 일본에게 당한 중국의 군사적 굴욕에서 알 수 있듯이 다른 후발 산업국가와 비교했을 때 중국의 산업화 성공은 제한적이었다.

청나라의 쇠퇴는 가속화되었고 결국 1911년 제국은 붕괴했다.

1911년 혁명 이후 집권한 국민당은 지방 군벌의 난립, 중국 공산당 홍군의 군사적 도전, 일본의 침공 속에서 강력하고 중앙집중적인 국가를 건설하려는 목표를 달성하지 못했다. 당시 사회적, 정치적 혼돈에도 불구하고 상업화된 농업 경제는 여전히 어느 정도 성장하고 있었지만, 이 시기 국가가 지원하는 산업화는 그다지 효과적이지 않았다. 1949년 중국 공산당이 권력을 장악하고 소련식 중앙집권 국가를 건설한 이후에야 국가 주도의 산업화가 본격화되었다.

최근의 많은 연구에 따르면, 농업 잉여 추출과 산업 자본 축적을 가속화하기 위한 수단으로 농산품 시장을 국유기업과 국가가 통제하는 것은 1949년 이전 국민당이 통제하던 일부 지역에서 시작되었다.(Kirby 1990, 1995; Cohen 2003; Bian 2005) 1949년 이후 중국 공산당이 한 것은 이 국유 부문을 경제 전체로 확대하고 농업을 집단화하여 국가를 자본 축적의 유일한 주체로 전환시킨 것이었다. 그 결과로 중국은 1949년에서 1979년 사이 국제적인 고립에도 불구하고 중공업과 기반 시설의 광범위한 네트워크를 구축할 수 있었다. 또한 중국은 미국과 소련을 상대로 주권과 지정학적 안보를 성공적으로 방어할 수 있었다. 중국의 마오쩌둥 시기는 국가 엘리트들이 국가 주도 산업화를 추구한 한 세기의 절정이라고 할 수 있다.

1949년 분단을 가로지르는 국민당과 공산당의 경제정책의 지속성은 1949년 이후 국민당이 통치하던 타이완과 공산당이 통치하던 대륙의 산업 전략의 공통점을 찾아내는 최근의 연구들에 의해서도 입증된다. 이 연구들에 따르면, 국민당이 통제하는 국유기업의 확대, 성공적인 토지 개혁, 국가가 주도하는 농촌 협동조합의 흥성은 타이완에서 농업에서 산업으로의 잉여 이전을 촉진했으며, 이는 마오쩌둥 시기 중국의 인민공사와 국유기업의 온건한 형태라고도 볼 수 있다.(Ka and Selden 1986; Yao 2008) 이 지속성은 이매뉴얼 월러스틴의 도발적인 정식화, 즉 20세기 중반에 출현한 "현존 사회주의 국가들"은 항상 자본주의 세계 체계의 일부였으며, 이들의 사회주의 체제는 중상주의 국가의 강력한 통제 하에 급속한 자본 축적과 산업 추격 전략에 불과했다는 주장을 증명한다.(Wallerstein 1984: 86-96)

돌이켜보면 마오쩌둥 시기의 유산이 없었다면 덩샤오핑과 포스트 덩샤오핑 시기 개혁의 상당 부분은 성공적이지 못했을 것이다. 마오쩌둥 시기에 건설된 국유기업과 인프라는 비록 개혁이 시작되면서 정체되고 수익성이 떨어졌지만 개혁 기간 자본주의적 도약의 중요한 토대가 되었다. 예를 들어 중국에 투자한 많은 외국 기업은 처음부터 직접 시작한 것이 아니라 기존 국유기업과 합작회사로 시작했다. 동시에 많은 국유기업은 국가의 재정과 정책 지원으로 상당한 규모의 초국적 자본주의적 기업이 되었다. 이 기업들은 그 소유 형태가 국유에서 혼합 소유제 기업이 되었다.(정부가 다시 지분을 소유한 상태에서 공개 상장을 함) 오늘날 중국에서 가장 큰 기업들은 대부분 마오쩌둥 시기에 생겨났거나 혹은 그 시기에 개발된 국가 자산을 기반으로 세워졌다.(Nolan 2012) 국유기업이 지속적으로 우위를 차지하고 있는 것은 국가가 자본 축적의 핵심으로 기능했던 긴 역사와 분리 불가능하다. 러시아와 동유럽 등 다수의 기존 사회주의 국가에서도 이와 유사하게 국유기업의 우세를 목격하게 되는 것은 전혀 놀랄 일이 아니다.(*Economist* 2012a)

마오쩌둥 시기의 다른 유산으로는 호구 제도를 통한 농촌-도시 간 이주 금지와 인민공사에서 농촌 교육과 농촌 보건에의 공공 투자를 들 수 있다. 이러한 정책들로 인해 건강하고 교육을 잘 받은 농촌 노동력이 형성되었고 이들은 1980년대부터 많은 수의 향진기업과 수출 지향적인 사영기업에 나가서 일하게 되었다. 마오쩌둥 시기의 자주적 정책으로 인해 중국은 1970년대 다수의 개발도상국이나 사회주의 국가들이 탐닉했던 1970년대의 대규모 해외 차관을 피할 수 있었고 1980년대 소비에트 진영과 개발도상 세계에 커다란 후퇴를 야기했던 국제 부채 위기를 모면할 수 있었다.

여기서 중국의 자본주의적 호황 형성에서 마오쩌둥 시기의 유산을 강조하는 것은 덩샤오핑이 시작한 시장 개혁의 중요성을 폄하하려는 의도가 아니다. 이러한 개혁 아래에서만 제2차 세계대전 종전 이후 번창하고 화교 자본주의의 300년간의 긴 유산을 이어받은 동아시아 산업 자본이 중국에 진입할 수 있었으며, 마오쩌둥 시기의 유산을 이용해 호황을 일으킬 수 있었다. 결과적으로 중국의 자본주의적 호황은 아시아 냉전의 양 측에서 각각 발전해온 마오쩌둥의 유산과 동아시아의 수출 지향 자본주의의 혼합으로 점화되어 폭발할 수 있었다.

중국에서 자본주의의 부상과 관련한 두 번째 신화는 중국이 강력하고 전복적이며 현재 권력의 현상 유지에 반대하는 강대국이 되었기에 세계에서 미국의 정치경제적 지배와 미국이 주도하는 지구적 자유 시장에 도전하고 있다는 것이다. 이러한 인식은 중국이 현재 세계의 구도를 전복시킬 수 있는 능력과 의도가 있다는 과장된 설명과 관련이 있다. 현재 지구적 신자유주의 질서에 비판적인 좌파 성향의 연구자들은 자유시장의 정통성에 도전하는 대안적 발전의 비전이 실현되리라는 자신들의 희망을 중국이 충족시켜줄 것이라고 믿는 경향이 있다. 이들은 또한 중국이 미국의 세계 지배를 무너뜨리고 미국의 지위를 차지하여 좀 더 평등한 세계를 창출할 것이라고 기대한다. 한편 우파 성향의 저자들은 중국이 미국의 세계 리더십과 현재 국제기구들에 위협이 되며, 이 위협은 적극적으로 억제할 필요가 있다고 믿는다. 2003년 국제 정치 전문가인 알레스테어 존스턴Alastair Iain Johnston은 중국이 국제 체제에서 수정주의 강대국보다는 현상 유지 강대국이 되려는 경향이 더 강하다고 주장했다. 이 책이 나온 이후 10년 동안 지구적 혼돈과 중국의 부상이 지속되었지만, 중국에 대한 묘사는 지금에도 유효하다.

이 책의 3장과 5장에서도 논의했듯이 중국은 지도자들의 자세나 민족주의적 언론의 수사에도 불구하고 미국의 세계 지배에 도전하지 않았다. 오히려 중국은 미국의 세계 지배를 영속화하는 핵심 동인이기도 했다. 중국의 국유기업들은 미국 스타일의 자본주의적 기업으로 전환되었고 다수의 기업들이 월가 금융회사의 도움으로 홍콩이나 뉴욕과 같은 해외 주식 시장에 상장되었다. 중국의 수출 지향적 성장은 중국 제품의 가장 큰 두 시장인 미국과 유럽에 의존하고 있으며, 이 두 시장에 대한 중국의 수출은 대부분 미국 달러로 결제되고 있다. 무역수지 흑자 형태로 중국에 유입되는 대규모 달러는 중국이 유동성과 규모가 가장 큰 미국 달러 표시 가치 저장수단으로서 미 재무부 채권에 중독적으로 투자하게 만들고 있다. 2008년 이후로 중국은 일본을 제치고 미국의 가장 큰 해외 채권국이 되었으며, 이러한 자금 조달로 인해 미국은 계속해서 자신의 분수에 넘치게 살아가고 있다. 미 재무부 채권에 대한 이러한 투자는 미 세계 권력의 가장 중요하고도 유일한 토대인 달러본위제를 영속화시키고 있다. 중국 수출 부문이 벌어온 외환은 고정자산 투자를 부채질하는 국유은행의 무분별한 유동성 확대의 토대가 되어왔다. 간단히 말해서 중국의 호황은 미국이 만들고 보장하는 세계 자유시장에 의존하고 있다. 지구적 신자유주의 질서와 미국의 리더십을 허무는 것은 중국의 관심과는 거리가 멀다.

비록 중국이 미국의 세계 지배나 지구적 신자유주의 질서를 종식시키지는 않겠지만, 그래도 그 질서 안에서 세력 균형을 약간 기울여서 여타 개발도상국이 미국 및 유럽과 협상하는 데 좀 더 좋은 조건을 가질 수 있도록 했다. 전후 냉전 시기 내내 미국 편에 선 개발도상국들은 미국과 유럽의 자본, 금융 원조, 신용에 의존했다. 이들은 또한 원자재 수출에서도 미국과 유럽 시장에 의존했다. 이러한 의존 때문에 미국과 기존 제국주의 국가들은 개발도상국 정부의 정책을 방해할 수 있었다. 소비에트 진영이 약화되던 1980년대부터 이 진영이 붕괴한 이후인 1990년대에 이르러 많은 개발도상국의 서구 의존은 더 깊고 넓어졌다. 국제 채무 위기를 맞아 많은 개발도상국은 세계은행, IMF, 미국 정부에 의해 추진된 일련의 급진적 시장 개혁과 무역 및 금융 자유화 정책인 '워싱턴 컨센서스'에 종속되었다. 다수의 개발도상국이 이 개혁의 여파로 부채 악화와 경제 성장 하락을 겪게 되었다는 점에서 워싱턴 컨센서스의 결과는 재앙까지는 아니더라도 충분히 실망스러운 것이었다. 오늘날 심지어 세계은행과 IMF조차도 개발도상국들에서 자유시장 개혁을 향한 열띤 노력을 약화시키고 있다.

이 책의 4장과 5장에서는 중국의 자본주의적 호황으로 인해 중국이 개발도상국들로부터 에너지와 원자재의 새로운 주요 구매자가 되었다는 것을 설명했다. 또한 중국은 아프리카와 동남아시아의 많은 국가들에서 FDI의 주요 원천이 되고 있다. 천연 자원에 대한 수요 및 투자와 더불어 중국 정부는 이 빈곤한 경제 대상국들에게 원조와 대출을 제공하고 있다. 확실히 일반적으로 개발도상 세계에서 중국의 존재는 여전히 미국과 유럽, 심지어 기존 소련의 존재감에는 아직 못 미치고 있다. 하지만 중국은 냉전 이후 많은 개발도상국의 서구에 대한 경제 의존을 경감시켜주고 있다. 비록 중국의 존재가 선진 세계와 개발도상국들의 연계를 단절시키지는 않지만 투자와 무역 대상의 수를 늘림으로써 세계시장에서 개발도상국들의 협상력을 향상시켰다. 이런 의미에서 중국의 자본주의적 호황은 개발도상 세계와 선진 세계 간의 권력 관계를 변화시키고 있다. 그러나 우리는 이 국가들에 대한 중국의 투자와 천연자원 수입이 예전 서구 강대국의 진출과 똑같은 자본주의 논리와 국가 이익에 의해 추동된다는 것을 염두에 둘 필요가 있다. 개발도상 세계에서 중국의 존재는 새로운 경쟁과 착취를 만들어냈기에 중국은 일부 개발도상국에서는 무역 대상국을 탈산업화하고 자원을 추출해가는 새로운 식민 강대국으로 여겨지기 시작했다. 이런 측면에서 중국은 선진국으로부터 개발도상국들의 자율성을 키워나가는 조력자이기도 하면서 전통적인 중심부 강대국들과 손을 잡고 지구적 신자유주의 질서를 재생산하는 현상 유지 강대국이기도 하다. 또한 4장에서는 중국의 급속한 경제 성장이 일시적으로 산업혁명 이후 서구와 기타 국가들 간의 세계 불평등을 증가시켜온 장기 경향을 역전시키고 있음에도 불구하고, 세계 평균 소득을 넘어서는 지속적인 중국의 성장은 세계 불평등을 다시 증가시킬 것이라고 지적했다. 그러므로 중국의 호황은 장기적으로 세계 소득 양극화의 자본주의적 동학을 바꿔내지 않는다.

이 책의 6장에서는 중국이 2008년 이후 심화되고 있는 현재의 글로벌 경제 위기의 치유책이라고 주장하는 이들에 대응하여 1990년대 이후로 악화된 중국 자본주의 발전의 구조적 불균형은 사실상 위기를 촉발시킨 세계 경제 불균형의 원인 중 하나라는 점을 설명했다. 1989년 항쟁의 진압 이후 출현한 자본주의 발전의 분권화된 권위주의 체제는 국유 부문의 부채 기반 투자와 급속한 수출 지향 산업화를 촉발했으며, 이는 소비와 투자 사이의 불균형을 악화시켰다. 중국의 국내 소비 성장이 상대적으로 둔화하면서 해외 시장 의존과 무역 흑자, 미 재무부 채권 매입이 크게 늘어났으며, 이는 2008년 대붕괴의 원인이 되는 미국의 부채 거품 확대를 불러왔다. 1990년대 이후 중국의 부채 기반 과잉 투자 확대는 중국 내에서 스스로 꺼질 수밖에 없는 운명인 금융과 부동산 거품을 만들어냈다. 2008년 대붕괴의 초기 충격 이후

2009~2010년에 중국 경제의 급속한 반등은 부채 주도 과잉 투자에만 의존한 것이었으며, 이는 경제의 구조적 불균형을 악화시켰다. 중국 경제의 긴급하고 불가피한 재조정은 세계 전체에 중대한 영향을 끼칠 것이다.

중국 호황의 많은 채무

중국의 자본주의 발전 구조를 재조정하려면 GDP에서 국내 소비가 차지하는 비중을 증가시켜야 하며, 그에 맞춰 수출과 투자 비중을 줄여야 한다. 6장에서 논의했듯이 이러한 구조조정에는 반드시 경제 성장의 파이에서 일반 가구들이 더 많은 조각을 가져가야 하는 근본적인 부와 소득의 재분배가 필요하다. 또한 국가가 수출 부문과 국유기업에 제공해온 이권들을 감소시켜야 하는데, 이 두 부문은 정치 과정에서 확립된 기득권에 의해 보호받아왔다. 이러한 재조정은 기존의 악성 부채 정리와 맞물려 무질서한 경착륙이 될지 질서 있는 연착륙이 될지는 모르지만 필연적으로 경제 성장 둔화를 가져올 수밖에 없다. 이 둔화는 이미 중국 GDP 성장률이 8퍼센트 밑으로 떨어진 2013년 시작되었는데, 경제 성장률이 8퍼센트 밑으로 떨어진 것은 지난 30년간 1990~1991년과 1999~2000년 두 번밖에 없었다. 2014년에 중국 GDP 성장률은 목표치 아래인 7.4퍼센트로 떨어졌고 24년 만에 최저치를 기록했다. 기존의 두 번의 둔화는 중국의 수출 주도 번영을 이끌어낸 세계 자유 무역의 확장 속에서 경제가 강하게 반등하면서 오래가지 않았다. 하지만 최근의 침체는 세계 경제의 암울한 상태뿐만 아니라 2015년에 GDP의 무려 282퍼센트에 도달한 경제 총부채의 고위험 수준 때문에 더 악화되고 길게 갈 것으로 보인다.

조정과 재균형의 과정에서 이러한 둔화는 불가피하고 정상적인 것이지만, 중국의 현재 정치 제도가 이를 견뎌낼 수 있을지는 미지수다. 지금까지 권위주의적 자본주의 국가는 사회 양극화가 심화되고 있음에도 불구하고 불만을 억제하는 데 효과적이었다. 그러나 이 억압은 지속적인 경제의 호황으로 가능했던 것이다. 1990년대에서 2010년대까지 모든 종류의 시위가 확산되고 격화되었지만, 중국 정부는 경제 호황으로 인한 금융과 재정적 수단의 증대로 시위자들의 요구를 들어줌으로써 이러한 불만들을 통제할 수 있었다.(O'Brien 2006; Silver and Zhang 2009; Perry and Selden 2010)

실례로 1990년대 내내 농촌에서 세금에 대한 폭력적인 저항이 증가하고 확산되자, 비록 좀 늦기는 했지만 이에 대한 대응으로 중국 정부는 2006년에 농업세를 폐지했다. 중국 남부의 수출 가공 지대에서 노동 소요가 증가하자 중앙정부는 2008년에 새로운 노동계약법을 도입했으며, 이 법으로 인해 노동자들이 좀 더 보호받고 자신의 권리를 지키기 위한 법적 수단을 사용할 수 있게 되었다.(Solinger 2009) 물론 이러한 조치들은 사회적 불만의 근본적인 원인의 해결책과는 거리가 멀다. 왜냐하면 기득권층은 이러한 조치들을 회피하며 자신들의 특권을 재상산할 수 있는 새로운 방식을 찾아내기 때문이다. 다수의 지방 정부가 농업세 폐지로 인한 세수 소실을 만회하기 위해 부동산 개발용으로 농지를 압류하는 데 노력을 기울이게 되었다. 기업들 또한 새로운 노동계약법으로 보호받는 정규직 노동자를 대체하여 비용이 들지 않는 학생 인턴의 사용을 늘렸다.(Pun, Chan, and Selden forthcoming) 하지만 이러한 한계에도 불구하고 이렇게 이뤄진 양보 조치들로 사회 소요는 일시적이지만 효과적으로 억제되었다.

또한 경제 호황으로 인해 이 체제는 "업적 정당성"을 부여받아 정치적 안정을 유지할 수 있었으며(Zhao 2009), 현재 혹은 향후 인민들의 살림살이의 지속적인 번영과 개선으로 그 공로를 인정받을 수 있었다. 국가가 이러한 정당성을 가지고 있다고 여겨지면서 시위자들은 자신들의 요구를 경제적인 것으로만 제한하고 그 핵심에 있는 정치체제 변화에 대한 요구는 하지 않게 되었다.(O'Brien 2006; Whyte 2010; Hung 2011) 경제 성장과 체제 안정성 간의 또 다른 연결고리는 지방정부들의 대규모 '안정 유지 기금' 사용이다. 자본주의적 호황 속에서 국가의 재정 상태가 계속 개선되면서 지방정부들은 이 기금을 사용해 시위의 발생을 막기 위해 대규모 감시와 억압 네트워크를 구축한다. 그리고 시위가 발생하게 되면 지방정부는 이 기금을 사용해 시위자들에게 현금으로 보상할 수 있다.(C. Lee and Zhang 2013)

안정성을 유지하기 위한 이런 모든 방법은 어떤 형태로든 호황과 연결되어 있다. 만약 경기 침체가 장기화되면 이 방법들은 더 이상 유효하지 않다. 그렇게 된다면 권위주의 국가에 엄중하게 도전하는 사회적 소요가 걷잡을 수 없이 폭발할 수도 있다. 이러한 소요가 가져올 혼돈은 경제 성장을 더 억제하게 되어 경제 위기 심화와 사회적 소요 악화가 맞물리는 악순환을 만들어낼 수도 있으며, 심지어 당-국가 엘리트가 대중의 분노를 공격적 민족주의로 전환시키기 위해 전쟁을 벌일 가능성도 있다.

향후 경제 위기를 가져올 또 다른 위기는 환경 위기로 지난 30년간의 자본주의적 호황에서 가장 심각한 요소라고 할 수 있다. 해외의 제조업 자본과의 치열한 경쟁 속에서 지방정부들은 농촌에서의 저임금 노동력의 거대한 공급과 다양한 세금과 정책 특혜에 의존했다. 이들의 경쟁력은 어떤 환경 법규와 기준이 있더라도 느슨하게 시행하는 데 있었다. 그 결과로 중국의 제조업체들은 자신의 가스 배출과 폐기물 처리를 위한 비용을 감당한 적이 거의 없다. 대기, 하천, 지하수에 대한 산업 오염은 치명적 수준에 이르렀다. 2000년대 중반 무렵 환경 악화로 인한 경제적 비용은 GDP의 8~12퍼센트에 달하는 것으로 추산되며, 주로 의료비용과 인명 손실의 형태로 나타난다.(Economy 2010: 91) 이러한 비용은 무분별한 산업 성장이 지속되는 한 계속 증가할 것이다.

도시와 부동산 개발로 인한 농지 유실 증가와 더불어 도시-산업 부문으로의 노동력 유동으로 농업 생산량 성장은 30년 동안 수요 성장에 크게 뒤처져왔다. 도시민들의 육류 수요 증가는 이미 감소하고 있는 농업 자원에 더 압력을 가하고 있다. 중국의 자본주의적 도약이 막 시작되었던 1980년대에 중국의 식량 공급은 자급 수준을 넘어서 있었다. 그러나 2001년에 중국은 식량 순수입국이 되었고, 2010년에 중국의 농산품 무역 적자는 400억 달러를 넘었다.(Keogh 2013; Gale, Hansen, and Jewison 2015)

1995년에 환경과 식량 전문가인 레스터 브라운Lester Brown은

『중국을 누가 먹여 살릴 것인가?』를 출간하며, 중국의 급속한 경제 성장과 산업화는 결국 중국 및 세계에 식량 위기를 가져올 것이라고 경고했다. 이 책은 출간 당시에는 "중국 때리기"라고 비판받았다. 왜냐하면 많은 사회과학자가 농업 기술의 개선이 중국에서 증가하는 식량 수요를 따라잡아서 식량 위기는 도래하지 않을 것이라고 주장했기 때문이다.(Huang J. et al. 1999) 그러나 현재 중국의 식량 안보가 위태로워지고 세계 식량 가격이 치솟자 레스터 브라운의 주장은 진지하게 재검토되었다.(Bacchus 2011; Brown 2011; Larsen 2012) 도시-산업 성장으로 인한 토양과 수질 오염은 문제를 더 악화시킬 뿐이어서 오염된 농지와 농산품이 더 늘어나고 있다. 깨끗하고 마실 수 있는 물이 점점 부족해지고 있기에 세계은행을 비롯해 많은 관찰자는 중국에서 용수 위기를 예측하고 있다.(Zheng et al. 2010; *Economist* 2013c) 일부 비관론자들은 중국의 부상이 자본주의 세계 경제를 환경적 한계 이상으로 밀어내고 있으며, 다가올 환경 위기가 효과적으로 억제되지 않는다면 중국의 경제 부상을 멈추게 할 뿐만 아니라 자본주의 세계 경제의 재생산을 위협할 것이라고 규정하기까지 한다.(Li M. 2009)

자본주의 발전은 호황과 불황의 순환에 시달리기 마련이다. 1796~1797년의 영국 경제 공황, 1930년대 미국의 대공황, 1990년대 일본의 '잃어버린 10년' 등에서 알 수 있듯이 강력한 자본주의 성장을 경험한 어떤 나라도 경제 위기의 발생을 피할 수는 없었다. 이 위기의 결과들은 다양했다. 18세기 후반 영국과 20세기 초반 미국 같은 경우에는 특정한 사회정치적 세력들의 구성 속에서 국가가 경제의 재조정을 위해 적절한 개혁을 채택하여 성장이 지속될 수 있도록 대비했다. 하지만 20세기 후반 일본처럼 국가가 효과적인 대응에 실패하고 경제가 장기 침체와 위기의 나락으로 떨어지는 경우도 있었다. 중국이 조만간 이 위기에 직면할 것은 거의 확실하며, 호황 기간 체제에 축적된 사회적·환경적 부채로 인해 중국이 발전 경로를 재조정하는 것은 더 어려울 것이다. 그러나 경제 둔화와 다중의 위기로 인해 중국은 오래 지연되어온 정치 자유화를 재개할 수 있으며, 더 포용적인 정치적 과정을 촉진할 수 있다. 정치 자유화가 좀 더 순조롭게 진행된다면, 중국의 국가와 사회는 경기 둔화를 좀 더 안정적인 방식으로 헤쳐나갈 수 있게 되어 중국의 재조정은 덜 고통스러울 것이다.

중국은 18세기부터 21세기 초에 이르기까지 제국의 해체, 혁명, 전쟁, 기근 등 장도長途를 걸어왔다. 다가올 위기가 중국이 지난 수세기 동안 헤쳐 온 위기들보다 더 위압적일 수 있다고 생각하기는 힘들다. 장기적으로는 중국이 그간 지연된 경제 재균형이라는 목표를 효과적으로 달성할 수 있다면, 중국의 자본주의적 발전은 장기간 왕성하게 지속될 것이다. 중국이 이러한 이행을 달성할 수 있을지, 이러한 이행이 얼마나 오래 걸릴지, 또 이 이행이 중국과 세계에 얼마나 고통스러울지에 대해서는 중국 안팎의 다양한 세력의 상호 작용에 달려 있다. 중국이 앞으로 닥쳐올 위기를 성공적으로 헤쳐 나간다면, 중국은 미국, 일본, 독일과 같은 주요 자본주의 강대국에 합류하게 될 것이다.

결국 중국은 그 스스로가 현재 지구적 신자유주의 질서의 가장 큰 수혜자 중 하나이기에 이 질서를 전환시키는 강대국이 되지는 않을 것이다. 또한 중국은 저가 수출품과 신용 공급을 통해 미국의 세계 지배를 지속하게 만드는 자신의 역할에서 곧바로 빠져나오지는 못할 것이다. 만약 미국의 세계 지배가 끝난다면, 이는 중국이 아니라 다른 세력들에 의해 이뤄질 것이다. 확실히 중국은 개발도상 세계에서 발전의 맥락을 재편하고 있으며, 다른 개발도상국들에 우호적이면서도 경쟁적인 발전의 조건들을 동시에 가져오고 있다. 중국의 순 영향net impact이 발전에 이로울지 해로울지는 나라마다 다를 것이며, 시시각각 변화할 것이다. 단기적으로 특정 개별 국가의 관점에서 보면, 중국의 자본주의적 호황은 새로운 번영, 권력 강화, 종속, 혹은 위기를 가져올 게임 체인저 같이 보일 수 있다. 하지만 지구적 층위에서 장기적으로 볼 때, 중국은 근본적인 방식으로 현재 세계 질서에 도전할 것이라고 전망해왔던 많은 이를 실망시킬 것으로 보인다.

참고문헌

Abu-Lughod, Janet L. 1989. *Before European Hegemony: The World System, AD 1250–1350*. New York: Oxford University Press. (『유럽 패권 이전: 13세기 세계체제』, 박홍식·이은정 옮김, 까치, 2006)

Acemoglu, Daron, and James A. Robinson. 2012. "Is State Capitalism Winning?" Project Syndicate. http://www.project-syndicate.org/commentary/why-china -s-growth-model-will-fail-by-daron-acemoglu-and-james-a--robinson.

Aglietta, Michel. 1979. *A Theory of Capitalist Regulation: The U.S. Experience*. London: New Left Books. (『자본주의 조절이론』, 성낙선 외 옮김, 한길사, 1995)

———. 1998. "Capitalism at the Turn of the Century: Regulation Theory and the Challenge of Social Change." *New Left Review* 232 (November–December): 41–90.

Aglietta, Michel, and Guo Bai. 2012. *China's Development: Capitalism and Empire*. London: Routledge.

Ahrens, Nathaniel. 2013. *China's Competitiveness: Myth, Reality, and Lessons for the United States and Japan. Case Study: SAIC Motor Corporation*. Washington, D.C.: Center for Strategic and International Studies Hills Program on Governance.

Alderson, Art S., and Francois Nielsen. 1999. "Income Inequality, Development, and Dependence: A Reconsideration." *American Sociological Review* 64 , no. 4: 606–31.

———. 2002. "Globalization and the Great U-Turn: Income Inequality Trends in 16 OECD Countries." *American Journal of Sociology* 107, no. 5: 1244–99.

Allen, Robert C. 1983. "Collective Invention." *Journal of Economic Behavior and Organization* 4 (1983): 1–24.

———. 2009. "Agricultural Productivity and Rural Incomes in England and the Yangtze Delta, c. 1620–1820." *Economic History Review* 62, no. 3: 525–50. http://www.economics.ox.ac.uk/Members/robert.allen/Papers/chineseag.pdf.

Altman, Roger. 2009. "The Great Crash, 2008: The Geopolitical Setback for the West."

Foreign Affairs, January–February. http://www.foreignaffairs.com /articles/63714/roger-c-altman/the-great-crash-2008.

Amsden, Alice. 1989. *Asia's Next Giant: South Korea and Late Industrialization.* Oxford: Oxford University Press. (『아시아의 다음 巨人: 한국의 후발공업화, 이근달 옮김, 시사영어사, 1990)

Anderson, Perry. 2010. "Sinomania." *London Review of Books*, January 28.

———. 2011. "Lula's Brazil." *London Review of Books* 33, no. 7: 3–12.

Ando, Mitsuyo. 2006. "Fragmentation and Vertical Intra-industry Trade in East Asia." *North American Journal of Economics and Finance* 17:257–81.

Andreas, Joel. 2009. *Rise of the Red Engineers: The Cultural Revolution and the Origins of China's New Class.* Stanford, Calif.: Stanford University Press.

Arrighi, Giovanni. 1994. The Long Twentieth Century: Money, Power, and the Origins of Our Times. London: Verso. (『장기 20세기: 화폐, 권력, 그리고 우리 시대의 기원』, 백승욱 옮김, 그린비, 2014)

———. 1996. "The Rise of East Asia: World-Systemic and Regional Aspects." *International Journal of Sociology and Social Policy* 7:6–44.

———. 2007. Adam Smith in Beijing: Lineages of the Twenty-First Century. London: Verso. (『베이징의 애덤 스미스: 21세기의 계보』, 강진아 옮김, 길, 2009)

Arrighi, Giovanni, and Jessica Drangel. 1986. "The Stratification of the World Economy: An Exploration of the Semiperipheral Zone." *Review* 10, no. 1: 9–74.

Arrighi, Giovanni, and Beverly Silver. 1999. *Chaos and Governance in the Modern World-System.* Minneapolis: University of Minnesota Press. (『체계론으로 보는 세계사』, 최흥주 옮김, 모티브북, 2008)

Arrighi, Giovanni, Beverly Silver, and Benjamin Brewer. 2003. "Industrial Convergence and the Persistence of the North–South Industrial Divide." *Studies in Comparative International Development* 38, no. 1: 3–31.

Atwell, William S. 1977. "Notes on Silver, Foreign Trade, and the Late Ming Economy," *Late Imperial China* 3, no. 8: 1–33.

———. 1982. "International Bullion Flows and the Chinese Economy Circa 1530– 1650." *Past and Present* 95 (May): 68–90.

———. 1998. "Ming China and the Emerging World Economy. C. 1470–1650." In Denis C. Twitchett and Frederick W. Mote, eds., *The Cambridge History of China*, vol. 8, no. 2: *The Ming Dynasty*, 376–416. Cambridge: Cambridge University Press.

Austin, Kenneth. 2011. "Communist China's Capitalism: The Highest Stage of Capitalist Imperialism." *World Economics* 12, no. 1: 79–95.

Bacchus, James. 2011. "Chinese Drought Could Cause Global Food Crisis." *Huffington Post*, March 16. http://www.huffingtonpost.com/james-bacchus /chinese-drought-could-cau_b_836565.html.

Baiocchi, Gianpaolo, Einar Braathen, and Ana Claudia Teixeira. 2013. "Transformation Institutionalized? Making Sense of Participatory Democracy in the Lula Era." In Kristian Stokke and Olle Törnquist, eds., *Democratization in the Global South: The Importance of Transformative Politics*. London: Palgrave.

Bai Gao. 2012. "The Dollar Standard and Global Production: The Institutional Origins of the Financial Crisis." Paper presented at the annual meeting of the American Sociological Association, San Francisco, August.

Baldwin, Richard. 2006. *Managing the Noodle Bowl: The Fragility of East Asian Regionalism*. Discussion Paper no. 5561. London: Center for Economic Policy Research.

Bank for International Settlement. 2006. *76th Annual Report*. Basel: Bank for International Settlement.

——. 2007. *77th Annual Report*. Basel: Bank for International Settlement.

——. 2014. "Triennial Central Bank Survey: Global Foreign Exchange Market Turnover in 2013." http://www.bis.org/publ/rpfxf13fxt.pdf.

Bank of China. 2006. B*ank of China Limited Global Offereing*. Hong Kong: Bank of China.

Bardhan, Pranab. 2012. *Awaking Giants, Feet of Clay: Assessing the Economic Rise of China and India*. Princeton, N.J.: Princeton University Press.

Baum, Richard, ed. 1991. *Reform and Reaction in Post-Mao China: The Road to Tiananmen*. London: Routledge.

Baum, Richard, and Alexei Shevchenko. 1999. "The State of the State." In Merle Goldman and Roderick MacFarquar, eds., *The Paradox of China's Post-Mao Reforms*, 334–60. Cambridge, Mass.: Harvard University Press.

BBC Africa Debate. 2012. "China in Africa: Partner or Plunderer?" May 25. http://www.bbc.co.uk/programmes/p00sh19g.

BBC News. 2001. "US Panel Says Yuan Is a Threat to Dollar's Dominance." November 17.

Benjamin, Dwayne, Loren Brandt, John Giles, and Sangui Wang. 2008. "Income Inequality During China's Economic Transition." In Loren Brandt and Thomas Rawski, eds., *China's Great Transformation: Origins, Mechamisms, and Consequences of the Post-Reform Economic Boom*. New York: Cambridge University Press.

Bernanke, Benjamin. 2005. "The Global Saving Glut and the U.S. Current Account Deficit." Sandridge Lecture, Virginia Association of Economists, Richmond, March 10. http://www.federalreserve.gov/boarddocs /speeches/2005/20050414/.

Bernstein, Thomas, and Xiaobo Lu. 2003. *Taxation Without Representation in Contemporary Rural China*. Cambridge: Cambridge University Press.

Berry, Albert, and John Serieux. 2006. Riding the Elephants: *The Evolution of World Economic Growth and Income Distribution at the End of the Twentieth Century* (1980–

차이나붐

2000). Working Paper no. 27. New York: United Nations Department of Economic and Social Affairs.

Bezemer, Dirk. 2008. "Agriculture, Development, and Urban Bias." *World Development* 36, no. 8: 1342–64.

Bian, Morris L. 2005. *The Making of the State Enterprise System in Modern China: The Dynamics of Institutional Change*. Cambridge, Mass.: Harvard University Press.

Bix, Herbert P. 1986. *Peasant Protest in Japan, 1590–1884*. New Haven, Conn.: Yale University Press.

Blecher, Marc, and Vivienne Shue. 2001. "Into Leather: State-Led Development and the Private Sector in Xinji." *China Quarterly* 166:368–93.

Bloomberg. 2012. "China Said to Plan Boosting Export-Tax Rebates on Some Goods." September 4.

Blumenthal, Dan 2005. "Providing Arms: China and the Middle East." *Middle East Quarterly* 12, no. 2: 11–19.

Bond, Patrick 2013. "Sub-imperialism as Lubricant of Neoliberalism: South African 'Deputy Sheriff' Duty Within BRICS." *Third World Quarterly* 34, no. 2: 251–70.

Boughton, James M. 2001. *Silent Revolution: The International Monetary Fund, 1979–1989*. Washington, D.C.: International Monetary Fund. https://www .imf.org/external/pubs/ft/history/2001/ch08.pdf.

Bourguignon, François, and Christian Morrisson. 2002. "Inequality Among World Citizens, 1820–1992." *American Economic Review* 92:727–44.

Bower, Ernest Z. 2010. "China's Activities in Southeast Asia and Implications for US Interest." Statement before the U.S.–China Economic and Security Review Commission, February 4, Washington, D.C. https://csis.org/files/100204 _bower_testimony.pdf.

Brandt, Loren. 1989. *Commercialization and Agricultural Development: Central and Eastern China 1870–1937*. Cambridge: Cambridge University Press.

Braudel, Fernand. 1992. *Capitalism & Civilization: 15th–18th Century*. 3 vols. San Francisco: University of California Press. (『물질문명과 자본주의』 - , 주경철 옮김, 까치, 1995-1997)

Brautigam, Deborah. 2011. *The Dragon's Gift: The Real Story of China in Africa*. New York: Oxford University Press.

Brenner, Robert. 1993. *Merchants and Revolution: Commercial Change, Political Conflict, and London's Overseas Traders, 1550–1653*. Princeton, N.J.: Princeton University Press.

———. 2003. *The Boom and the Bubble: The US in the World Economy*. London: Verso. (『붐 앤 버블: 호황 그 이후, 세계 경제의 그늘과 미래』, 정성진 옮김, 아침이슬, 2002)

———. 2004. "New Boom or New Bubble? The Trajectory of the US Economy." *New Left Review* 25:57–100.

Brenner, Robert, and Christopher Isett. 2002. "England's Divergence from China's Yangzi Delta: Property Relations, Microeconomics, and Patterns of Development." *Journal of Asian Studies* 61, no. 2: 609–62.

Breslin, Shaun G. 1996. "China: Developmental State or Dysfunctional Development?" *Third World Quarterly* 17, no.4: 689–706.

Brook, Timothy. 1990. "Family Continuity and Cultural Hegemony: The Gentry of Ningbo, 1368–1911." In Joseph W. Esherick and Mary Backus Rankin, eds., *Chinese Local Elites and Patterns of Dominance*, 27–50. Berkeley: University of California Press.

Brown, Lester. 1995. *Who Will Feed China? Wake-up Call for a Small Planet*. New York: Norton. (『중국을 누가 먹여살릴 것인가?』, 지기환 외 옮김, 따님, 1998)

———. 2011. "The Great Food Crisis of 2011." *Foreign Policy*, November 12.

Bujra, Janet. 1992. "Diversity in Pre-capitalist Societies." In Tim Allen and Allan Thomas, eds., *Poverty and Development in the 1990s*, 219–40. Oxford: Oxford University Press.

Bussolo, Maurizio, Rafael E. De Hoyos, Denis Medvedev, and Dominique van der Mensbrugghe. 2007. *Global Growth and Distribution: Are China and India Reshaping the World?* Policy Research Working Paper. Washington, D.C.: World Bank.

Cai Fang and Du Yang, eds. 2009. *The China Population and Labor Yearbook*. Vol. 1: *The Approaching Lewis Turning Point and Its Policy Implications*. Leiden: Brill.

Caijing. 2009a. "Jiuye xingshi yanjun laodong hetong fa chujing ganga" (Severe unemployment jeopardizes labor contract law). January 4.

———. 2009b. "Siwanyi neiwai" (Inside and outside of the four thousand billion). March 16.

———. 2009c. "Zhongguo GDP zengzhang jin 90% you touzi ladong" (Nearly 90 percent of China's GDP growth was driven by investment). July 16.

Caixin. 2013. "Closer Look: SOEs Can Brag They Are Big—but Not Strong." July 18. http://english.caixin.com/2013–07–18/100557654.html.

Calhoun, Graig. 1994. *Neither Gods nor Emperors: Students and the Struggle for Democracy in China*. Berkeley: University of California Press.

Campbell, Jack, and Avinash Boodoosingh. 2015. "How Can Latin America Overcome Its Dependence on Commodities?" World Economic Forum Agenda. https://agenda.weforum.org/2015/05/how-can-latin-america-overcome -its-dependence-on-commodities/.

Carroll, Patrick. 2006. *Science, Culture, and Modern State Formation*. Berkeley: University of California Press.

Carteier, Michel. 1996. "Lun zhongguo de mianhua shi: gongyi, jinji he shehui tantu" (On the cotton history of China: A technical, economical, and social inquiry). In Li Xueqin, ed., *Faguo hanxue* (French Sinology I), 250–62. Beijing: Qinghua daxue chubanshe.

Chang Chungli. 1962. *The Income of the Chinese Gentry*. Seattle: University of

차이나 붐

Washington Press.

Chang, G. H. 2002. "The Cause and Cure of China's Widening Income Disparity." *China Economic Review* 13:335–40.

Chao Zhongchen. 1993. "Wenming baiyin dalian liuru ji qi yinxiang" (The massive inflow of silver in late Ming and its influences). *Shixue yuekan* 1:33–39.

Chase-Dunn, Christopher. 2006. "Globalization: A World-Systems Perspective." In Christopher Chase-Dunn and Salvatore J. Babones, eds., *Global Social Change: Historical and Comparative Perspectives*, 79–108. Baltimore: Johns Hopkins University Press.

Chase-Dunn, Christopher, Andrew K. Jorgenson, Thomas E. Reifer, and Shoon Lio. 2005. "The Trajectory of the United States in the World-System: A Quantitative Reflection." *Sociological Perspectives* 48, no. 2: 233–54.

Chen, An. 2002. "Capitalist Development, Entrepreneurial Class, and Democratization in China." *Political Science Quarterly* 117, no. 3: 401–22.

Chen Ciyu. 1982. *Jindai zhongguo chaye de fazhan yu shijie shichang* (Development of the modern Chinese tea business and the world market). Taipei: Academia Sinica.

Chen Donglin. 2004. "Ershi shiji wushi dao qishi niandai zhongguode duiwai jingji yinjin" (China's introduction of external economic assistance from the 1950s through the 1970s). *Shanghai xingzheng xueyuan xuebao*, no. 6: 69–80.

Chen Xuewen. 1991. "Mingqing shiqi minyuetai diqu de zhetangye" (The sugar business of Fujian, Guangdong, and Taiwan in Ming and Qing). In *Mingqing shehua jinji shi yanjiu* (Studies of social and economic history of Ming and Qing), 67–86. Taipei: Hedao chubanshe.

Cheng, Tiejun, and Mark Selden. 1994. "The Origins and Social Consequences of China's Hukou System." *China Quarterly* 139: 644–68.

Chibber, Vivek. 2006. *Locked in Place: State-Building and Late Industrialization in India*. Princeton, N.J.: Princeton University Press.

Chin, Gregory T. 2003. "Building 'Capitalism with China's Characteristics': The Political Economy of Model Joint Ventures in the Automotive Industry." Ph.D. diss., York University, Ontario.

China Daily. 2012. "Consider Sanctions on Japan." September 12. http://www.chinadaily.com.cn/opinion/2012–09/17/content_15761435.htm.

China Data Online. n.d. http://chinadataonline.org/.

China Post. 2009. "China Stimulus Plan Comes Under Attack at 'Summer Davos.' " September 13.

China-Profile. 2011. "Actual Foreign Direct Investment (FDI) by Country of Origin, 1990–2004." December 18. http://www.china-profile.com/data/fig_fdi_3 .htm.

Chinese Information Office of the State Council. 2013. *The Diversified Employment of China's Armed Forces*. http://news.xinhuanet.com/english/china/2013–04/16/

c_132312681.htm.

Chinese Ministry of Commerce. 2011. 2010 *Statistical Bulletin of China's Outward Foreign Direct Investment*. Beijing: Ministry of Commerce. http://english .mofcom.gov. cn/article/statistic/foreigninvestment/201109/20110907742320 .shtml.

Chinese National Bureau of Statistics. n.d. *China Statistical Yearbook*. Beijing: Chinese National Bureau of Statistics.

Chiu Peng-Sheng. 2002. "You fangliao dao gongchang: Qingdai qianqi mianbu zihao de jingji yu falu fenxi" (From putting-out system to factory system: A legal and economic analysis of cotton textile workshop in Qing Suzhou). *Lishi yanjiu* 1:75–87.

Ch'u T'ung-tsu. 1962. *Local Government in China Under the Ching*. Cambridge, Mass.: East Asian Research Center, Harvard University.

Cochran, Sherman. 2000. *Encountering Chinese Networks: Western, Japanese, and Chinese Corporations in China, 1880–1937*. Berkeley: University of California Press.

Cohen, Paul A. 2003. "Reflections on a Watershed Date: The 1949 Divide in Chinese History." In Jeffrey Wasserstrom, ed., *Twentieth Century China: New Approaches*, 29–36. London: Routledge.

Collins, Randall. 1997. "An Asian Route to Capitalism: Religious Economy and the Origins of Self-Transforming Growth in Japan." *American Sociological Review* 62, no. 6: 843–65.

Cornia, Giovanni Andrea, and Julius Court. 2001. *Inequality, Growth, and Poverty in the Era of Liberalization and Globalization*. Helsinki, Finland: UNU World Institute for Development Economics Research.

Corsetti, Giancarlo, Paolo Pesenti, and Nouriel Roubini. 1998. *What Caused the Asian Currency and Financial Crisis?* Part I: *A Macroeconomic Overview*. Working Paper no. 6833. Cambridge, Mass.: National Bureau of Economic Research.

Council on Foreign Relations. 2007. "Is Chinese Investment Good for Africa?" Online debate, February 20. http://www.cfr.org/china/chinese-investment –good-africa/ p12622.

Crouzet, Francois. 1985. *The First Industrialists: The Problem of Origins*. Cambridge: Cambridge University Press.

Cumings, Bruce. 1984. "The Origins and Development of the Northeast Asian Political Economy: Industrial Sectors, Product Cycles, and Political Consequences." *International Organization* 38, no. 1: 1–40.

Das, Mitali, and Papa N'Diaye. 2013. *Chronicle of a Decline Foretold: Has China Reached the Lewis Turning Point?* Working paper. Washington, D.C.: International Monetary Fund. http://www.imf.org/external/pubs/cat/longres.aspx?sk=40281.0.

Davis, Deborah, and Wang Feng, eds. 2008. *Creating Wealth and Poverty in Post-socialist China*. Stanford, Calif.: Stanford University Press.

Davis, Ken. 2012. *Outward FDI from China and Its Policy Context, 2012.* Vale Columbia Center Working Paper. New York: Columbia University. http:// www.vcc.columbia.edu/files/vale/documents/China_OFDI_-_FINAL_-_7 _June_2012_3.pdf.

Desai, Nanubhai. 2007. "The Impact of Oil Prices and the Rise of China on US and Global Imbalances." http://globaleconomydoesmatter.blogspot.com/2007/01 /impact-of-oil-prices-and-rise-of-china.html.

Deyo, Frederick C. 1987. "State and Labor: Modes of Political Exclusion in East Asian Development." In Frederick C. Deyo, ed., *The Political Economy of the New Asian Industrialism*, 227–48. Ithaca, N.Y.: Cornell University Press.

Dikötter, Frank. 2006. *Exotic Commodities: Modern Objects and Everyday Life in China.* New York: Columbia University Press.

Duckett, Jane. 1998. *The Entrepreneurial State in China: Real Estate and Commerce Departments in Reform Era Tianjin.* London: Routledge.

Dunstan, Helen. 2006. *State or Merchants? Political Economy and Political Process in 1740s China.* Cambridge, Mass.: Asia Center, Harvard University.

Economist. 2001. "A Panda Breaks the Formation." August 25.

———. 2005. "A Great Big Bank Gamble: China's Banking Industry." October 29.

———. 2012a. "Leviathan as Capitalist: State Capitalist Continues to Defy Expectations of Its Demise." January 21.

———. 2012b. "Petrodollar Profusion." April 28.

———. 2013a. "An Inferno of Unprofitbability." July 6.

———. 2013b. "Lipstick on a Pig: China Is Still Dealing with the Mess Left by Previous Bank Bail-outs." August 24.

———. 2013c. "Water: All Dried Up." October 12.

Economy, Elizabeth. 2010. *The River Runs Black: The Environmental Challenge to China's Future.* Ithaca, N.Y.: Cornell University Press.

Eichengreen, Barry. 2011. *Exorbitant Privilege: The Rise and Fall of the Dollar and the Future of the International Monetary System.* Oxford: Oxford University Press. (『달러제국의 몰락: 70년간 세계경제를 지배한 달러의 탄생과 추락』, 김태훈 옮김, 북하이브, 2011)

Elman, Benjamin. 2000. *A Cultural History of Civil Examinations in Late Imperial China.* Berkeley: University of California Press.

Elvin, Mark. 1973. *The Pattern of the Chinese Past.* Stanford, Calif.: Stanford University Press. (『중국역사의 발전형태』, 이춘식 외 옮김, 신서원, 1989)

Evans, Peter. 1995. *Embedded Autonomy: States and Industrial Transformation.* Princeton, N.J.: Princeton University Press.

Evans, Peter, and Sarah Staveteig. 2008. "The Changing Structure of Employment in Contemporary China." In Deborah Davis and Feng Wang, eds., *Creating Wealth and Poverty in Post-socialist China*, 69–83. Stanford, Calif.: Stanford University Press.

Fan, C. Cindy, and Mingjie Sun. 2008. "Regional Inequality in China, 1978–2006." *Eurasian Geography and Economics* 49:1–20.

Fan, E. X., and J. Felipe. 2005. *The Diverging Patterns of Profitability, Investment, and Growth of China and India, 1980—2003*. Working paper. Canberra: Center for Applied Macroeconomic Analysis, Australian National University.

Fan Jinmin. 1998. *Mingqing jiangnan shangyede fazhan* (Commercial development in Jiangnan during Ming and Qing times). Nanjing: Nanjing daxue chubanshe.

Fang Xing, Rui Qi Shi, Jian Rui, and Wang Shixin. 2000. "Capitalism During the Early and Middle Qing ." In Xu Dixin Xu and Wu Chengming, eds., *Chinese Capitalism, 1522–1840*, 165–248. New York: St. Martin's Press.

Fang Zhuofen, Hu Tiewen, Jian Rui, and Fang Xing. 2000. "Capitalism During the Early and Middle Qing ." In Xu Dixin and Wu Chengming, eds., *Chinese Capitalism, 1522–1840*, 249–374. New York: St. Martin's Press.

Fardoust, Shahrokh. 2012. "Managing High Oil Prices and Recycling Petrodollars." *International Economic Bulletin*, May 31. http://carnegieendowment.org / ieb/2012/05/31/managing-high-oil-prices-and-recycling-petrodollars/b10a.

Ferguson, Niall, and Moritz Schularick. 2007. " 'Chimerica' and the Global Asset Market Boom." *International Finance* 10, no. 3: 215–39.

Fernald, John G., and Oliver D. Babson. 1999. *Why Has China Survived the Asian Crisis so Well? What Risks Remain?* International Finance Discussion Papers no. 333. Washington, D.C.: Board of Governors of the Federal Reserve System. http://www.bog. frb.fed.us.

Financial Times. 2013. "Foxconn Admits Student Intern Labour Violations at China Plant." October 10.

——. 2014. "China Debt Tops 250% of National Income." *Financial Times*, July 21.

Firebaugh, Glenn. 1999. "Empirics of World Income Inequality." *American Journal of Sociology* 104, no. 6: 1597–630.

——. 2000. "Observed Trends in Between-Nation Income Inequality and Two Conjectures." *American Journal of Sociology* 106, no. 1: 215–21.

——. 2003. *The New Geography of Income Inequality*. Cambridge, Mass.: Harvard University Press.

Firebaugh, Glenn, and Brian Goesling. 2004. "Accounting for the Recent Decline in Global Income Inequality." *American Journal of Sociology* 110, no. 2: 283–312.

Fixed Point Rural Household Survey, Ministry of Agriculture (Nongyebu quanguo nongcun guding guanchadian bangongshi). 2001. *Quanguo nongcun shehui jingji dianxing diaocha shuju huibian, 1986–1999* (National rural social-economic survey data collection, 1986–1999). Beijing: Zhongguo nongye chubanshe.

——. 2010. *Quanguo nongcun guding guanchadian diaocha shuju huibian, 2000–2009*

(National village fixed observation point survey data collection, 2000– 2009). Beijing: Zhongguo nongye chubanshe.

Forbes. 2011. "Chinese Ministry Saved from Default." October 23.

———. 2014. "China Mobile Racing Ahead of Rivals in 3G & 4G Subscriptions." March 24.

Fortune. 2014. "Fortune Global 500 Ranking 2014." http://fortune.com/global500/

Frank, Andre Gunder. 1998. *ReORIENT: Global Economy in the Age of Asia.* Berkeley: University of California Press. (『리오리엔트』, 이희재 옮김, 이산, 2003)

French, Howard W. 2014. *China's Second Continent: How a Million Migrants Are Building a New Empire in Africa.* New York: Knopf. (『아프리카, 중국의 두 번째 대륙: 100만 이주자의 아프리카 새 왕국 건설기』, 박홍경 옮김, 지식의날개, 2015)

Friedman, Edward. 1999. "Reinterpreting the Asianization of the World and the Role of the State in the Rise of China." In David A. Smith, Dorothy J. Solinger, and Steven C. Topik, eds., *States and Sovereignty in the Global Economy*, 246– 63. London: Routledge.

Friedman, Edward, Paul G. Pickowicz, and Mark Selden. 1991. *Chinese Village, Socialist State.* New Haven, Conn.: Yale University Press.

Friedmann, Harriet. 1999. "Remaking 'Traditions': How We Eat, What We Eat, and the Changing Political Economy of Food." In Deborah Barndt, ed., *Women Working the NAFTA Food Chain*, 36– 60. Toronto: Second Story.

Gajwani, Kiran, Ravi Kanbur, and Xiaobo Zhang. 2006. *Comparing the Evolution of Spatial Inequality in China and India: A Fifty-Year Perspective.* DSGD Discussion Paper. Washington, D.C.: International Food Policy Research Institute.

Gale, Fred, James Hansen, and Michael Jewison. 2015. *China's Growing Demand for Agricultural Imports.* United States Department of Agriculture. Economic Information Bulletin No. 136. Washington D.C.: U.S. Department of Agriculture, Economic Research Service.

Gallagher, Kevin, and Roberto Porzecanski. 2010. *The Dragon in the Room: China and the Future of Latin American Industrialization.* Stanford, Calif.: Stanford University Press.

Gallagher, Mary E. 2002. "Reform and Openness: Why China's Economic Reform Has Delayed Democracy." *World Politics* 54:338–72.

Gao Wangling. 1995. *Shiba shiji zhongguo de jinji fazhan he zhengfu zhengche* (Economic development and government policies in eighteenth-century China). Beijing: Zhonggu shehui kexue chubanshe.

———. 2005. *Zudian guanxi xinlun: dizhu, nongmin he dizu* (New perspectives on tenant relation: Landlords, peasants, and land rent). Shanghai: Shanghai shudian chubanshe.

Gavin, Francis J. 2004. *Gold, Dollars, and Power: The Politics of International Monetary Relations, 1958–1971.* Chapel Hill: University of North Carolina Press.

Gerschenkron, Alexander. 1962. *Economic Backwardness in Historical Perspective.* Cambridge, Mass.: Belknap Press of Harvard University Press.

Gilboy, George J. 2004. "The Myth Behind China's Miracle." *Foreign Affairs*, July–August. http://www.foreignaffairs.com/articles/59918/george-j-gilboy /the-myth-behind-chinas-miracle.

Goldstone, Jack A. 2000. "The Rise of the West or Not? A Revision to Socio-economic History." *Sociological Theory* 18, no. 2: 175–94.

———. 2001. "Europe's Peculiar Path: Would the World Be Modern If William III's Invasion of England in 1688 Had Failed?" Paper presented at the conference "Counter-factual History," Ohio State University, February.

———. 2002. "Efflorescence and Economic Growth in World History: Rethinking the 'Rise of the West' and the Industrial Revolution." *Journal of World History* 13, no. 2: 323–89.

———. 2003. "Feeding the People, Starving the State: China's Agricultural Revolution in the 17th/18th Centuries." Paper presented at the Global Economic History Network Conference, London, September.

———. 2004. "Neither Late Imperial nor Early Modern: Efflorescences and the Qing Formation in World History." In Lynn A. Struve, ed., *The Qing Formation in World-Historical Time*, 242–302. Cambridge, Mass.: Asian Center, Harvard University.

Gowan, Peter. 1999. *Contemporary Intra–Core Relation and World System Theory.* London: Verso.

———. 2004. "Contemporary Intra–Core Relations and World Systems Theory." *Journal of World-Systems Research* 10, no. 2: 471–500.

Grabowski, Richard. 1994. "The Successful Developmental State: Where Does It Come From?" *World Development* 22, no. 3: 413–22.

Grassby, Richard. 2001. *Kinship and Capitalism: Marriage, Family, and Business in the English Speaking World.* New York: Cambridge University Press.

Greenberg, Michael. 1951. *British Trade and the Opening of China 1800–42.* New York: Cambridge University Press.

Grimsditch, Mark. 2012. *China's Investments in Hydropower in the Mekong Region: The Kamchay Hydropower Dam, Kampot, Cambodia.* Report. Washington, D.C.: Bank Information Center, World Bank. http://www.bicusa .org/wp-content/uploads/2013/02/ Case+Study+-+China+Investments+in +Cambodia+FINAL+2.pdf.

Guardian. 2011. "Dalai Lama Visit Blocked by South Africa to Please China, Says Opposition." September 27.

Gulick, John. 2005. "Rising Intra–Core Rivalry and the US Turn Toward East Asia." In Faruk Tabak, ed., *Allies as Rivals: The US, Europe, and Japan in a Changing World-System.* Boulder, Colo.: Paradigm.

Guo Chengkang. 1996. "The Price Question in 18th Century China and the Government's Remedies." *Qing Studies* (Beijing) 1:8–19.

Guo Yong and Hu Angang. 2004. "The Administrative Monopoly in China's Economic Transition." *Communist and Post-Communist Studies* 37:265–80.

Haacke, Jürgen. 2012. "Myanmar: Now a Site for Sino–US Geopolitical Competition?" In Nicholas Kitchen, ed., *IDEAS Reports—Special Reports*, 53–60. London: London School of Economics and Political Science.

Haddad, Mona. 2007. *Trade Integration in East Asia: The Role of China and Production Networks*. Policy Research Working Paper no. 4160. Washington, D.C.: World Bank.

Haggard, Stephan. 1990. *Pathways from the Periphery: The Politics of Growth in the Newly Industrializing Countries*. Ithaca, N.Y.: Cornell University Press.

Haglund, Dan. 2009. "In It for the Long Term? Governance and Learning Among Chinese Investors in Zambia's Copper Sector." *China Quarterly* 199:627–46.

Hamashita, Takeshi. 2008. *China, East Asia, and the World Economy: Regional and Historical Perspectives*. New York: Routledge.

Hamilton, Gary G. 1999. "Hong Kong and the Rise of Capitalism in Asia." In Gary G. Hamilton, ed., *Cosmopolitan Capitalists: Hong Kong and the Chinese Diaspora at the End of the Twentieth Century*, 14–34. Seattle: University of Washington Press.

———. 2006. *Commerce and Capitalism in Chinese Societies*. London: Routledge.

Haroz, David. 2011. "China in Africa: Symbiosis or Exploitation?" *The Fletcher Forum of World Affairs*. http://www.fletcherforum.org/2011/05/15/haroz/.

Harrell, Stevan, and Elizabeth J. Perry. 1982. "Syncretic Sects in Chinese Society." *Modern China* 8, no. 3: 283–304.

Hartford, Kathleen. 1990. "The Political Economy Behind Beijing Spring." In Tony Saich, ed., *The Chinese People's Movement: Perspectives on Spring 1989*, 50–82. Armonk, N.Y.: M. E. Sharpe.

Harvey, David. 1982. *The Limits to Capital*. Oxford: Blackwell. (『자본의 한계』, 최병두 옮김, 한울, 1997)

———. 2003. *The New Imperialism*. Oxford: Oxford University Press. (『신제국주의』, 최병두 옮김, 한울, 2005)

———. 2005. *A Brief History of Neoliberalism*. Oxford: Oxford University Press. (『신자유주의: 간략한 역사』, 최병두 옮김, 한울, 2009)

He Fengquan. 1996. *Aomen yu putaoya dafanchuan: Putaoya he jindai zaoqi taipingyang maoyiwang de xingcheng* (Macao and the Portuguese Gallean: Portugal and the formation of the early-modern Pacific trade network). Beijing: Beijing daxue chubanshe.

He Jianwu and Louis Kuijs. 2007. *Rebalancing China's Economy—Modeling a Policy Package*. China Research Paper no. 7. Washington, D.C.: World Bank. http://www.worldbank.org.cn/English/Content/253l63888224.shtml.

Hesketh, Therese, and Wei Xing Zhu. 1997. "Health in China: From Mao to Market Reform." *British Medical Journal* 314:1540–49.

Heston, Alan, Robert Summers, and Bettina Aten. 2012. "Penn World Table Version 7.1." Center for International Comparisons of Production, Income and Prices, University of Pennsylvania, November. https://pwt.sas.upenn.edu /php_site/pwt_index.php.

Heyer, Hazel. 2008. "Donald Trump Dismayed with the U.S. and the Economy." *Global Travel Industry News*, June 6. http://www.eturbonews.com/2914 /donald-trump-dismayed-us-and-economy.

Hilton, Rodney, ed. 1978. *The Transition from Feudalism to Capitalism*. London: New Left Books.

Hinton, William. 1966. *Fanshen: A Documentary of Revolution in a Chinese Village*. Berkeley: University of California Press. (『번신』-, 강칠성 옮김, 풀빛, 1986)

Ho Ping-ti. 1954. "The Salt Merchants of Yang-chou: A Study of Commercial Capitalism in Eighteenth-Century China." *Harvard Journal of Asiatic Studies* 17, nos. 1–2: 130–68.

——. 1962. *The Ladder of Success in Imperial China: Aspects of Social Mobility, 1368–1911*. New York: Columbia University Press.

Ho, Samuel P. S. 1979. "Industrialization and Rural Development: Evidence from Taiwan." *Economic Development and Cultural Change* 28, no. 1: 77–96.

Ho, Virginia Emily. 2008. "From Contracts to Compliance? An Early Look at Implementation of China's New Labor Legislation." Unpublished manuscript, Indiana University–Bloomington Law School.

Hobsbawm, Eric J. 1952. "The Machine Breakers." *Past and Present* 1:57–70.

Hopewell, Kristen. 2012. "Shifting Power in Global Economic Governance: The Rise of Brazil, India, and China at the WTO." Ph.D. diss., University of Michigan.

——. 2014. "Different Paths to Power: The Rise of Brazil, India, and China at the World Trade Organization." *Review of International Political Economy* 21 (June): 1–28.

Howe, Christopher. 1996. *The Origins of Japanese Trade Supremacy: Development and Technology in Asia from 1540 to the Pacific War*. Chicago: Chicago University Press.

Hsing You-tien. 1998. *Making Capitalism in China: The Taiwan Connection*. New York: Oxford University Press.

Huang Jikun, Scott Rozelle, and Mark W. Rosegrant. 1999. "China's Food Economy to the Twenty-First Century: Supply, Demand, and Trade." *Economic Development and Cultural Change* 47, no. 4: 737–66.

Huang, Jikin, Scott Rozelle, and Honglin Wang. 2006. "Fostering or Stripping Rural China: Modernizing Agriculture and Rural to Urban Capital Flows." *Developing Economies* 44, no. 1: 1–26.

Huang, Philip C. C. 1985. *The Peasant Economy and Social Change in North China*.

Stanford, Calif.: Stanford University Press.

———. 1990. *The Peasant Family and Rural Development in the Yangzi Delta, 1350–1988*. Stanford, Calif.: Stanford University Press.

Huang, Philip, and Peng Yusheng. 2007. "Sanda lishixing bianqiande jiaohui yu zhongguo xiao guimo nongye de qianjing" (The conjuncture of three historical trends and the prospect of small-scale farming in China). *Zhongguo shehui kexue* 4:74–88.

Huang Ping. 2000. *Bupingheng fazhan geju xia de nongcun kunjing* (Rural impasses under the structure of uneven development). Hong Kong: University Service Center, Chinese University of Hong Kong. http://www.usc.cuhk.edu .hk/PaperCollection/Details.aspx?id=1786.

Huang Yasheng. 2002. "Between Two Coordination Failures: Automotive Industrial Policy in China with a Comparison to Korea." *Review of International Political Economy* 9, no. 3: 538–73.

———. 2003. *Selling China: Foreign Direct Investment During the Reform Era*. Cambridge: Cambridge University Press.

———. 2008. *Capitalism with Chinese Characteristics: Entrepreneurship and the State*. Cambridge: Cambridge University Press.

———. 2011. "Behind the Veneer of China's Growth." *Forbes*, July 29. http://www .forbes.com/2011/08/03/forbes-india-worrisome-macroeconomic-picture –of-china. html.

Huang Yasheng and Tarun Khanna. 2003. "Can India Overtake China?" *Foreign Policy*, July 1. http://www.foreignpolicy.com/articles/2003/07/01/can _india_overtake_china.

Hughes, Neil C. 2005. "A Trade War with China?" *Foreign Affairs*, July–August 2005. http://www.foreignaffairs.com/articles/60825/neil-c-hughes/a -trade-war-with-china.

Hui, Po-Keung. 1995. "Overseas Chinese Business Networks: East Asian Economic Development in Historical Perspective." Ph.D. diss., State University of New York, Binghamton.

Hung, Ho-fung. 2001. "Imperial China and Capitalist Europe in the Eighteenth-Century Global Economy." *Review* 24, no. 4: 473–513.

———. 2003. "Orientalist Knowledge and Social Theories: China and the European Conceptions of East–West Differences from 1600 to 1900." *Sociological Theory* 21, no. 3: 254–79.

———. 2004. "Early Modernities and Contentious Politics in Mid-Qing China, c. 1740–1839." *International Sociology* 19, no. 4: 478–503.

———. 2005. "Contentious Peasants, Paternalist State, and Arrested Capitalism in China's Long Eighteenth Century." In Christopher Chase-Dunn and E. N. Anderson, eds., *The Historical Evolution of World-Systems*, 155–73. New York: Palgrave.

———. 2008. "Rise of China and the Global Overaccumulation Crisis." *Review of International Political Economy* 15, no. 2: 149–79.

——. ed. 2009a. *China and the Transformation of Global Capitalism*. Baltimore: Johns Hopkins University Press. (『중국, 자본주의를 바꾸다』, 하남석 외 옮김, 2012)

——. 2009b. "Introduction: The Three Transformations of Global Capitalism." In Ho-fung Hung, ed., *China and the Transformation of Global Capitalism*, 1–21. Baltimore: Johns Hopkins University Press. (「서론: 지구적 자본주의의 세 전환과 중국의 부상」, 『중국, 자본주의를 바꾸다』, 하남석 외 옮김, 2012)

——. 2009c. "America's Head Servant? The PRC's Dilemma in the Global Crisis." *New Left Review*, ser. 2, no. 60. 5–24. (「중국은 미국의 집사인가-지구적 위기 속에서의 중국의 딜레마」, 『뉴레프트리뷰』 3, 하남석 외 옮김, 길, 2011)

——. 2011. *Protest with Chinese Characteristics: Demonstrations, Riots, and Petitions in the Mid-Qing Dynasty*. New York: Columbia University Press.

——. 2013. "China: Saviour or Challenger of the Dollar Hegemony?" *Development and Change* 44, no. 6: 1341–61.

——. 2014. "Cold War and China in the (Un)Making of the Global Dollar Standard." *Political Power and Social Theory* 27:53–80.

——. 2015. "China Steps Back." *New York Times*, April 5.

Hung, Ho-fung, and Jaime Kucinskas. 2011. "Globalization and Global Inequality: Assessing the Impact of the Rise of China and India, 1980–2005." *American Journal of Sociology* 116:1478–513.

Huntington, Samuel. 1996. *The Clash of Civilizations and the Remaking of World Order*. New York: Simon and Schuster. (『문명의 충돌』, 이희재 옮김, 김영사, 2016)

Hurst, William. 2009. *The Chinese Workers After Socialism*. New York: Cambridge University Press.

International Monetary Fund (IMF). 2000. *Debt-and Reserve-Related Indicators of External Vulnerability*. Washington, D.C.: Policy Department and Review Department, IMF. http://www.imf.org/external/np/pdr/debtres/debtres .pdf.

——. n.d.a. "Direction of Trade Statistics." http://elibrary-data.imf.org/Query Builder.aspx?key=19784661&s=322.

——. n.d.b. "World Economic Outlook." http://www.econstats.com/weo/CPOL .htm.

——. n.d.c. "Currency Composition of Official Foreign Exchange Reserves." Database. http://data.imf.org/?sk=E6A5F467-C14B-4AA8-9F6D-5A09EC4E62A4.

Islam, Nazrul, Dai Erbiao, and Hiroshi Sakamoto. 2006. "Role of TFP in China's Growth." *Asian Economic Journal* 20, no. 2: 127–59.

Jacques, Martin. 2009. *When China Rules the World: The Rise of the Middle Kingdom and the End of the Western World*. London: Allen Lane. (『중국이 세계를 지배하면: 패권국가 중국은 천하를 어떻게 바꿀 것인가』, 안세민 옮김, 부키, 2010)

Jameson, Fredric. 1998. *The Cultural Turn: Selected Writings on the Postmodern, 1983–1998*. London: Verso.

Jiang, Wenran. 2009. "Fuelling the Dragon: China's Rise and Its Energy and Resources Extraction in Africa." *China Quarterly* 199:585–609.

Jing Junjian. 1982. "Hierarchy in the Qing Dynasty." *Social Sciences in China: A Quarterly Journal* 3, no. 1: 156–92.

Johnson, Linda Cook. 1993. "Shangai: An Emerging Jiangnan Port, 1638–1840." In Linda Cook Johnson, ed., *Cities of Jiangnan in Late Imperial China*, 151– 82. Albany: State University of New York Press.

Johnston, Alastair Iain. 2003. "Is China a Status Quo Power?" *International Security* 27, no. 4: 5–56.

Ka Chih-ming. 1998. *Japanese Colonialism in Taiwan: Land Tenure, Development, and Dependency*. Boulder, Colo.: Westview.

Ka Chih-ming and Mark Selden. 1986. "Original Accumulation, Equity, and Late Industrialization: The Cases of Socialist China and Capitalist Taiwan." *World Development* 14:1293–310.

Kaiman, Jonathan 2012. "China's Debt Bomb: Half an Hour from Beijing, the Potential Ground Zero of the Chinese Real Estate Meltdown." *Foreign Policy*, August 13.

Kang, David C. 2010. *East Asia Before the West: Five Centuries of Trade and Tribute*. New York: Columbia University Press.

Kaplan, Stephen B. 2006. "The Political Obstacles to Greater Exchange Rate Flexibility in China." *World Development* 34, no. 7: 1182–200.

Karl, Terry Lynn. 1997. *The Paradox of Plenty: Oil Booms and Petro-states*. Berkeley: University of California Press.

Karon, Tony. 2011. "Why China Does Capitalism Better Than the U.S." *Time*, January 20. http://content.time.com/time/world/article/0,8599,2043235,00.html.

Katzenstein, Peter. 2005. *A World of Regions: Asia and Europe in the American Imperium*. Ithaca, N.Y.: Cornell University Press.

Keister, Lisa A., and Jin Lu. 2001. *The Transformation Continues: The Status of Chinese State-Owned Enterprises at the Start of the Millennium*. National Bureau of Asian Research (NBR) Analysis vol. 12, no. 3. Seattle: NBR.

Kennedy, Scott. 2008. *The Business of Lobbying in China*. Cambridge, Mass.: Harvard University Press.

Kentor, Jeffrey, and Terry Boswell. 2003. "Foreign Capital Dependence and Development: A New Direction." *American Sociological Review* 68, no. 2: 301–13.

Keogh, Mick. 2013. *Will China Regain Food Self-Sufficiency or Simply Outsource It?* Surry Hills: Australian Farm Institute. http://www.farminstitute .org.au/_blog/Ag_Forum/post/will-china-regain-food-self-sufficiency-or -simply-outsource-it/

Kim, Jung Sik, Ramkishen S. Rajan, and Thomas Willett. 2005. "Reserve Adequacy in Asia Revisited: New Benchmarks Based on the Size and Composition of Capital

Flows." In Yonghyup Oh, Deok Ryong Yonn, and Thomas D. Willett, eds., *Conference Proceedings, Monetary and Exchange Rate Arrangement in East Asia*, 61–89. Seoul: Korea Institute for International Economic Policy.

Kirby, William. 1990. "Continuity and Change in Modern China: Economic Planning on the Mainland and on Taiwan, 1943–1958." *Australian Journal of Chinese Affairs* 24:121–41.

——. 1995. "China Unincorporated: Company Law and Business Enterprise in Twentieth-Century China." *Journal of Asian Studies* 54, no. 1: 43–63.

Knight, John, Li Shi, and Lina Song. 2006. "The Rural–Urban Divide and the Evolution of Political Economy in China." In James K. Boyce, Stephen Cullenberg, Prasanta K. Pattanaik, and Robert Pollin, eds., *Human Development in the Era of Globalisation. Essays in Honor of Keith B. Griffin*, 44–63. Northampton, Mass.: Edward Elgar.

Kong Xiangzhi and He Anhua. 2009. "Xin zhongguo chengli liushi nianlai nongmin dui guojia jianshede gongxian fenxi" (Analysis of peasants' contribution to national development in the first sixty years of new China). *Jiaoxue yu yanjiu* 9:5–13.

Korzeniewicz, Robert P., and Timothy. P. Moran. 1997. "World Economic Trends in the Distribution of Income, 1965–1992." *American Journal of Sociology* 102, no. 4: 1000–1039.

Krause, Lawrence B. 1998. *The Economics and Politics of the Asian Financial Crisis of 1997–98*. New York: Council on Foreign Relations.

Krippner, Greta. 2011. *Capitalizing on Crisis: The Political Origins of Finance*. Cambridge, Mass.: Harvard University Press.

Krugman, Paul. 2009. "Chinese New Year." *New York Times*, December 31.

——. 2012. "Revenge of the Optimum Currency Area." *New York Times*, June 24. http://krugman.blogs.nytimes.com/2012/06/24/revenge-of-the-optimum–currency-area/

Kuhn, Philip A. 1970. *Rebellion and Its Enemies in Late Imperial China: Militarization and Social Structure, 1796–1864*. Cambridge, Mass.: Harvard University Press.

——. 1978. "The Taiping Rebellion." In John K. Fairbank, ed., *The Cambridge History of China*, vol. 10, 264–316. Cambridge: Cambridge University Press. (「태평천국의 난」, 『캠브리지 중국사』 10권 상, 김한식 외 옮김, 새물결, 2007)

Kuhn, Philip, and Susan Mann Jones. 1978. "Dynastic Decline and the Roots of Rebellion." In John K. Fairbank, ed., *The Cambridge History of China*, vol. 10, 107–62. Cambridge: Cambridge University Press. (「왕조의 쇠퇴와 동란의 근원」, 『캠브리지 중국사』 10권 상, 김한식 외 옮김, 새물결, 2007)

Kuo, Huei-ying. 2009. "Agency Amid Incorporation: Chinese Business Networks in Hong Kong and Singapore and the Colonial Origins of the Resurgence of East Asia, 1800–1940." *Review* 32, no. 3: 211–37.

———. 2014. *Networks Beyond Empires: Chinese Business and Nationalism in the Hong Kong–Singapore Corridor, 1914–1941.* Boston: Brill.

Kurtz, Marcus J. 2009. "The Social Foundations of Institutional Order: Reconsidering War and the 'Resource Curse' in Third World State Building." *Politics and Society* 37, no. 4: 479–520.

Lachmann, Richard. 2000. *Capitalists in Spite of Themselves: Elite Conflict and Economic Transitions in Early Modern Europe.* New York: Oxford University Press.

Landes, David. 1999. *The Wealth and Poverty of Nations: Why Some Are so Rich and Some so Poor.* New York: Norton. (『국가의 부와 빈곤』, 안진환·최소영 옮김, 한국경제신문, 2009)

Lardy, Nicholas. 1998. *China's Unfinished Economic Revolution.* Washington, D.C.: Brookings Institution Press.

Larsen, Janet. 2012. "Meat Consumption in China Now Double That in the United States." Earth Policy Institute. http://www.earth-policy.org/plan_b _updates/2012/update102.

Lee, Ann. 2012. *What the U.S. Can Learn from China: An Open-Minded Guide to Treating Our Greatest Competitor as Our Greatest Teacher.* San Francisco: Berrett-Koehler.

Lee, Ching Kwan. 2007. *Against the Law: Labor Protests in China's Rustbelt and Sunbelt.* Berkeley: University of California Press.

———. 2009. "Raw Encounters: Chinese Managers, African Workers, and the Politics of Casualization in Africa's Chinese Enclaves." *China Quarterly* 199:647–66.

Lee, Ching Kwan, and Zhang Yonghong. 2013. "The Power of Instability: Unraveling the Microfoundations of Bargained Authoritarianism in China." *American Journal of Sociology* 118, no. 6: 1475–508.

Lee, James, and Cameron Campbell. 1997. *Fate and Fortune in Rural China: Social Organization and Population Behavior in Liaoning, 1774–1873.* Cambridge: Cambridge University Press.

Lee, James, and Wang Feng. 2000. *A Quarter of Humanity: Malthusian Myth and Chinese Reality: 1700–2000.* Cambridge, Mass.: Harvard University Press. (『인류 사분의 일: 맬서스의 신화와 중국의 현실, 1700-2000년』, 손병규·김경호 옮김, 성균관대학교출판부, 2012)

Lee, Philip R. 1974. "Medicine and Public Health in the People's Republic of China: Observations and Reflections of a Recent Visitor." *Western Journal of Medicine* 120:430–37.

Li Bozhong. 1986. "Mingqing jiangnan yu waidi jingji lianxi de jiaqiang ji qi dui jiangnan jingji fazhan de yingxiang" (The strengthening of economic ties between Jiangnan and other provinces and its influences on the economic development of Jiangnan). *Zhongguo jingjishi yanjiu* 86, no. 2: 117–34.

———. 1998. *Agricultural Development in Jiangnan, 1620–1850.* New York: St. Martin's

Press.

———. 2000. *Jiangnan de zaoqi gongye hua, 1550–1850 nian* (Early industrialization of Jiangnan, 1550–1850). Beijing: Shehui kexue wenxian chubanshe.

Li, Hongbin, and Scott Rozelle. 2000. "Saving or Stripping Rural Industry: An Analysis of Privatization and Efficiency in China." *Agricultural Economics* 23:241–52.

———. 2003. "Privatizing Rural China: Insider Privatization, Innovative Contracts and the Performance of Township Enterprises." *China Quarterly* 176:981–1005.

Li Huaiyin. 2006. "The First Encounter: Peasant Resistance to State Control of Grain in East China in the Mid-1950s." *China Quarterly* 185:145–62.

Li Linqi. 2002. "Huishang yu qingdai hankou zhiyang shuyuan" (Anhui merchants and the Zhiyang academy in Hankou during Qing times). *Qingshi yanjiu*, no. 2: 87–93.

Li Minqi. 2009. *Rise of China and the Demise of the Capitalist World Economy*. New York: Monthly Review Press. (『중국의 부상과 자본주의 세계경제의 종말』, 류현 옮김, 돌베개, 2010)

Li Peilin, Zhang Yi, Zhao Yandong, and Liang Dong. 2005. *Shehui chongtu yu jieji yishi: dangdai zhongguo shehuimaodun wenti yanjiu* (Social conflicts and class consciousness: A study of social contradictions in contemporary China). Beijing: Shehui kexue wenxian chubanshe.

Li Wenzhi and Jiang Taixin. 2005. *Zhongguo dizhu zhi jingji lun: Fengjian tudi guanxi fazhan yu bianhua* (On China's landlord economy: Development and change in feudal land relations). Beijing: Zhongguo shehui kexue chubanshe.

Lie, John. 1991. "The State, Industrialization, and Agricultural Sufficiency: The Case of South Korea." *Development Policy Review* 9:37–51.

Lieberthal, Kenneth. 1992. "The 'Fragmented Authoritarianism' Model and Its Limitation." In Kenneth Lieberthal and David Lampton, eds., *Bureaucracy, Politics, and Decision Making in Post-Mao China*, 1–30. Berkeley: University of California Press.

Lin, George C. S. 1997. *Red Capitalism in South China: Growth and Development of the Pearl River Delta*. Vancouver: University of British Columbia Press.

———. 2000. "State, Capital, and Space in China in an Age of Volatile Globalization." *Environment and Planning A* 32:455–71.

Lin, Nan. 1995. "Local Market Socialism: Local Corporation in Action in Rural China." *Theory and Society* 24, no. 3: 301–54.

Little, Daniel. n.d. "The Involution Debate: New Perspectives on China's Rural Economic History." http://www-personal.umd.umich.edu/~delittle/new%20 perspectives%20short%20journal%20version.htm.

Lo Yising. 1994. *Mingqing foshan jingji fazhan yu shehui bianqian* (The economic development and social change in Fushan in Ming and Qing). Guangzhou: Guangdong renmin chubanshe.

Looney, Kristen. 2012. "The Rural Developmental State: Modernization Campaigns and Peasant Politics in China, Taiwan, and South Korea." Ph.D. diss., Harvard University.

Lu Ming and Zhao Chen. 2006. "Urbanization, Urban Biased Policies, and Urban–Rural Inequality in China, 1987–2001." *Chinese Economy* 39, no. 3: 42–63.

Lu Xiaobo. 1999. "From Rank-Seeking to Rent-Seeking: Changing Administrative Ethos and Corruption in Reform China." *Crime, Law, & Social Change* 32:347–70.

———. 2000a. "Booty Socialism, Bureau-preneurs, and the State in Transition: Organizational Corruption in China." *Comparative Politics* 32, no. 3: 273–94.

———. 2000b. *Cadres and Corruption: The Organization Involution of the Chinese Communist Party.* Stanford, Calif.: Stanford University Press.

Lum, Thomas, Hannah Fischer, Julissa Gomez-Granger, and Anne Leland. 2009. *China's Foreign Aid Activities in Africa, Latin America, and Southeast Asia.* Report for Congress. Washington, D.C.: Congressional Research Service. http://www.fas.org/sgp/crs/row/R40361.pdf.

Ma Guonan and Wang Yi. 2010. *China's High Saving Rate: Myth and Reality.* Working Paper no. 312. Basel: Bank of International Settlement. http://www .bis.org/publ/work312.pdf.

Ma Jun and Xu Jianjiang 2012. *Renminbi zhouchu guomen zhi lu: Li'an shichang fazhan yu ziben xiangmu kaifang* (Pathway for the internationalization of the renminbi: Development of offshore market and capital account liberalization). Hong Kong: Commercial Press.

Ma, Laurence J. C. 1971. *Commercial Development and Urban Change in Sung China (960–1279).* Ann Arbor: University of Michigan Press.

Maddison, Angus. 1983. "A Comparison of Levels of GDP per Capita of Developed and Developing Countries, 1700–1980." *Journal of Economic History* 43, no. 1: 27–41.

———. n.d. "Historical Statistics of the World Economy, 1–2008 AD." http://www .ggdc.net/MADDISON/Historical_Statistics/vertical-file_02–2010.xls.

Mahoney, James. 2010. *Colonialism and Development: Spanish America in Comparative Perspective.* New York: Cambridge University Press.

Mann, Michael. 1993. *The Sources of Social Power: The Rise of Classes and Nation-States, 1760–1914.* Cambridge: Cambridge University Press.

Mann, Susan. 1987. *Local Merchants and the Chinese Bureaucracy, 1750–1950.* Stanford, Calif.: Stanford University Press.

Marglin, Stephen A. 1974. "What Do Bosses Do? The Origins and Functions of Hierarchy in Capitalist Production." *Review of Radical Political Economics* 6, no. 2: 60–112.

Marks, Robert B. 1991. "Rice Prices, Food Supply, and Market Structure in Eighteenth-Century South China." *Late Imperial China* 12, no. 2: 64–116.

———. 1996. "Commercialization Without Capitalism: Processes of Environmental Change in South China, 1550–1850." *Environmental History* 1, no. 1: 56–82.

———. 1998. *Tigers, Rice, Silk, and Silt: Environment and Economy in Late Imperial*

South China. New York: Cambridge University Press.

Marsh, Robert M. 2000. "Weber's Misunderstanding of Traditional Chinese Law." *American Journal of Sociology* 106, no. 2: 281–302.

Marx, Karl. [1848] 1972. *The Communist Manifesto*. In *The Marx–Engels Reader*, edited by Robert C. Tucker, 331–62. New York: Norton. (『공산당 선언』, 권화현 옮김, 펭귄클래식코리아, 2010)

McCord, Edward A. 1990. "Local Military Power and Elite Formation: The Liu Family of Xingyi County, Guizhou." In Joseph W. Esherick and Mary Backus Rankin, eds., *Chinese Local Elites and Patterns of Dominance*, 162- 90. Berkeley: University of California Press.

McKinsey Global Institute. 2015. *Debt and (Not Much) Deleveraging*. New York: McKinsey & Company. http://www.mckinsey.com/insights/economic _studies/debt_ and_not_much_deleveraging.

McMichael, Philip. 2011. *Development and Social Change: Global Perspective*. Thousand Oaks, Calif.: Sage. (『거대한 역설: 왜 개발할수록 불평등해지는가』, 조효제 옮김, 교양인, 2013)

Mead, Walter Russell. 1999. "Needed: A New Growth Strategy for the Developing World." *Development Outreach* 1:22–25. http://www-wds.worldbank.org/external/ default/WDSContentServer/WDSP/IB/2001/12/01/000094946_011 11704003241/ Rendered/PDF/multi0page.pdf.

Mellor, John W, ed. 1995. *Agriculture on the Road to Industrialization*. Baltimore: Johns Hopkins University Press.

Mertha, Andrew. 2005. "China's 'Soft' Centralization: Shifting Tiao/Kuai Authority Relations." *China Quarterly* 184:791–810.

Milanovic, Branko. 2005. *Worlds Apart: Measuring International and Global Inequality*. Princeton, N.J.: Princeton University Press.

———. 2014. "Winners of Globalization: The Rich and the Chinese Middle Class. Losers: The American Middle Class." *New Perspectives Quarterly* 31, no. 2: 78–81.

Milesi-Ferretti, Gian Maria. 2008. *Fundamentals at Odds? The U.S. Current Account Deficit and the Dollar*. Working paper. Washington, D.C.: International Monetary Fund.

Morrison, Wayne M., and Marc Labonte. 2013. *China's Holdings of US Securities: Implications for the US Economy*. Report for Congress. Washington, D.C.: Congressional Research Service. http://www.fas.org/sgp/crs/row/RL34314.pdf.

Moulder, Francis. 1977. *Japan, China, and the Modern World-Economy: Toward a Reinterpretation of East Asian Development ca. 1600–1918*. Cambridge: Cambridge University Press.

Mulgan, Aurelia George. 2000. *The Politics of Agriculture in Japan*. New York: Routledge.

Murphy, R. Taggart. 1997. *The Weight of the Yen: How Denial Imperils America's Future and Ruins an Alliance.* New York: Norton.

Myers, Ramon H. 1970. *The Chinese Peasant Economy.* Cambridge, Mass.: Harvard University Press.

National Development and Reform Commission of China. 2005. *Zhongguo jumin shouru fenpei niandu baogao* (Annual report of Chinese residents' income distribution). Beijing: National Development and Reform Commission of China.

Naughton, Barry. 1995. *Growing out of the Plan: Chinese Economic Reform, 1978–1993.* Cambridge: Cambridge University Press.

Nee, Victor. 1989. "The Theory of Market Transition: From Redistribution to Markets in State Socialism." *American Sociological Review* 54:663–81.

Nee, Victor, and Sonja Opper. 2012. *Capitalism from Below: Markets and Institutional Change in China.* Cambridge, Mass.: Harvard University Press.

New York Times. 2010. "Inside Your iPhone." July 5. http://www.nytimes.com/imagepages/2010/07/05/technology/20100706-iphone-graphic.html?ref=technology; http://www.nytimes.com/2010/07/06/technology/06iphone. html.

Nolan, Peter. 2012. *Is China Buying the World?* Oxford: Polity.

Nye, Joseph. 2002. *The Paradox of American Power: Why the World's Only Superpower Can't Go It Alone.* Oxford: Oxford University Press. (『제국의 패러독스』, 홍수원 옮김, 세종연구원, 2002)

O'Brien, Kevin. 2006. *Rightful Resistance in Rural China.* New York: Cambridge University Press.

O'Conner, James. 2011. *State Building, Infrastructure Development, and Chinese Energy Projects in Myanmar.* Discussion Paper no. 10. Bangkok: Institut de Recherche Sur l'Asie du Sud-Est Contemporaine, March. http://www.irasec. com/ouvrage. php?id=38&lang=en.

Oi, Jean C. 1999. *Rural China Takes Off: Institutional Foundations of Economic Reform.* Berkeley: University of California Press.

Ozawa, Turotomo. 1993. "Foreign Direction Investment and Structural Transformation: Japan as a Recycler of Market and Industry." *Business and the Contemporary World* 5, no. 2: 129–49.

Palley, Thomas I. 2006. "External Contradictions of the Chinese Development Model: Export-Led Growth and the Dangers of Global Economic Contraction." *Journal of Contemporary China* 15, no. 46: 69–88.

Panitch, Leo, and Sam Gindin. 2012. *The Making of Global Capitalism: The Political Economy of American Empire.* New York: Verso.

Perdue, Peter C. 2005. *China Marches West: The Qing Conquest of Central Eurasia.* Cambridge, Mass.: Harvard University Press. (『중국의 서진: 청의 중앙유라시아 정복사』, 공원국

옮김, 길, 2012)

Perkins, Dwight H. 1967. "Government as an Obstacle to Industrialization: The Case of Nineteenth-Century China." *Journal of Economic History* 27, no. 4: 478–92.

Perleman, Michael. 2000. *The Invention of Capitalism: Classical Political Economy and the Secret History of Primitive Accumulation*. Durham, N.C.: Duke University Press.

Perry, Elizabeth. 1980. *Rebels and Revolutionaries in North China, 1845–1945*. Stanford, Calif.: Stanford University Press.

Perry, Elizabeth, and Mark Selden. 2010. *Chinese Society: Change, Conflict, and Resistance*. New York: Routledge.

Pettis, Michael. 2009. "More Public Worrying About the Chinese Stimulus." China Financial Markets, blog entry, July 24. http://www.mpettis.com/ 2009/07/more-public-worrying-about-the-chinese-stimulus/

———. 2013. *The Great Rebalancing: Trade, Conflict, and the Perilous Road Ahead for the World Economy*. Princeton, N.J.: Princeton University Press. (『세계 경제의 거대한 재균형』, 김성수 옮김, 에코리브르, 2013)

Pomeranz, Kenneth. 1997. " 'Traditional' Chinese Business Forms Revisited: Family, Firm, and Financing in the History of the Yutang Company of Jining, 1779–1956." *Late Imperial China* 18, no. 1: 1–38.

———. 2000. *The Great Divergence: Europe, China, and the Making of the Modern World Economy*. Princeton, N.J.: Princeton University Press. (『대분기: 중국과 유럽, 그리고 근대 세계 경제의 형성』, 김규태 외 옮김, 에코리브르, 2016)

Pomeranz, Kenneth, and Steven Topik. 1999. *The World That Trade Created: Society, Culture, and the World Economy, 1400–the Present*. Armonk, N.Y.: M. E. Sharpe. (『설탕, 커피 그리고 폭력: 교역으로 읽는 세계사 산책』, 박광식 옮김, 심산, 2003)

Posen, Adam S. 2008. "Why the Euro Will Not Rival the Dollar." *International Finance* 11, no. 1: 75–100.

Prasad, Eswar. 2014. *The Dollar Trap: How the U.S. Dollar Tightened Its Grip on Global Finance*. Princeton, N.J.: Princeton University Press. (『달러 트랩』, 권성희 옮김, 청림출판, 2015)

Pun Ngai. 2005. *Made in China: Women Factory Workers in a Global Workplace*. Durham, N.C.: Duke University Press.

Pun Ngai, Jenny Chan, and Mark Selden. Forthcoming. *Separate Dreams: Apple, Foxconn, and a New Generation of Chinese Workers*. Lanham, Md.: Rowman and Littlefield.

QSL-QL. n.d. *Daqing gaozong shilu* (Veritable record of the Qing at the reign of Qianlong). Beijing: Zhonghua shuju.

Quan Hansheng. 1987. *Mingqing jingjishi yanjiu* (Studies of the economic history of Ming and Qing). Taipei: Lianjing chubanshe.

———. 1996a. "Meizhou baiyin yu shiba shiji zhongguo wujia geming de guanxi"

(The relation between American silver and the eighteenth-century price revolution in China). In *Zhongguo jingjishi luncong* (Essays on Chinese economic history), 475–508. Taipei: Hedao chubanshe.

———. 1996b. "Mingqing jian meizhou baiyin de shuru zhongguo" (The inflow of American silver to China in Ming and Qing). In *Zhongguo jingjishi luncong* (Essays on Chinese economic history), 435–50. Taipei: Hedao chubanshe.

———. 1996c. "Qing yongzheng lianjian (1723–35) de mijia" (The rice price in the reign of Yongzheng [1723–35]). In *Zhongguo jingjishi luncong* (Essays on Chinese economic history), 547–66. Taipei: Hedao chubanshe.

———. 1996d. "Qing zhongye yiqian jiangzhe mijia de biandong cuishi" (The trend of the change of rice price in Jiangsu and Zheijiang before mid-Qing). In *Zhongguo jingjishi luncong* (Essays on Chinese economic history), 509–16. Taipei: Hedao chubanshe.

———. 1996e. "Yapian zhanzheng qian Jiangsu de mian fangzhiye " (The cotton textile history in Jiangsu before the Opium War). In *Zhongguo jingjishi luncong* (Essays on Chinese economic history), 625–50. Taipei: Hedao chubanshe.

Rajan, Raghuram G. 2005. *Global Imbalances: An Assessment*. Report. Washington, D.C.: Research Department, International Monetary Fund. http://www .imf.org/external/np/speeches/2005/102505.htm.

———. 2006. "Financial System Reform and Global Current Account Imbalances." Paper presented at the American Economic Association Meeting, Boston, January 6.

———. 2010. *Fault Lines: How Hidden Fractures Still Threaten the World Economy*. Princeton, N.J.: Princeton University Press. (『폴트 라인: 보이지 않는 균열이 어떻게 세계 경제를 위협하는가』, 김민주·송희령 옮김, 에코리브르, 2011)

Ramo, Joshua C. 2004. The Beijing Consensus. London: Foreign Policy Centre. (『베이징 컨센서스』, 류준필·김진공 옮김, 소명출판, 2016)

Rawski, Thomas G. 1989. *Economic Growth in Prewar China*. Berkeley: University of California Press.

———. 2002. "Will Investment Behavior Constrain China's Growth?" *China Economic Review* 13:361–72.

Reddings, S. G. 1991. "Weak Organizations and Strong Linkages: Managerial Ideology and Chinese Family Business Networks." In G. G. Hamilton, ed., *Business Networks and Economic Development in East and Southeast Asia*, 30–47. Hong Kong: Center of Asian Studies, University of Hong Kong.

Reilly, James. 2012. "China's Unilateral Sanctions." *Washington Quarterly* 35, no. 4: 121–33.

Reuters. 2010. "Chinese Exporters Ditch Wounded Euro for Dollars." June 4. http://www.reuters.com/article/2010/06/04/china-economy-euro-idUSTOE 64R05420100604.

Riskin, Carl, Renwei Zhao, and Li Shi. 2001. "Introduction: The Retreat from

Inequality. Highlights of the Findings." In Carl Riskin, Renwei Zhao, and Li Shih, eds., *China's Retreat from Equality: Income Distribution and Economic Transition*, 3–24. Armonk, N.Y.: M. E. Sharpe.

Roache, Shaun K. 2012. *China's Impact on World Commodity Market*. Working paper. Washington, D.C.: International Monetary Fund. http://www.imf.org /external/pubs/ft/wp/2012/wp12115.pdf.

Rose, Mary B. 2000. *Firms, Networks, and Business Values: The British and American Cotton Industries Since 1750*. New York: Cambridge University Press.

Ross, Heidi. 2005. *Where and Who Are the World's Illiterates? China Country Study*. Global Monitoring Report submitted to UNESCO. portal.unesco.org /education/en/files/...China.../Ross_China.doc.

Rowe, William T. 1998. "Domestic Interregional Trade in Eighteenth-Century China." In Leonard Blusse and Gaastra Femme, eds., *On the Eighteenth Century as a Category of Asian History: Van Leur in Retrospect*, 173–92. Aldershot, U.K.: Ashgate Press.

———. 2001. *Saving the World: Chen Hongmou and Elite Consciousness in Eighteenth-Century China*. Stanford, Calif.: Stanford University Press.

———. 2002. "Social Stability and Social Change." In Willard J. Peterson, ed., *The Cambridge History of China*, vol. 9, 473–562. Cambridge: Cambridge University Press.

Sachs, Jeffry, Aaron Tornell, and Andres Velasco. 1996. *Financial Crises in Emerging Markets: The Lessons from 1995*. Working Paper no. 5576. Cambridge, Mass.: National Bureau of Economic Research.

Sachs, Jeffrey D., and Andrew M. Warner 1995. *Natural Resource Abundance and Economic Growth*. Development Discussion Paper no. 517a. Cambridge, Mass.: Institute for International Development, Harvard University.

Saich, Tony. 1990. "When Worlds Collide: The Beijing People's Movement of 1989." In Tony Saich, ed., *The Chinese People's Movement: Perspectives on Spring 1989*, 25–49. Armonk, N.Y.: M. E. Sharpe.

Sala-i-Martin, Xavier. 2002a. *The Disturbing "Rise" of Global Income Inequality*. Working Paper no. 8904. Cambridge, Mass.: National Bureau of Economic Research.

———. 2002b. *The World Distribution of Income*. Working Paper no. 8933. Cambridge, Mass.: National Bureau of Economic Research.

———. 2006. "The World Distribution of Income: Falling Poverty and Convergence, Period." *Quarterly Journal of Economics* 121, no. 2: 351–97.

Sanusi, Lamido. 2013. "Africa Must Get Real About Chinese Ties." *Financial Times*, March 11.

Sargeson, Sally, and Jian Zhang. 1999. "Reassessing the Role of the Local State: A Case Study of Local Government Interventions in Property Rights Reform in a Hangzhou District." *China Journal* 42:77–99.

Schurmann, Franz. 1966. *Ideology and Organization in Communist China*. Berkeley: University of California Press.

Segal, Adam, and Eric Thun. 2001. "Thinking Globally, Acting Locally: Local Governments, Industrial Sectors, and Development in China." *Politics and Society* 29, no. 4: 557–88.

Selden, Mark. 1993. *The Political Economy of Chinese Development*. Armonk, N.Y.: M. E. Sharpe.

———. 1997. "China, Japan, and the Regional Political Economy of East Asia, 1945–1995." In Peter J. Katzenstein and Takashi Shiraishi, eds., *Network Power: Japan and Asia*, 306–40. Ithaca, N.Y.: Cornell University Press.

Sen, Amartya. 2005. "What China Could Teach India, Then and Now." Citi-group and Asia Society Global Issues Series. http://asiasociety.org/business /development/amartya-sen-what-china-could-teach-india-then-and-now.

———. 2013. "Why India Trails China." *New York Times*, June 19.

Setser, Brad. 2009. "This Really Doesn't Look Good." Council on Foreign Relations, blog entry, January 11. http://blogs.cfr.org/setser/2009/01/11/this-really -doesnt-look-good/

Shafer, D. Michael. 1994. *Winners and Losers: How Sectors Shape the Developmental Prospects of States*. Ithaca, N.Y.: Cornell University Press.

Shambaugh, David. 2013. *China Goes Global: The Partial Power*. New York: Oxford University Press. (『중국, 세계로 가다: 불완전한 강대국』, 홍승현·박영준 옮김, 아산정책연구원, 2014)

Shan Weijian. 2006a. "China's Low-Profit Growth Model." *Far Eastern Economic Review* 169, no. 9: 23–28.

———. 2006b. "The World Bank's China Delusions." *Far Eastern Economic Review* 169, no. 7: 29–32.

Shen Daming. 2007. *Daqing luli yu qingdai de shehui kongzhi* (Qing legal code and social control in the Qing). Shanghai: Shanghai renmin chubanshe.

Shevchenko, Alexei. 2004. "Bringing the Party Back in: The CCP and the Trajectory of Market Transition in China." *Communist and Post-Communist Studies* 37:161–85.

Shiba, Yoshinobu. 1970. *Commerce and Society in Sung China*. Translated by Mark Elvin. Ann Arbor: Center for Chinese Studies, University of Michigan.

———. 1983. "Sung Foreign Trade: Its Scope and Organization." In Morris Rossabi, ed., *China Among Equals: The Middle Kingdom and Its Neighbors, 10th–14th Centuries*, 89–115. Berkeley: University of California Press.

Shih, Victor. 2004. "Dealing with Non-performing Loans: Political Constraints and Financial Policies in China." *China Quarterly* 180:922–44.

———. 2008. *Factions and Finance in China: Elite Control and Inflation*. New York: Cambridge University Press.

———. 2010. "Looming Problem of Local Debt in China—1.6 Trillion Dollar and Rising." February 10. http://chinesepolitics.blogspot.com/2010/02/looming -problem-of-local-debt-in-china.html.

Shirk, Susan L. 1993. *The Political Logic of Economic Reform in China*. Berkeley: University of California Press. (『중국 경제개혁의 정치적 논리』, 최완규 옮김, 경남대학교출판부, 1999)

Shiue, Carol H., and Wolfgang Keller. 2007. "Markets in China and Europe on the Eve of the Industrial Revolution." *American Economic Review* 97, no. 4: 1189–216.

Shue, Vivienne. 1980. *Peasant China in Transition: The Dynamics of Development Toward Socialism, 1949–56*. Berkeley: University of California Press.

Silver, Beverly, and Zhang Lu. 2009. "China as a New Epicenter of World Labor Unrest." In Ho-fung Hung, ed., *China and the Transformation of Global Capitalism*, 174–87. Baltimore: Johns Hopkins University Press. (「세계 노동 소요의 진원지로 떠오르는 중국」, 『중국, 자본주의를 바꾸다』, 하남석 외 옮김, 2012)

Smith, Paul J. 1988. "Commerce, Agriculture, and Core Formation in the Upper Yangzi, 2 A.D. to 1948." *Late Imperial China* 9, no. 1: 1–78.

Smith, Thomas C. 1959. *The Agrarian Origins of Modern Japan*. Stanford, Calif.: Stanford University Press.

So, Alvin Y. 2003. "Rethinking the Chinese Developmental Miracle." In Alvin Y. So, ed., *China's Developmental Miracle: Origins, Transformations, and Challenges*, 3–28. Armonk, N.Y.: M. E. Sharpe.

———. 2005. "Beyond the Logic of Capital and the Polarization Model: The State, Market Reforms, and the Plurality of Class Conflict in China." *Critical Asian Studies* 37, no. 3: 481–94.

Solinger, Dorothy. 2009. *States' Gains, Labor's Losses: China, France, and Mexico Choose Global Liaisons, 1980–2000*. Ithaca, N.Y.: Cornell University Press.

Somers, Margaret R., and Fred Block. 2005. "From Poverty to Perversity: Ideas, Markets, and Institutions Over 200 Years of Welfare Debate." *American Sociological Review* 70, no. 2: 260–87.

Sonobe, Tetsushi, Dinghuan Hu, and Keijiro Otsuka. 2004. "From Interior to Superior Products: An Inquiry Into the Wenzhou Model of Industrial Development in China." *Journal of Comparative Economics* 32, no. 3: 542–63.

South China Morning Post. 2014. "Blackwater Founder Erik Prince to Help Chinese Firms Set Up Shop in Africa." July 6.

Stallings, Barbara, ed. 1995. *Global Change, Regional Response: The New International Context of Development*. New York: Cambridge University Press.

Strange, Susan. 1971. *Sterling and British Policy: A Political Study of an International Currency in Decline*. Oxford: Oxford University Press.

———. 1980. "Germany and the World Monetary System." In Wilfrid Kohl and Giorgio

차이나 붐

Basevi, eds., *West Germany: A European and Global Power*, 45–62. Lexington, Mass.: Lexington Books.

Subramanian, Arvind. 2008. *India's Turn: Understanding the Economic Transformation*. New York: Oxford University Press.

Sun Liping. 2002. "Zhongti xing ziben yu zhuanxing qi jingying xingcheng" (Formation of general capital and elite formation during the transition period). *Zhejiang xuekan*, no. 3. http://www. usc.cuhk.edu.hk/PaperCollection/Details .aspx?id=3337.

Szelenyi, Ivan, and Eric Kostello. 1996. "The Market Transition Debate: Toward a Synthesis?" *American Journal of Sociology* 101, no. 4: 1082–96.

Taiwan Bureau of Foreign Trade. n.d. "Trade Statistics." http://www.trade.gov.tw / english/Pages/List.aspx?nodeID=94.

Taiwan Economic Data Center. n.d. AREMOS database. http://www.aremos.org .tw/.

Telegraph. 2007. "China Threatens 'Nuclear Option' of Dollar Sales." August 8.

——. 2010. "WikiLeaks: China's Politburo a Cabal of Business Empires." December 6.

Thompson, E. P. 1971. "The Moral Economy of the English Crowd in the Eighteenth Century." *Past and Present* 50:76–136.

Thun, Eric. 2006. *Changing Lanes in China: Foreign Direct Investment, Local Governments, and Auto Sector Development*. New York: Cambridge University Press.

Tilly, Charles. 1975. "Food Supply and Public Order in Modern Europe." In Charles Tilly, ed., *The Formation of National States in Western Europe,* 380– 455. Princeton, N.J.: Princeton University Press.

Tsai, Kellee S. 2002. *Back-Alley Banking: Private Entrepreneurs in China*. Ithaca, N.Y.: Cornell University Press.

——. 2007. *Capitalism Without Democracy: The Private Sector in Contemporary China*. Ithaca, N.Y.: Cornell University Press.

Tsui, Kai-yuen. 2007. "Forces Shaping China's Interprovincial Inequality." *Review of Income and Wealth* 53:60–92.

Unger, Jonathan, ed. 1991. *The Pro-democracy Protests in China: Reports from the Provinces*. Armonk, N.Y.: M. E. Sharpe.

United Nations. 2013. *China's Progress Towards the Millennium Development Goals: 2013 Report*. Beijing: Chinese Ministry of Foreign Affairs and the United Nations.

United Nations Development Program China and Institute for Urban and Environmental Studies. 2013. *China Human Development Report*. Xiamen: Institute for Urban and Environmental Studies. http://www.undp.org /content/china/en/home/ library/human_development/china-human -development-report-2013/.

U.S. Bureau of Labor Statistics. n.d. "International Labor Comparison." Database. http://www.bls.gov/fls/#compensation.

U.S. Bureau of Labor Statistics. 2013. "International Comparisons of Hourly

Compensation Costs in Manufacturing, 2012." http://www.bls.gov/fls/ichcc .pdf.

U.S. Census Bureau. n.d. "US Trade in Goods by Country Data." http://www .census. gov/foreign-trade/balance/#W.

U.S. Department of Agriculture (USDA), Production Estimates and Crop Assessment Division. 2004. *Brazil: Soybean Expansion Expected to Continue in 2004/05*. Washington, D.C.: Foreign Agricultural Service, USDA. http://www .fas.usda.gov/ pecad/highlights/2004/08/brazil_soy_files/index.htm.

U.S. Department of Defense. n.d. *Base Structure Report*. Washington, D.C.: U.S. Department of Defense. http://www.defense.gov/pubs/.

U.S. Federal Reserve. n.d. "USD Board Dollar Real Index." http://www.federal reserve. gov/releases/h10/summary/.

U.S. Treasury. n.d. "Major Foreign Holders of U.S. Treasury Securities." Database. http://www.treasury.gov/resource-center/data-chart-center/tic/Pages /ticsec2.aspx.

Vermeer, Eduard B. 1982a. "Income Differentials in Rural China." *China Quarterly* 89:1–33.

———. 1982b. "Rural Economic Change and the Role of the State in China, 1962– 78." *Asian Survey* 22, no. 9: 823–42.

Vlastos, Stephen. 1986. *Peasant Protest and Uprising in Tokugawa Japan*. Berkeley: University of California Press.

Von Glahn, Richard. 1996. *Fountain of Fortune: Money and Monetary Policy in China, 1000 to 1700*. Berkeley: University of California Press.

Vries, P. H. H. 2001. "Are Coal and Colonies Really Crucial? Kenneth Pomeranz and the Great Divergence." *Journal of World History* 12, no. 2: 407–45.

Wade, Robert. 1990. *Governing the Market: Economic Theory and the Role of Government in East Asian Industrialization*. Princeton, N.J.: Princeton University Press.

———. 2004. "Is Globalization Reducing Poverty and Inequality?" *World Development* 32, no. 4: 567–89.

Walder, Andrew G. 1995a. "Career Mobility and Communist Political Order." *American Sociological Review* 57:524–39.

———. 1995b. "Local Governments as Industrial Firms: An Organizational Analysis of China's Transitional Economy." *American Journal of Sociology* 101:263–301.

———. 2002a. "Markets and Income Inequality in Rural China: Political Advantage in an Expanding Economy." *American Sociological Review* 67, no. 2: 231–53.

———. 2002b. *Privatization and Elite Mobility: Rural China, 1979–1996*. Asia Pacific Research Center Paper Series. Stanford, Calif.: Stanford University. http://APARC. stanford.edu.

———. 2003. "Elite Opportunity in Transitional Economies." *American Sociological Review* 68, no. 6: 899–916.

차이나붐

——. 2004. "The Party Elite and China's Trajectory of Change." *China: An International Journal* 2, no. 2: 189–209.

Wallerstein, Immanuel. 1974. *The Modern World-System*. Vol. 1: *Capitalist Agriculture and the Origins of the European World-Economy in the Sixteenth Century*. New York: Academic Press. (『근대세계체제 : 자본주의적 농업과 16세기 유럽 세계경제의 기원』, 나종일 외 옮김, 까치, 2013)

——. 1979. *The Capitalist World-Economy*. Cambridge: Cambridge University Press.

——. 1984. *The Politics of the World-Economy: The States, the Movements, and the Civilizations*. New York: Cambridge University Press.

——. 1990. "Antisystemic Movements: History and Dilemmas." In Samir Amin, Giovanni Arrighi, Andre Gunder Frank, and Immanuel Wallerstein, ed., *Transforming the Revolution: Social Movements and the World-System*, 13–53. New York: Monthly Review Press.

Wall Street Journal. 2011. "Debate on Yuan Manipulation Moves to WTO." November 16.

——. 2013a. "China to Transfer Railway Ministry Debt." March 14.

——. 2013b. "SAIC Motor's Profit Climbs 6%: China's Largest Auto Maker Reports Lower-Than-Expected 6% Increase on Tough Competition." August 29.

Walter, Carl E., and Fraser J. T. Howie. 2011. Red Capitalism: The Fragile Financial Foundation of China's Extraordinary Rise. New York: Wiley. (『레드 캐피탈리즘』, 서정아 옮김, 시그마북스, 2011)

Wang Feiling. 2005. *Organizing Through Division and Exclusion: China's Hukou System*. Stanford, Calif.: Stanford University Press.

Wang, Gungwu. 2002. *The Chinese Overseas: From Earthbound China to the Quest for Autonomy*. Cambridge, Mass.: Harvard University Press.

Wang Hui. 2003. *China's New Order: Society, Politics, and Economy in Transition*. Cambridge, Mass.: Harvard University Press. (『새로운 아시아를 상상한다』, 이욱연 외 옮김, 창비, 2003)

——. 2006. "Gaizhi yu zhongguo gongren jieji de lishi mingyun: Jiangsu tongyu jituan gongshi gaizhi de diaocha baogao" (Transition and the historical destiny of the Chinese working class: A survey report on the Jiangsu Tongyu Corporation ownership transition). *Tianya* 1:52–72.

Wang Shaoguang. 2000. "The Social and Political Implications of China's WTO Membership." *Journal of Contemporary China* 9, no. 25: 373–405.

Wang Shaoguang and Hu Angang. 1994. *Zhongguo guojia nengli baogao* (A report of China's state capacity). Hong Kong: Oxford University Press.

——. 1999. *The Political Economy of Uneven Development: The Case of China*. Armonk, N.Y.: M. E. Sharpe.

Wang Zhenzhong. 1996. *Mingqing huishang yu Huaiyang shehui bianqian* (Anhui merchants and social change in Huaiyang area in Ming and Qing times). Beijing: Sanlian shudian.

Washington Post. 2006. "Foreign Currency Piles Up in China." January 17.

Weber, Max. 1958. *The City*. New York: Free Press.

———. [1930] 1992. *The Protestant Ethic and the Spirit of Capitalism*. London: Routledge. (『프로테스탄티즘의 윤리와 자본주의 정신』, 김덕영 옮김, 길, 2010)

Wei, Yehua Dennis. 2002. "Beyond the Sunan Model: Trajectory and Underlying Factors of Development in Kunshan, China." *Environment and Planning A* 34:1725–47.

———. 2009. "China's Shoe Manufacturing and the Wenzhou Model: Perspectives on the World's Leading Producer and Exporter of Footwear." *Eurasian Geography and Economics* 50, no. 6: 720–39.

Wen Tiejun. 2000. *Zhongguo nongcun jiben jingji zhidu yanjiu: Sannong wenti de shiji fansi* (A study of the fundamental economic institutions of Chinese villages: A centennial reflection on the "three rurals" problem). Beijing: Zhongguo jingji chubanshe.

———. 2004. *Women daodi yao shenme* (What do we want?). Beijing: Huaxia chubanshe.

———. 2005. *Sannong wenti de shiji fansi* (Rural China's centenary reflection). Beijing: Sanlian Shudian.

———. 2013. *Baci weiji: Zhongguode zhenshi jingyan 1949–2009* (Eight crises: The real experience of China, 1949–2009). Beijing: Dongfang chubanshe. (『여덟 번의 위기: 현대 중국의 경험과 도전, 1949-2009』, 김진공 옮김, 돌베개, 2016)

Westney, Eleanor D. 1987. *Imitation and Innovation: The Transfer of Western Organizational Patterns to Meiji Japan*. Cambridge, Mass.: Harvard University Press.

Weston, Jonathon, Caitlin Campbell, and Katherine Koleski. 2011. "China's Foreign Assistance in Review: Implications for the United States." U.S.–China Economic and Security Review Commission Staff Research Back-grounder, September 1. http://origin.www.uscc.gov/sites/default/files /Research/9_1_%202011_ ChinasForeignAssistanceinReview.pdf.

Whyte, Martin. 2010. *Myth of the Social Volcano: Perceptions of Inequality and Distributive Injustice in Contemporary China*. Stanford, Calif.: Stanford University Press. (『사회적 화산이라는 신화: 오늘날 중국의 불평등과 분배 불공정에 대한 인식』, 정일준 옮김, 아연출판부, 2019)

Williamson, Jeffrey G. 2008. *Globalization and the Poor Periphery Before 1950*. Cambridge, Mass.: MIT Press.

Winters, Alan L., and Shahid Yusuf, eds. 2007. *Dancing with Giants: China, India, and the Global Economy*. Washington, D.C.: World Bank. (『세계은행의 중국/인도 경제 전망』, 김준희·김지숙 옮김, W미디어, 2008)

Wong, Bin R. 1997. *China Transformed: Historical Change and the Limits of European Experience*. Ithaca, N.Y.: Cornell University Press.

World Bank. 2010. *China Quarterly Update*. March. Beijing: Beijing Office, World

Bank.

———. n.d. *World Development Indicator Database.* http://databank.worldbank. org/
data/views/variableSelection/selectvariables.aspx?source=world -development-indicators.

World Health Organization. 2008. "China's Village Doctors Take Great Strides."
Bulletin of the World Health Organization 86, no. 12: 909–88. http://www.who .int/
bulletin/volumes/86/12/08–021208/en/.

Wright, Tim. 1981. "Growth of the Modern Chinese Coal Industry: An Analysis of
Supply and Demand, 1896–1936." *Modern China* 7, no. 3: 317–50.

Wu Chengming. 2000. "Introduction: On Embryonic Capitalism in China." In Xu
Dixin and Wu Chengming, eds., *Chinese Capitalism, 1522–1840,* 1–22. New York: St.
Martin's Press.

Xia Ming. 2000. *The Dual Developmental State: Development Strategy and Institutional
Arrangements for China's Transition.* Brookfield, Vt.: Ashgate.

Xia Yongxiang. 2006. "Gongyehua yu chengshi hua: Chengben tanfen yu shouyi
fenpei" (Industrialization and urbanization: Division of cost and distribution of benefits). *Jianghai xuekan*
5:84–89.

Xie, Andy. 2006. "China: What Next?" Global Economic Forum, Morgan Stanley,
February 3. http://www.morganstanley.com/GEFdata/digests/20060203-fri .html.

Xinhuanet. 2013. "Gini Coefficient Release Highlights China's Resolve to Bridge
Wealth Gap." January 21. http://news.xinhuanet.com/english/china /2013-01/21/
c_132116852.htm.

Xinhua News. 2012a. "China to Advance Urbanization Next Year." December 16.

———. 2012b. "Investment Contributes More Than 90% to China's GDP Growth:
NBS." February 2. http://news.xinhuanet.com/english2010/business/2010-02 /02/
c_13160274.htm.

———. 2012c. "Zhongguo jidai lingdao ren yuexin jiemi" (Unveiling the salary of
several generations of Chinese leaders). December 16. http://news.xinhuanet .com/
comments/2012–12/16/c_114042076.htm.

Xu Maoming. 2004. *Jiangnan shishen yu jiangnan shehui, 1368–1911* (Gentry and society in
Jiangnan, 1368–1911). Beijing: Shangwu yinshu guan.

Xu Tan. 1999. "Qingdai qianqi shengpin liutong geju de bianhua" (The change in the pattern
of commodity circulation in early Qing). *Qingshi yanjiu* 3:1–13.

Xu, Xinwu. 1992. *Jiangnan mianbu shi* (A History of Jiangnan Indigenous Cloth). Shanghai:
Shanghai shehui kexue yuan chubanshe.

Yang, Dali L. 1996. *Calamity and Reform in China: State, Rural Society, and
Institutional Change Since the Great Leap Famine.* Stanford, Calif.: Stanford University
Press.

Yang, Dennis Tao, and Cai Fang. 2003. "The Political Economy of China's Rural–

Urban Divide." In Nick Hope, Dennis T. Yang, and Mu Yang, eds., *How Far Across the River? Chinese Policy Reform at the Millennium*, 389–416. Stanford, Calif.: Stanford University Press.

Yao Zhaoyu. 2008. "Nongcun hezuo yundong yu nongye jishu de zhiru: Yi minguo shiqi Jiangsu sheng weili (1927–1937)" (The cooperative movement of rural areas and the implantation of agricultural technique: Take Jiangsu Province during the Republic of China [1927–1937] as an example). *Zhongguo nongshi* 27, no. 4: 28–34.

Ye Xianen. 1980. "Shilun huizhou shangren zibende xingcheng yu fazhan" (On the formation and development of Huizhou merchant capital). *Zhongguo shi yanjiu*, no. 3: 391–409.

———. 1982. "Huishang de shuailuo jiqi lishi zuoyong" (The decline of Anhui merchants and their historical legacy). *Jianghuai luntan* 3:57–63.

Ye Xianen and Tan Dihua 1984. "Mingqing zhujiang sanjiaozhou nongye shangyehua yu xushide fazhan" (The Commercialization of Agriculture and Town Development of the Pearl River Delta in Ming and Qing). *Guangdong shehui kexue* 84, no. 2: 73–90.

Yu Jianrong. 2003. "Nongcun hei'e shili yu jiceng zhengquan tuihua: Xiangnan diaocha" (Mafia in the village and regression of local governments: A survey of southern Hunan). *Zhanlue yu guanli* 5. http://www.usc.cuhk.edu.hk/Paper Collection/Details.aspx?id=2725.

Yuan, Tsing. 1979. "Urban Riots and Disturbances." In Jonathan D. Spence and John E. Wills, eds., *From Ming to Ch'ing*, 277–320. New Haven, Conn.: Yale University Press.

Zakaria, Fareed. 2009. *The Post-American World*. New York: Norton. (『흔들리는 세계의 축: 포스트 아메리칸 월드』, 윤종석 옮김, 베가북스, 2008)

Zelin, Madeleine. 1984. *The Magistrate's Tael: Rationalizing Fiscal Reform in Eighteenth-Century Ch'ing China*. Berkeley: California University Press.

Zelin, Madeleine, Jonathan K. Ocko, and Robert Gardella, eds. 2004. *Contract and Property in Early Modern China*. Stanford, Calif.: Stanford University Press.

Zhan Shaohua and Huang Lingli. 2013. "Rural Roots of Current Migrant Labor Shortage in China: Development and Labor Empowerment in a Situation of Incomplete Proletarianization." *Studies in Comparative International Development* 48, no. 1: 81–111.

Zhang Yulin. 2005. *Litu shidai de nongcun jiating: Mingong chao ruhe jiegou xiangtu zhongguo* (The rural family in the age of migration: How the tide of peasant labor outmigration is deconstructing rural China). Hong Kong: Chinese University of Hong Kong University Service Center. http://www.usc.cuhk.edu.hk/PaperCollection/Details.aspx?id=4638.

Zhao, Dingxin. 2001. *The Power of Tiananmen: State–Society Relations and the 1989 Beijing Student Movement*. Chicago: University of Chicago Press.

———. 2009. "The Mandate of Heaven and Performance Legitimation in Historical and Contemporary China." *American Behavioral Scientist* 53 (November): 416–33.

Zheng, Chunmiao, Jie Liu, Guoliang Cao, Eloise Kendy, Hao Wang, and Yangwen

Jia. 2010. "Can China Cope with Its Water Crisis? Perspectives from the North China Plain." *Ground Water* 48, no. 3: 350–54.

Zhou Xiaoguang. 1996. *Shijiu shiji wushi dao liushi niandai zhongguo shehuide zhanluan yu Huizhou shangbang de shuailuo* (China's civil war in the 1850s and 1860s and the decline of Huizhou merchants). Hefei: Huangshan shushe.

Zhu Jieming. 2004. "Local Developmental State and Order in China's Urban Development During Transition." *International Journal of Urban and Regional Research* 28, no. 2: 424–47.

Zhu Rongji. 2011. *Zhu Rongji Jianghua Shilu* (A veritable record of speeches of Zhu Rongji). Vol. 1. Beijing: Renmin chubanshe.

Zweig, David. 2002. *Internationalizing China: Domestic Interests and Global Linkages*. Ithaca, N.Y.: Cornell University Press.

옮긴이의 말

이 책이 미국에서 출판되었던 2016년에서 한국에 번역본이 출판되는 현재 사이의 몇 년 동안에도 세계는 들썩들썩했다. 기존에 우리가 가지고 있던 관념과는 달리 자유주의 질서의 주도자 미국이 트럼프 정부에서 보호무역으로 유턴했으며, 사회주의를 표방하는 중국이 국제 자유무역 질서를 복원하고 유지할 것을 주장했다. 이민자의 나라인 미국이 이민자를 배척하고 있으며, 한동안 마오쩌둥의 이름으로 전통을 배격하던 중국이 어느새 공자아카데미를 전 세계에 설립했다. 냉전의 종식 이후, 역사의 종언이 선언되고 자유민주주의의 이상 속에서 더 이상 새로운 국제 질서는 등장하지 않을 것으로 여겨졌지만, 어느새 모든 세계의 언론의 표지에는 독수리와 용의 대결이 등장했다. "미국을 다시 위대하게"라는 슬로건 속에서 아메리칸 드림이 다시 등장하고, "중화 민족의 위대한 부흥"이라는 선언 속에서 중국몽中國夢이 새로운 국가 목표로 세워졌다. 2020년 초 중국의 우한에서 코로나19 바이러스가 처음 창궐하고 락다운에 들어갈 때만 해도 시진핑 체제의 붕괴를 예측하는 이들도 있었지만, 2020년 말 상대적으로 안정세인 중국과 달리 미국은 코로나19를 통제하지 못하고 트럼프는 재선에 실패했다.

이러한 국제 질서의 갈등과 혼돈 국면에서 AI, 빅데이터, 사물인터넷 등을 필두로 한 4차 산업혁명이 기존의 사회체계와 산업구조를 재편하면서 큰 변화를 가져올 것으로 예측되고 있으며, 미중 양국은 이 가운데 기술 표준의 우위를 차지하기 위해 경쟁하고 있다. 양국 간의 갈등에는 첨단 기술만 등장하는 것이 아니다. 투키디데스의 함정으로부터 『손자병법』까지 고대의 국제관계 분석과 전쟁법이 언급되고 문명의 충돌까지 다시 논의된다. 안토니오 그람시Antonio Gramsci가 20세기 대공황의 국면에서 "낡은 것은 소멸하고 새 것은 태어날 수 없으니 이 **궐위**闕位, interregnum**의 시대**에 수많은 병적인 징후들이 생겨난다"고 언급했던 것처럼 혼돈의 국면에서 벌어지는 수많은 갈등의 양상 속에서 새로운 안정적 국제 질서는 아주 요원한 것처럼 보인다.

미중 관계와 관련해 보다 시야를 단기적으로 좁혀보자. 2018년 봄에 미국과 중국 간에 무역 분쟁이 시작될 때만 하더라도 이는 단기간 내에 봉합되고 세계 경제 질서는 다시 안정을 찾으리라는 예측이 주된 기조를 이뤘다. 양국 관계는 비록 경쟁은 하지만 공존할 수밖에 없는 '경쟁적 공존'의 관계로 간주되었으며, "이혼을 선택할 수 없는 결혼"으로 비유되기도 했다. 전 세계의 경제가 지구화를 통해 아주 복잡한 글로벌 가치 사슬로 연결되어 있는 21세기에 두 경제 대국의 대결 국면이 장기간 지속되기란 불가능할 것으로 보였다. 무엇보다 양국 간에 긴밀하게 연결된 경제적 상호 의존으로 인해 무역 분쟁은 수사적 차원의 과장을 넘지 못하고 일정한 선에서 타협을 이루게 될 것이라고 다수의 사람이 예측했다. 그럼에도 불구하고 두 나라의 전선은 단순히 무역 불균형에 따른 관세 부과를 뛰어넘어 5G, AI, 빅데이터 등 첨단 기술의 표준 영역을 비롯해 이념적 가치와 체제 경쟁에 이르는 전선으로까지 확전되었으며, 세계의 많은 언론과 분석가는 이를 '패권 전쟁' 심지어 '신냉전'으로 명명하기까지 한다.

하지만 G2라 일컬어지던 미국과 중국 두 나라가 드디어 한판 대결에 나섰다는 거대한 수사 속에서 과장된 측면을 걷어내고 보다 면밀하고 구체적으로 지금의 세계 정치경제의 구조와 변화하는 정세를 분석하는 연구들은 드물었다. 특히 한국에서는 미국과 중국의 대결 국면에만 초점을 맞추고 이 두 나라 가운데 어디에 줄을 서야 하는지에 관한 자극적인 논의가 많았다. 그렇기에 이 두 나라가 어떤 역사적 경로를 밟아 성장하고 쇠락해왔으며, 현재 변화하는 세계 정치경제 구조 속의 어떤 측면에서 대립하고 어떤 측면에서 긴밀히 연결되어 있는지를 총체적으로 분석하는 연구들이 시급히 필요한 상황이라고 할 수 있다.

이런 정세 속에서 이 책, 『차이나 붐』은 향후 중국과 미국을 비롯해 세계 정치경제의 변화를 예측하는 데 있어서 좋은 길잡이가 될 수 있을 것이다. 이 책은 크게 두 부분으로 나뉘어져 있는데, 1부에서는 보다 장기적이고 역사적인 시야에서 중국에서 자본주의가 어떻게 자리 잡고 성장할 수 있었는지에 대해 설명하고 있으며, 2부에서는 21세기 들어 중국의 경제 호황이 현재 세계 정치경제에 미치는 영향과 더불어 중국과 세계 질서가 향후 어떠한 방향으로 나아갈지에 관해 분석하고 있다. 이 책의 장점은 중국이 걸어온 복잡한 역사적 경로들을 체계적으로 정리하고 있을 뿐만 아니라 다양한 통계 자료를 통해 그 분석을 탄탄하게 뒷받침하고 있다는 것이다. 각 장에서 다루는 구체적인 내용은 서론과 결론에서 저자가 잘 정리해놓았기에 따로 재론할 필요는 없다고 생각된다.

이 책은 개인적으로 홍호펑 선생의 논저 가운데 세 번째 번역이다. 첫 번째는 『뉴 레프트 리뷰』 한국어판 3호(길, 2011)에 실린 그의 논문 「중국은 미국의 집사인가」였고, 두 번째는 공동 번역 작업으로 편저서인 『중국, 자본주의를 바꾸다』(미지북스, 2012)였다. 그의 연구 작업들을 차례로 번역하면서 중국과 세계 정치경제를 보는 시야가 보다 넓어지고 정밀해질 수 있었던 점에 감사드린다. 더불어 책을 번역하는 동안 많이 배려해주신 서울시립대 중국어문화학과의 동료 선생님들께도 감사드리며, 유빈, 유진 두 딸과 아내에게도 깊은 고마움을 전한다. 무엇보다도 지체되는 번역 원고를 기다려주신 강성민 글항아리 대표님을 비롯해 편집자 선생님들, 출판 및 배달 노동자들께도 깊이 감사드린다.

2021년 2월

옮긴이

찾아보기

차이나 붐

차이나 붐
The China Boom

초판 인쇄 2021년 3월 24일
초판 발행 2021년 4월 8일

지은이 훙호펑
옮긴이 하남석
펴낸이 강성민
편집장 이은혜
편 집 강성민 곽우정
마케팅 정민호 김도윤 최원석
홍 보 김희숙 김상만 함유지 김현지 이소정 이미희 박지원

펴낸곳 (주)글항아리 | 출판등록 2009년 1월 19일 제406-2009-000002호
주소 10881 경기도 파주시 회동길 210
전자우편 bookpot@hanmail.net
전화번호 031-955-8891(마케팅) 031-955-1936(편집)
팩스 031-955-2557

ISBN 978-89-6735-886-0 03320

www.geulhangari.com